동양의
고전을
읽는다

2

사상

동양의 고전을 읽는다

2 / 사상

Humanist

■ 일러두기

- 이 시리즈는 '오늘의 눈으로 고전을 다시 읽자'를 모토로 휴머니스트 창립 5주년을 기념하여 기획한
  것이다. 안광복(중동고 교사), 우찬제(서강대 교수), 이재민(휴머니스트 편집주간), 이종묵(서울대
  교수), 정재서(이화여대 교수), 표정훈(출판 평론가), 한형조(한국학중앙연구원 교수) 등 7인이
  편찬위원을 맡아 고전 및 필진의 선정에서 편집에 이르는 과정을 조율하였다.
- 이 시리즈는 서양과 동양 그리고 한국 등 3종으로 나누었고 문학과 사상 등 모두 14권으로
  구성하였다. 말 그대로 동서고금의 고전 250여 종을 망라하였다. 이 기획의 가장 흥미로운 특징은 각
  분야에서 돋보이는 역량과 필력을 자랑하는 250여 명의 당대 지식인과 작가들이 저자로 참여했다는
  점이다.

머리말

지식과 사유의 보물창고, 동양 고전과의 대화

1

『동양의 고전을 읽는다』 시리즈 중 1권과 2권은 '역사·정치' 편과 '사상' 편으로 묶었다. 동양의 정치, 사회, 과학, 종교, 역사와 예술 분야를 두루 망라하고 있다. '동양'이라고는 하나, 실제로는 '중국'을 크게 벗어나지 않는다. 일본의 책 두 권, 그리고 이슬람의 책 한 권은 너무 적지만, 통념과 수요를 감안한 것이라고 알아주면 좋겠다. 인도 불교의 번역서들이 있지만, 그들은 이미 중국과 한국, 일본의 정신에 깊이 뿌리내린 것들이라 기원이나 저작권을 따질 필요가 없겠다.

34권의 책들은 각자 빛나고 있어 몇 개의 범주로 묶기가 여간 까다롭지 않다. 손쉽게는 시기별로, 아니면 학파별로 하는 수가 있는데, 위험을 무릅쓰고 주제별로 엮어 보았다. 고전에 대해 필자들이 서술한 내용을 토대로 했지만, 각각을 어떻게 분류하고 서로를 어떻게 연관시킬지의 최종적 선택은 순전히 내 독단이다. 다른 사람이라면 아주 다르게 했을 것이다.

2

2권 '사상' 편은 네 개의 부로 이루어졌다.

1부는 그 반대편에서 울리는 '평화'의 목소리들이다. 노자의 『도덕경(道德經)』과 묵적(墨翟)의 『묵자(墨子)』는 전쟁의 참상을 누구보다 뼈저리게 느꼈고, 반전(反戰)의 목소리를 자신들의 사상의 축으로 삼았다. 그 목소리들의 중심에 '자연'의 과정에 대한 믿음이 있다. 『주역(周易)』은 중국적 사고의 원형을 보여 주고 있고, 『황제내경(黃帝內經)』은 그에 입각한 신체의 독법이다.

2부는 정치와 평화 사이, 중도로서의 유학 사상을 다룬다. 공자학파는 '인격'을 토대로 한 공동체를 이상적으로 제시했다. '사서(四書)' 가운데 『대학(大學)』이 그 전체 설계를 맡고 있으며, 『논어(論語)』는 공자라는 구체적 인격의 삶을 보여 준다. 『맹자(孟子)』는 불신의 세상을 향해 인격을 옹호하는 예언서이고 『중용(中庸)』은 인격의 중심에 종교적 깊이와 초월적 근거를 부여해 준다. 주자(朱子)의 『근사록(近思錄)』은 불교에 맞서 우주와 인간, 그리고 사회를 유기적으로 통합하는 유교의 비전과, 그것을 구현하기 위한 훈련을 새로이 제시하고 있다.

3부는 질서보다는 자유를 노래한, '비판'적 지성들을 한 자리에 모셨다. 문명의 억압에 대한 심원한 통찰을 설파한 『장자(莊子)』, 기존의 통념과 신화를 전방위적으로 비판한 『논형(論衡)』 그리고 주자학의 예교(禮敎)와 지식에 대해 자발적 양심의 자유를 외친 왕수인(王守仁)의 『전습록(傳習錄)』, 세상의 위선과 거짓에 죽음으로 항거한 이지(李贄)의 『분서(焚書)』 그리고 획 하나에 담긴 자유와 예술을 말하는 석도(石濤)의 『고과화상화어록(苦瓜和尙畵語錄)』 등이 여기 있다.

4부는 그 극단에서 불교의 가르침을 듣는다. '영혼'을 일깨우기 위한 고된 수련과 순례의 여정들이다. 『반야심경(般若心經)』은 우리가 이미지와 환상 속에 살고 있다는 것을 일깨워주고, 『중론(中論)』은 우리가 갇혀 있는 인식의 이원론을 논파하는 법을 가르치며, 『육조단경(六祖壇經)』은 그 오염과 환상이 다만 하찮고, 내게 '이미' 있는 깨달음의 빛과 힘을 다만 발견하라고 일러준다. 현장(玄奘)의 『대당서역기(大唐西域記)』는 이런 영혼의 깨달음을 위해 목숨을 건 순례의 기록이다.

3

고전이란 도무지 낯설고 딱딱해서 무섭다는 불평들이 낭자하다. 어떨까. 내가 보기에, '낯선 것'은 당연하고, 그렇지만 '딱딱한 것'은 해결해 줄 수 있다. 고전은 바로 그 '낯설기'에 의미가 있다. 그것은 익숙한 우리네 삶의 환경을 새삼 둘러보게 하고, 우리가 존중하는 상식, 따르는 관행이 "그렇지 않을 수도 있다"는 것을 일깨운다. 그런 점에서 고전은 공자가 말하는 목탁(木鐸), 혹은 소크라테스가 말하는 등(燈)이라 할 수 있다.

익숙한 것이 곧 진실은 아니다. 뚫려 있는 것이 다 길은 아니고,

역사와 현실 너머에서 낯선 곳을 더듬는 것이 곧 부적응과 태만만은 아니다. 외눈 원숭이들의 세상에는 눈 둘 달린 친구가 병신 취급에 왕따를 당한다지 않는가. 고전은 인간에 대한 전문적 식견, 즉 인문학의 보고이다. 수천 년의 담금질을 거쳤기에, 그 가치는 더욱 황금으로 빛난다. "몸이 아프면 의사를 찾듯이, '영혼'이 아프거든 고전을 찾아라"는 말이 있다. 요컨대 삶이 이게 아니라고 생각할 때, 더 나은 공동체를 위해 꿈꿀 때, 그 때 고전의 지혜가 말을 걸기 시작할 것이다.

고전은 길을 찾는 사람들의 나침반이다. 그 목소리는 단일하지 않다. 통일성도 없다. 각자 자신의 독특한 개성과 화법으로 시대의 부름에 응답했을 뿐이다. 이 기획은 그들의 이야기를 듣자고 마련했다. 주민등록이나 이력서, 의상이나 매너도 중요하지만, 우리는 그들이 세상에 전하고자 하는 간절한 메시지, 바로 그것을 들으려고 노력했다. 그런데 그 얘기를 담고 있는 고전은 왜 그리 '딱딱한가' 말이다. 그 고민이 이 책을 기획하게 했다. 고전을 둘러싸고 있는 각질들을 녹여, 그 부드러운 속살을 맛보게 할 수 없을까, 하고.

이 책은 그런 점에서 '대화'의 산물이다. 필자들은 고전의 원형 그대로를 보존하기보다 그 전달에 주력했다. 각자 해당 고전 속에서 특정한 목소리-주제들을 선택하고, 그 발언의 맥락과 배경을 짚어 주었으며, 나아가 그 현대적 의미와 가치까지 평가하는 것을 주저하지 않았다. 그리하여 편견과 오해는 물론, 지나친 단순화와 부당한 왜곡이 개입될 수도 있다. 그러나 그것은 '대화'를 선택한 한, 피할 수 없다고 생각한다. 폐단을 교정하는 길은 '해석' 이전으로의 회귀가 아니라, 또 다른 해석을 통해 변증적 대화를 활성화해 나가는 길밖에 없기 때문이다. 돌아갈 길은 없고, 문은 등 뒤에서 닫혔다. 두려워하지 않고 걸음을 내딛을 때, 인디아나 존스처럼, 보이지 않던 길이 자신을 인도할 것이다.

이 기획은 본시 고전의 '소통'을 위해 마련되었으되, 만일 그것이 성공적이라면, 동시에 수많은 이의제기와 불평, 비난이 쏟아질 것이다. 나는 이 기획이 고전 해석의 백화제방을 터뜨리는 기폭제가 되었으면 하는 바람을 가지고 있다.

끝으로, 시간에 쫓기며 글을 써 주신 여러 필자들께 고마운 마음을 전한다. 까다롭고 번거로운 주문을 싫다 않고, 몇 번씩 피드백을 거치며 흘린 땀과 수고를, 독자들은 행간에서 만날 수 있을 것이다.

2006년 7월
편찬위원을 대신하여, 한형조

차례

《동양의 고전을 읽는다》 2권 - 사상

머리말 5

I. 평화를 위한 목소리들

01 이 세상에 자연의 질서를 적용하자
    - 노자(老子)의 『도덕경(道德經)』 / 최진석   18

02 사랑의 정치 철학과 논리의 발견
    - 묵적(墨翟)의 『묵자(墨子)』 / 강신주   34

03 주역의 도와 음양대대(陰陽待對)의 원리
    - 『주역(周易)』 / 최영진   50

04 삶의 한 탁월한 기술
    - 『황제내경(黃帝內經)』 / 이창일   68

II. 인격과 사회적 책임

01 큰 사람이 되기 위한 배움의 길
    - 『대학(大學)』 / 김교빈   96

02 동양 고전의 어머니
    - 공자(孔子)의 『논어(論語)』 / 황희경   112

03 성선설(性善說)과 인정론(仁政論)
    - 맹가(孟軻)의 『맹자(孟子)』 / 이승환   128

04 낡고 통속적인 일상 속에서, 보상도 기대도 없이 올리는, 자신을 향한 예배
    - 『중용(中庸)』 / 한형조   146

05 살아서는 도리, 그리고 죽어서는 평화
  - 주희(朱熹)의 『근사록(近思錄)』 / 한형조   158

III. 자유와 비판의 지성

01 마음은 천하(天下)에 있으되 몸은 강호(江湖)에 살다!
  - 장주(莊周)의 『장자(莊子)』 / 김시천   174

02 이성의 왕국에서 시시비비를 가려 참과 거짓의 표준을 세우다
  - 왕충(王充)의 『논형(論衡)』 / 김종미   190

03 실천적 삶을 위한 지침서
  - 왕수인(王守仁)의 『전습록(傳習錄)』 / 한정길   206

04 역설과 독설의 미학
  - 이지(李贄)의 『분서(焚書)』 / 김혜경   220

05 화가는 첫 붓에 예술혼을 적신다
  - 석도(石濤)의 『고과화상화어록(苦瓜和尙畵語錄)』 / 이태호   240

IV. 영혼의 각성과 순례

01 그리고, 불교는 없다
  - 『반야심경(般若心經)』 / 한형조   260

02 마음의 평화 얻기
  - 용수(龍樹)의 『중론(中論)』 / 박인성   274

03 "어디서 찾고 있느냐, 네가 곧 부처이다"
  - 혜능(慧能)의 『육조단경(六祖壇經)』 / 한형조   298

04 중세 중앙아시아·인도의 생생한 기록
    - 현장(玄奘)의 『대당서역기(大唐西域記)』 / 김호동   312

《동양의 고전을 읽는다》 1권-역사·정치

I. 역사, 그 성찰의 기록

01 허신(許愼)의 『설문해자(說文解字)』 / 손예철
02 『서경(書經)』 / 심경호
03 사마천(司馬遷)의 『사기(史記)』 / 이인호
04 사마광(司馬光)의 『자치통감(資治通鑑)』 / 권중달
05 이븐 할둔의 『역사서설(歷史序說)』 / 김호동
06 『일본서기(日本書紀)』 / 이근우

II. 정치의 기술에 대한 충고

01 상앙(商鞅)의 『상군서(商君書)』 / 장현근
02 순황(荀況)의 『순자(荀子)』 / 장현근
03 유안(劉安)의 『회남자(淮南子)』 / 윤찬원
04 환관(桓寬)의 『염철론(鹽鐵論)』 / 김한규
05 오긍(吳兢)의 『정관정요(貞觀政要)』 / 김원중

III. 유학과 근대 세계

01 황종희(黃宗羲)의 『명이대방록(明夷待訪錄)』 / 조병한

02 강유위(康有爲)의 『대동서(大同書)』 / 황희경
03 마루야마 마사오(丸山眞男)의 『일본 정치사상사 연구』 / 김석근
04 마오쩌뚱(毛澤東)의 『실천론』과 『모순론』 / 김승일
05 뚜웨이밍(杜維明)의 『유학 제3기 발전의 전망 문제』 / 이승환

《동양의 고전을 읽는다》 3권 - 문학 上

I. 최고의 문학 고전들

01 『산해경(山海經)』 / 정재서
02 『시경(詩經)』 / 심경호
03 굴원(屈原)의 『초사(楚辭)』 / 송정화
04 무라사키 시키부(紫式部)의 『겐지이야기(源氏物語)』 / 김유천

II. 불멸의 시인들

01 도연명(陶淵明)의 시 / 김창환
02 이백(李白)의 시 / 신하윤
03 왕유(王維)의 시 / 박삼수
04 두보(杜甫)의 시 / 이지운
05 오토모노 야카모치(大伴家持)의 『만엽집(萬葉集)』 / 박상현
06 백거이(白居易)의 시 / 유병례
07 소동파(蘇東坡)의 시 / 류종목
08 마츠오 바쇼(松尾芭蕉)의 하이쿠 / 김정례

III. 세상을 놀라게 한 여섯 권의 책

01 나관중(羅貫中)의 『삼국지(三國志)』 / 유중하
02 시내암(施耐庵)의 『수호전(水滸傳)』 / 송진영
03 오승은(吳承恩)의 『서유기(西遊記)』 / 정재서
04 소소생(笑笑生)의 『금병매(金瓶梅)』 / 강태권
05 오경재(吳敬梓)의 『유림외사(儒林外史)』 / 김효민
06 조설근(曹雪芹)의 『홍루몽(紅樓夢)』 / 최용철

《동양의 고전을 읽는다》 4권-문학 下

I. 역대의 명작 소설들

01 간보(干寶)의 『수신기(搜神記)』 / 장정해
02 유의경(劉義慶)의 『세설신어(世說新語)』 / 김장환
03 『태평광기(太平廣記)』 / 김장환
04 구우(瞿佑)의 『전등신화(剪燈新話)』 / 상기숙
05 포송령(蒲松齡)의 『요재지이(聊齋志異)』 / 김혜경
06 이여진(李汝珍)의 『경화연(鏡花緣)』 / 정영호
07 이보가(李寶嘉)의 『관장현형기(官場現形記)』 / 위행복

II. 시대를 넘어 다시 보아야 할 책들

01 유향(劉向)의 『열녀전(列女傳)』 / 이숙인
02 종영(鍾嶸)의 『시품(詩品)』 / 오태석
03 유협(劉勰)의 『문심조룡(文心雕龍)』 / 김민나
04 한유(韓愈)의 『창려선생집(昌黎先生集)』 / 이세동
05 왕실보(王實甫)의 『서상기(西廂記)』 / 양회석
06 요시다 겐코(吉田兼好)의 『도연초(徒然草)』 / 정장식

III. 현대의 문학 고전들

01 루쉰(魯迅)의 『아Q정전』 / 서광덕
02 마오둔(茅盾)의 『자야(子夜)』 / 김하림
03 라오서(老舍)의 『낙타 시앙쯔』 / 이욱연
04 바진(巴金)의 『가(家)』 / 박난영
05 왕멍(王蒙)의 『변신인형(活動變人形)』 / 전형준
06 가와바타 야스나리(川端康成)의 『설국(雪國)』 / 유숙자
07 오에 겐자부로(大江健三郎)의 『만엔 원년의 풋볼』 / 서은혜

I 평화를 위한 목소리들

01 노자, 『도덕경(道德經)』
02 묵적, 『묵자(墨子)』
03 『주역(周易)』
04 『황제내경(黃帝內經)』

옛날에 도를 잘 실천하는 자는 미묘하고 현통하며 그 깊이를 알 수가 없다.

알 수 없기 때문에 억지로 그 모습을 다음과 같이 묘사할 뿐이다.

조심조심 하는구나! 마치 살얼음 낀 겨울 내를 건너는 듯이 한다.

신중하구나! 사방을 경계하는 듯이 한다.

진중하구나! 마치 손님과 같다.

풀어져 있구나! 마치 녹아 가는 얼음과 같다.

돈후(敦厚)하구나! 마치 통나무 같다.

텅 비어 있구나! 마치 계곡과 같다.

소탈하구나! 마치 흐린 물과 같다.

노자 (B.C. 570?~B.C. 479?)

중국의 고대 춘추시대 중기부터 전국시대 초기까지 살았다. 시기를 추정하면 대략 기원전 570년부터 479년 사이가 된다. 노자가 살았던 시대는 계급 질서, 생산 관계, 세계관 등이 가장 밑바탕부터 통째로 변하던 혼란의 시대였다. 중국 한(漢)나라 때 사마천이라는 역사 학자가 쓴 『사기』에 의하면 초(楚)나라 고현(苦縣) — 지금의 하남성(河南省) 녹읍(鹿邑) — 여향(厲鄕) 곡인리(曲仁里) 사람으로 성은 이(李)씨고 이름은 이(耳)이며 자는 담(聃)이다. 그는 무너져 가던 주나라에서 황실의 도서관장을 지냈다.

공자가 노자를 찾아가 예(禮)를 물었다는 기록도 있는 것으로 보아 공자보다는 대략 열 살 혹은 스무 살 정도 연상이었던 것 같은데, 기타의 다른 행적은 많이 알려져 있지 않다. 어떤 이유에선가 주나라를 떠나야 했던 것 같고, 그 국경을 넘으면서 국경지기에게 설파했던 간략한 내용이 『도덕경』이라는 책으로 남았다고 한다. 그리고 후에 일어난 도교에서는 이런 사실을 더욱 신비화해서 노자가 그 때 국경을 떠나 인도로 가서 불교도들을 교화시켰다고 주장하나 분명한 근거는 없다. 노자의 아들은 이름이 종(宗)이고 군인의 길을 걸었으며 은간(殷干)이라는 영지에 봉해졌다. 이렇게 노자와 그 아들의 경력을 볼 때, 지식과 권력에 가까이 있었던 집안이었던 것 같다.

01

이 세상에 자연의 질서를 적용하자
노자(老子)의 『도덕경(道德經)』

최진석 | 서강대학교 철학과 교수

노자의 등장

중국 한나라 때의 역사가인 사마천의 기록에 의하면, 노자는 중국 고대 주(周)나라 쇠퇴기인 동주(東周) 시기에 오늘날 국립도서관에 해당하는 수장실(守藏室)에서 문헌 자료의 수집과 보관을 관장하는 관리로 일을 하다가 무슨 이유에서인지 주나라를 떠났던 것 같다.

주나라를 떠나기 위해 국경에 당도하였는데 국경을 지키던 윤희(尹喜)라는 사람이 그를 알아보고, "정말 더 이상 나타나지 않을 요량으로 멀리 떠나려 하신다면, 가시기 전에 저에게 선생님의 생각을 남겨 주십시오" 하고 간청하자 노자는 그 자리에서 오천여 마디를 써 주었다. 그 후 노자는 완전히 종적을 감추었고 신비한 이미지로만 남게 되었다. 이 때 노자가 남겼다는 글을 우리는 『노자』 또는 『도덕경』이라고 부른다. 그러나 이 책은 진위나 분량 및 편집 내용을 둘러싸고 수많은 논쟁을 불러일으켰다.

이런 신비한 전설 같은 기록에도 불구하고 『도덕경』은 다양한 문화권의 수많은 사람들에게 큰 영감을 주고 있어서 전 세계적으로 『성경』을 제외하고는 가장 많은 번역본을 가진 책 가운데 하나가 되었다. 1990년대 초반까지만 해도 서양에 250여 종의 번역본이 있었으니 지금은 거의 300여 종에 가까울 것으로 짐작된다.

『노자』를 둘러싸고는 여러 가지 다른 해석이 존재해 왔다. 어떤 사람은 문명 자체를 부정하고 원시적 자연 상태로 돌아갈 것을 권고하는 반문명적 주장이 들어 있는 책으로 읽기도 하고, 어떤 사람은 특수한 수양을 거쳐서 초월적 경지를 맛볼 수 있게 해 주는 수양서로 읽기도 하며, 어떤 사람은 우주의 발생 원리를 설명하는 형이상학 서적으로 읽기도 하고, 또 어떤 사람은 정치서로, 어떤 사람은 처세술의 기록으로 읽기도 한다.

이런 다양한 해석들은 모두 각자의 독자적인 시각을 반영하고 있다는 점에서 가치가 있을 수도 있지만, 모두 노자가 살던 시대적 배경에서 당시의 다른 학자들과 공유했던 노자의 문제 의식을 충분히 반영하였는지는 깊이 있게 검토될 필요가 있다. 어느 철학자나 자신이 살던 시대를 벗어날 수 없으며 그 시대의 문제 의식으로부터 자유로울 수 없기 때문이다. 모든 철학자는 음으로 양으로 자신이 살던 그 시대와 호흡을 함께 하는 것이다.

새로운 질서 건립의 꿈

노자는 춘추시대 말기의 사람으로 20여 세 연하의 공자와 동시대를 살았으며, 『노자』라는 책은 적어도 전국시대 초기에 완성된 것으로 보인다. 당연히 『노자』에는 춘추전국시대의 시대상과 문제 의식이 담겨 있다. 춘추전국시대는 아마 중국의 전체 역사에서 가장 총체적이고 근본적인 변화가 일어났던 시기로 간주될 수 있을 것인데, 이런 변화의 요인을 요약하면 다음과 같다.

첫째, 천자(天子)의 절대적 지배 아래 제후국들이 유기적 관련을 맺으며 유지되었던 기존의 천하관이 무너져서, 지배 체제에 관한 다양한 논의들이 등장하였다.

둘째, 인간 사회의 절대적 지배자였던 하늘의 보편성과 능력이 의심받게 되면서 천명관(天命觀)이 무너지고 인간의 존재 가치나 그 방식에 대한 다양한 인문주의적 논의들이 등장하였다. 다시 말하면, 인간을 초월한 절대 존재자가 세상사의 모든 것을 관여하는 것으로 더 이상 믿지 않고, 인간의 능력으로 인간 세상의 새로운 질서를 도모할 수 있다는 믿음을 기반으로 다양한 이론들을 제기하게 되었다는 뜻이다.

셋째, 기존의 피지배 계층에서 부와 권력을 형성할 수 있게 되자, 지배와 피지배 계층 사이에 동요가 생겨 나서 그 관계를 새롭게 정립하기 위한 다양한 논의가 전개되었다.

한마디로 요약하면, 이 시기에는 그 동안 안정적으로 유지되던 하늘/인간, 천자/제후, 군자/소인의 이분 구도가 무너져서 새로운 질서 체제의 건립을 시도하게 되었던 것이다. 그리고 그 논의의 중

「노자기우도(老子騎牛圖)」

심 주제는, 구질서가 허물어진 상황 하에서 어떻게 새로운 질서를 정립할 것인가 하는 문제였다.

이런 맥락에서 노자의 철학적 주제는 사회 전체의 새로운 질서와 관련된 문제가 될 수밖에 없었다. 이는 노자와 함께 비교적 초기의 철학자로 간주되는 공자나 묵자에게도 공통되는 문제로서 그들 사이에서는 이와 같은 주제가 사유의 중심축을 형성하였던 것이다.

그러나 노자는 새로운 질서를 정립하려는 문제 의식을 발전시키면서 공자나 묵자처럼 인위적으로 형성된 특정한 문화 체계를 진리로 간주하고 그 진리에 백성들을 집중·통일시키는 통치 방식을 비판한다. 왜냐하면, 하나의 특정한 문화 체계에 집중·통일한다는 것은 그 문화 체계가 '기준'으로 기능하여, 그 '기준'에의 근접 정도에 따라 사회가 차별화되기 때문이다. 나아가 이 '구분'은 항상 갈등의 요소로 작용하고, 갈등이 증폭되면 결국 생업에 종사해야 할 "말[馬]들이 전쟁터에서 새끼를 낳을" 정도로 질서가 붕괴되는 지경에 이를 수밖에 없기 때문이다.

『노자』 제2장에는 "세상 사람들이 모두 아름답다고 하는 것을 아름다운 것으로 알면 이는 추하다. 세상 사람들이 모두 좋다고 하는 것을 좋은 것으로 알면 이는 좋지 않다"고 말하는 대목이 나온다. 이와 같이 노자는 특정한 문화 체계에 집중·통일하는 방식을 버리고 갈등의 요소도 없는 '자연'의 모습을 모델로 삼아야 한다고 주장한다. 그렇게 함으로써 "전쟁에 쓰이던 말로 농사나 짓는" 평화로운 질서를 이룰 수 있다는 것이다. 노자는 '자연'을 진정한 질서의 원천, 즉 도(道)라 부르고 이 '도'를 따르는 것이 새로운 질서

건립을 위해서 뿐만 아니라 가장 성숙한 인격을 갖게 하는 데 최고의 방안이라고 주장한다. 인간의 자각 능력과 전통의 힘을 빌어서 인간을 위한 인간의 질서를 건립하려 했던 공자와는 달리, 노자는 자연의 질서를 인간 세계의 질서에 적용시키려 했던 것이다.

이 세상에 적용해야 할 자연의 질서, '도(道)'

노자가 개인의 삶이나 전체 사회의 운영 모델로 채택한 자연은 특정한 의지나 욕망을 따라 움직이지 않을 뿐 아니라, 문화적 체계에 의해 재단되어 구분되거나 이름이 붙는 그러한 공정을 허용하지 않는다. 노자는 자연의 이런 성격을 '무위(無爲)'라고 불렀다.

노자는, 인간 행위의 많은 부분은 특정한 문화 체계와 이론적으로 정립된 체계에 의해 인도되면서 그 체계에 부합하는 욕망의 흐름을 타고 흘러 특정한 방향으로 치우치거나 불균형을 초래하면서 사회를 구분하고 결국 배제와 억압의 과정을 거쳐 갈등을 야기하게 된다고 본다.

하지만 '자연'은 그렇지 않다. 노자는 자연의 모습을 본받아 우리에게 구분하는 작용을 하는 앎의 활동에 의존하지 말고 특정한 욕망으로 무장하지 말 것을 요구하는데, 그것은 사실상 지식이나 욕망 자체를 부정하기 보다는 그것들이 행사되면서 드러나는 특정한 방향으로의 지향성과 거기서 생겨 나는 배타성을 경계하는 것이다.

인위적으로 형성된 모든 지적 체계는 무엇인가를 실현하기 위해서 형성되는데, 실현하려는 그 무엇 때문에 하나의 지적 체계는 그것과 다른 지적 체계와 배타적인 관계를 형성하게 된다. 욕망이나

의욕이라고 하는 것도 사실은 특정한 체계에 의해 인도되면서 어떤 일정한 방향으로 향해 내달리는 마음의 활동이다. 하나의 욕망을 실현하려다 보면 그 욕망에서 비켜나 있는 다른 모든 것으로부터 소외될 수밖에 없고, 또 그 모든 것을 소외시킬 수밖에 없다.

그래서 사회 속에서의 인간은 특정한 문화 체계에 의해 인도되는 개인의 욕망이나 인위적인 지향성을 최소한으로 줄이고, 모든 것이 반대되는 다른 한 쪽을 허용하면서 존재한다는 자연의 질서를 충분히 체득하여 '도'로 표현되는 자연의 운행 원칙을 구체적 삶 속에서 실현해야 한다. 노자가 말하는 '도'는 바로 이런 맥락에서 우리가 인간의 질서에 적용해야 할 자연의 질서를 나타내는 범주이다. 자연의 질서를 인간의 질서에 적용한다는 말은 도를 실천한다는 말에 다름 아니다.

노자가 파악한 자연의 질서는 어떤 특정한 토대 위에 구축된 것이 아니다. 이런 점에서 노자의 '도'에는 '실체'나 '본체'의 의미란 없고 그 대신 대립적인 것들의 '관계'와 반대편으로 향하는 운동력이라는 의미가 있다. 노자는 이 세계를 있음/없음, 높음/낮음, 깊/짧음, 어려움/쉬움, 앞/뒤 등으로 개괄되는 대립항들이 각자 자기의 반대편을 존재 근거로 삼으면서 반대편으로 향하려는 경향을 매개로 서로 꼬여서 존재한다고 이해한다. 세계가 이렇게 이루어져 있다는 원리 내지는 법칙 혹은 그렇게 이루어져 있는 사실을 '도'라는 말로 억지로 표현할 뿐이다. 어떤 것도 반대되는 짝이 없이는 존재하지 못한다는 말이다.

다시 말하면 노자에게서 만물은 '도'라는 근원으로부터 연역적으로 발생되어 나오는 것이 아니라 대립항들의 '관계'라는 형식으로 존재하는 것이다. '도'는 이 세계('자연')가 존재하는 형식이자 원리이기 때문에 거기에는 아무런 본질적 내용이 담겨 있지 않다. 그래서 노자는 '도'를 텅 빈 것으로 묘사한다. 그리고 그것은 언뜻 보면 "존재하는 것 같지만" 사실은 "어떤 것"으로서 존재하는 것이 아니고, "마치 만물의 근원이나 실체 같지만" 사실은 그렇지 않다고 하는 것이다.

사실 노자의 '도'에는 본체나 실체로서의 의미가 없고, 그저 세계의 가장 기본적인 존재 형식 내지는 존재 원리의 의미만 있다. 어느 것도 독자적인 본질을 배타적으로 가지고서 존재하지 않는다. 하지만 근대적 사고에서는 모든 것이 각자의 본질을 가지고 독자적으로 존재한다. 근대를 시작한 데카르트의 실체관을 보자.

데카르트는 이 세계에 상호 환원이 불가능한 궁극적 존재 두 개를 상정하는데, 하나는 정신이고 다른 하나는 물질이다. 정신은 사유(思惟)라는 본질 속에서 배타적으로 존재하고, 물질은 연장(延長)이라는 본질 속에서 또 정신과 아무런 관련이 없이 존재한다. 즉, 정신이 정신인 이유는 정신이 가지고 있는 생각하는 성질 때문이고, 물질이 물질인 이유는 물질 자체가 가지고 있는 연장이라는 성질 때문인 것이다. 이에 비해 노자는 이 세계를 개괄하는 두 가지 범주 즉, 무(無)와 유(有)를 상정한다. '유'가 '유'인 이유는 '유' 자체에 있는 것이 아니라 '무'와의 관계 속에서 있다. '무'도 '무' 자체가 아니라 '유'에다 자신의 존재 근거를 두고 비로소 '무'가 된다. 다시 말하면, 높음과 낮음이라는 대립되는 개념을 볼 때, 무엇이 높다는 것은 그것 자체에 높다는 성질이 있어서가 아니라 그것보다 더 낮은 어떤 것과 비교되어서야 비로소 그것이 높은 것으로 의미를 가질 수 있는 것과 같다. 또한 어떤 것의 존재 상태도 반대되는 방향을 향해 변화하는 과정 속에서만 의미를 갖는다. 따라서 노장 철학에서는 존재론적으로 중심의 위치를 갖는 것이 있을 수 없고, 모든 것은 '관계' 속에서 존재한다.

중심은 없다

『노자』에서 주의 깊게 보아야 할 것 가운데 하나는 바로 존재 근거로서의 어떤 본질적 토대도 인정하지 않기 때문에 중심적 지위를 차지하는 존재나 가치가 있을 수 없다는 점이다. 이 세계의 모든 존재나 가치는 반대편과의 관계 속에서만 비로소 존재하고 의미를 갖기 때문이다.

유가 철학에서는, 인간이 도덕적 가능성을 본질로서 가지고 있는 존재라고 하며, 따라서 인간은 존재하는 모든 것 가운데 가장 존엄하고 가치 있는 존재로 대접받는다. 그러나 노자는 인간이 다른 존재에 비해서 우월하다고 보지 않는다. 이 세계의 모든 것이 반대편과의 관계 속에서 존재한다면 어떤 것도 독자적인 위치를 갖지 못하는 것은 당연하며 인간도 예외가 될 수 없다. 현대의 많은 문제들 가운데 특히 환경 문제가 인간중심주의에서 비롯된 것이라고 한다면 인간중심주의를 포기한 노자의 사상은 환경 문제를 제기한 세계관과 상당히 대립적인 것이라 할 수 있다.

사실 환경 문제에 대한 대안을 노자에게서 찾을 때 많은 사람들이 노자의 원시 자연성으로의 회귀라는 점에서 힌트를 얻으려고 하는데, 이는 노자 사상 자체에 대한 오해일 뿐만 아니라 환경 문제의 대안에 대한 탐색 자체로서도 바람직하지 못하다. 노자의 철학에서 인간중심주의가 포기된 것은, 인간의 위치나 도덕과 같은 제반 가치들의 기준이나 존재 근거를 '인간'에 두지 않고 '자연'의 존재 형식에 두었다는 점에서 당연히 도출될 수밖에 없는 결론이다.

근대 서양의 도덕은 인간의 이성(理性)이 빚어낸 것이다. 그러나 노자에게 있어서 가치나 행위의 근거는 인간에게 있지 않고 자연에 있다. 노자는 "훌륭한 행위는 [인간적 기준이 아니라] '도'를 본받아 행위하는 것"이라고 한다. 인간 세상의 새로운 질서를 도모하였던 노자에게 있어서도 행위나 가치의 기준은 인간이 아니라 자연에 있다. 이런 의미에서 '자연중심주의'라고 한다면 그것은 적지 않은 설득력을 갖게 될 것이다. 노자의 자연주의는 인간의 지위를 특별히 존엄한 것이라고 규정하지 않았다는 점에서 자연주의이지, 원시 자연성을 회복해야 한다는 의미에서 자연주의가 아닌 것이다.

대립면의 관계로 이 세계의 존재 형식을 파악한 노자에게서 '중심'이란 존재할 수 없다. 중심이란 본질이라고도 불리는 존재 근거를 상정하고, 그것을 토대로 하여 세계의 모습을 설명하는 철학에서라야 나타날 수 있기 때문이다. 또한 이런 형식의 세계관에서는 인간이 도달해야 할 지점은 '이상(理想)'으로 설정될 수밖에 없다.

도덕적 가능성을 인간 존재의 본질적 근거로 이해한 맹자에게서는 도덕을 내용으로 한 이상이 설정될 수밖에 없고 인간은 그 이상(理想)의 단계로 진입하는 것이 삶의 목적이자 사명이다. 공자의 극기복례(克己復禮)[1])도 구체적이고 개별적이며 자연적인 인간이 학습과 수양을 거쳐 집단적이고 체계적이며 문화적인 질서 속으로 진입해야 할 지점, 즉 이상을 제시하는 말이다.

    이런 체계에서는 구체적 삶의 일상이나 개별적 인간의 자발적인 체험 공간이란 이상을 위해 포기될 수밖에 없다. 그러나 노자는 일상이나 구체적 체험 공간 혹은 문화적 세례를 받기 전의 인간의 자발성 등은 참되게 보존되어야 할 가치가 있는 것으로 본다. 그리고 그런 가치의 보장이 전제되는 사회에서라야 진정한 질서가 유지되고 삶의 역동성이 보장된다고 믿는다.

    반면에 노자는 공자의 극기복례와는 달리 '거피취차(去彼取此)', 즉 "저것을 버리고 이것을 취하자"는 주장을 내세운다. 여기서 '저것'이란 저 멀리 우리가 도달해야 할 지점으로 설정되어 있으면서 우리의 일거수일투족을 감시하는 그런 추상적이고 바람직한 이상을 의미한다. 즉, 그와 같은 이상 지향적인 태도를 버리고 바로 구체적이고 개별적이며 자발적인 체험 공간으로 내려오라는 뜻이다.

    그래서 노자는 맛있는 음식으로 합의된 맛에 이끌리지 말고 네가 지금 구체적인 삶 속에서 먹고 있는 그 음식을 맛있는 것으로 여기라고 한다. 또한 멋있다고 인정받는 옷을 입으려 하기보다는 네가 바로 지금 입고 있는 옷을 아름다운 옷으로 여길 것이며, 저기 다른

---

[1] 인간은 타고난 자연성이나 개별적인 경험 혹은 주체적 욕망 등을 극복하고 전체적이고 추상적이며 역사적으로 축적된 전통 체계에 편입되어야 한다는 공자의 주장이다.

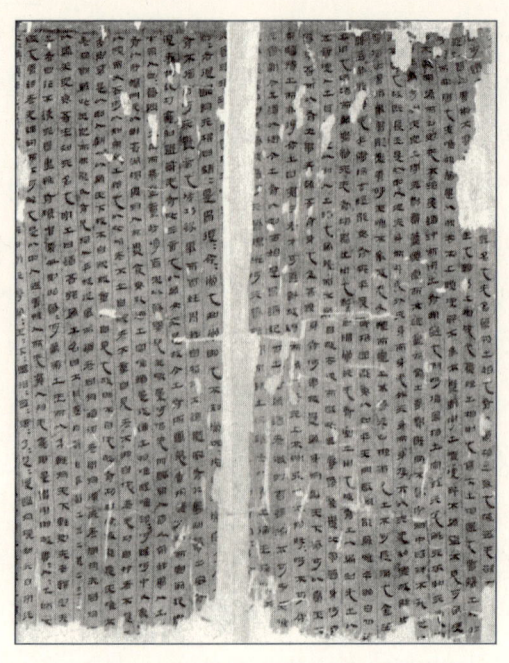

서한(西漢) 시대에 만든 『노자』 백서(帛書)

곳에 있는 풍속을 따르려고 애쓰지 말고 바로 지금 네가 살고 있는 세상의 풍속을 좋은 것으로 여기라고 한다. 이런 과정을 통해서 인간은 바로 자기를 지배하고 있는 체계나 인위적 문화에 의해 훈도되는 피동적 주체에서 벗어나 자기에게 있는 자발성에서 삶의 충실한 빛을 발견하고 죽어 가던 일상을 살려 낼 수 있게 된다는 것이다. 또한 그렇게 했을 때 자기의 구체적 삶이 얼마나 소중하고 가치 있는지를 발견하여 자기 자신과 자신의 삶이 일체를 이루는 참된 삶을 영위할 수 있다고 말해 준다.

이렇게 되어야 사회는 바람직한 질서를 회복하게 된다는 것이 노자의 뜻인데, 전체 사회적인 의미로 볼 때는 지방 분권적 혹은 지방 자치적 성격을 강하게 보여준다. 사실 노자는 추상적 이상에 의해 억압받던 구체적 개인의 자발성과 그 자발적 인간의 삶의 공간인 일상을 회복시키고 보편적인 문화의 지배력으로부터 개별적 문화를 살려내는 효과를 보여 주는데, 정치적인 영역에서도 강력한 통일적 단일성보다는 분산적 다양성으로의 발전을 지향한다.

노자는, 하나의 이념을 강하게 밀어붙이는 거대한 통일 국가에서는 그 이념에의 접근 정도에 따라 혹은 동의 여부에 따라 각 지방이 차별화되고 그 차별이 결국은 갈등의 요인이 되거나 정치 체제에의 자발적 참여를 방해하게 되어 국가의 힘을 약화시키게 된다고 본다. 자연의 거대한 운행이 자발적으로 이루어지고 그 자발성의 운용에 의해서 거대한 효과를 내고 있듯이 정치 체제에서도 자발성이 가지는 가치와 힘을 인정하는 것이 가장 좋은 일이다. 그런데 그 자발성이라는 것은 바로 정치 행위의 공간이 작아서 그 정치 행위 자체가 즉각적으로 자기의 생활과 연결될 때에 비로소 발휘될 수 있다.

그가 제시한 '소국과민(小國寡民)', 즉 나라를 소규모로 유지해야 한다는 주장은 바로 이런 정치 체제의 의미를 함축한다. 역사적으로 중국이 거대한 통일을 이루었을 때 유가 사상이 전면에 나서고, 분열의 시대나 거대한 통일 국가가 모순에 봉착할 때 도가적 사상이 전면에 나섰던 것은 우연이 아닐 것이다.

더 생각해볼 문제들

1. 노자의 사상은 현대 사회에 어떤 의미를 가질 수 있는가?

    노자 사상의 큰 특징 가운데 하나는 절대 기준을 설정하거나 어떤 중심을 토대로 받아들이지 않는다는 점이다. 이런 특성 때문에 정치적으로는 지방 분권적인 특색을 띠고 인간중심주의와는 다른 길을 걷게 된다. 현대의 환경 문제에 대해서 인간중심주의의 극복이라는 점에서 많은 영감을 얻을 수 있을 것이며, 보편적이고 추상적인 이상에 의해 억압받던 구체적 세계에 생명력을 불어넣을 수 있는 철학적 자산을 발견할 수 있다.

2. 노장 사상이라고 함께 병칭되는 장자와는 어떻게 다른가?

    노자가 새로운 인간 질서의 건립에 치중함으로써 통치를 위한 철학을 건립한 듯한 인상을 준다면, 장자는 개별적인 주체가 어떻게 절대 자유를 향유할 수 있는가라는 문제를 다룬다. 노자와 달리 개인의 절대적 자유가 강조되고, 주관적 상대주의가 부각된다. 그리고 우주의 생성과 변화 그리고 구성의 문제에 대한 토론도 노자를 훨씬 능가하는 점이다. 노자에서는 희소한 기(氣)라는 개념이 장자 철학의 중추를 이룬 것으로 충분히 짐작할 수 있다.

3. 노자의 사상은 문명을 거부하는가?

    일반적으로 노자의 사상을 반문명적이라고 하지만, 이는 옳지 않다. 노자는 문명을 반대한 것이 아니라 인간의 문화력을 중심으로 하는 문명을 비판하고, 그 대신 자연의 운행 원칙을 적용한 문명을 건설해야 한다고 주장하는 것이다. 문명을 거부하는 것이 아니라 또 하나의 다른 문명을 건설하자고 주장하는 것이다.

추천할 만한 텍스트
『노자의 목소리로 듣는 도덕경』, 최진석 지음, 소나무, 2001.

최진석(崔珍晳)
서강대학교 철학과 교수.
서강대학교 철학과와 동 대학원을 졸업하고 베이징 대학교에서 박사 학위를 받았다.

말에 표준이 없는 경우, 이것은 비유하자면
움직이는 물레 위에서 동쪽과 서쪽을 확립하려는 것과 같아서 옳고 그름,
이로움과 해로움의 구분에 대해 분명히 알 수가 없게 된다.
그러므로 말에는 반드시 세 가지 표준이 있어야 한다.
무엇을 세 가지 표준이라고 하는가?
그것은 곧 역사적 표본과 경험적 근거, 현실적 유용성이다.
무엇에서 역사적 표본을 찾는가?
옛날 성왕들의 사적에서 찾아야 한다. 무엇에서 경험적 근거를 찾는가?
백성들의 귀와 눈으로 듣고 본 사실에서 경험적 근거를 찾아야 한다.
무엇에서 현실적 유용성을 찾는가?
형벌과 정책을 시행하여 그것이 국가,
백성 그리고 인민의 이익에 부합되는가를 살펴보는 데서 알 수 있다.

묵적 (B.C. 480~B.C. 420)

변화와 혼란으로 요약되는 춘추시대의 근본적인 사회적 위기를 해결하기 위해 민중의 입장을 대변하고 있었던 사상가다. 흔히 묵적의 사상은 공자(孔子)의 사상에 대한 반발로 이해된다. 공자가 사회적 혼란을 주나라의 예의 제도를 유신함으로 극복하려고 하였던 반면, 묵적은 모든 구성원들 상호간의 사랑인 겸상애(兼相愛)와, 아울러 상호간의 물질적 이익 증대를 뜻하는 교상리(交相利)를 통해서 사회적 혼란을 바로잡을 수 있다고 보았다. 간단히 말해 공자가 통치자 계층의 도덕성 제고에 관심을 가졌다면, 묵적은 피통치자 계층의 민생 문제에 관심을 가지고 있었다고 할 수 있다. 묵적은 사상은 51편으로 이루어진 『묵자(墨子)』라는 책에 담겨져 있다. 이 책은 묵적 본인이 쓴 것이라기보다는 그를 스승으로 받들었던 묵적의 후계자들, 즉 묵가(墨家)들에 의해 쓰인 것이다.

02

사랑의 정치 철학과 논리의 발견
묵적(墨翟)의 『묵자(墨子)』

강신주 | 인천대학교 중국학과 강사

민중 편에 서서

우리는 진시황(秦始皇)이 중국을 통일하여 진(秦)나라를 세우기 이전의 혼란의 시대를 선진(先秦)시대 혹은 춘추전국(春秋戰國)시대라고 부른다. 이 시기는 탐욕, 의심, 모략, 갈등, 살육의 시대였다. 춘추시대에는 제후국들이 명목적이나마 주(周)나라를 인정하고 있었으나 전국시대에 들어서면서 제후국들은 천하를 차지하려고, 혹은 다른 제후국들에 병합되지 않기 위해 몸부림치게 되었다.

예나 지금이나 이런 전쟁의 과정에서 가장 위험한 삶을 보낼 수밖에 없는 사람들이 바로 일반 민중이다. 제후들의 탐욕과 강박관념에 의해 야기되었던 수많은 전쟁과 전투에서 살육되었던 사람들은, 제후들을 대표로 하는 위정자들이라기보다는 바로 이 힘없는 민중이었기 때문이다.

　이 때 전국시대에 습관적으로 자행되던 전쟁에 대해 단호한 반대 입장〔非攻〕을 보인 철학자이자 실천가가 탄생하는데, 그가 바로 묵적(墨翟)이다. 전국시대에 있어 전쟁을 반대한다는 것은 무엇을 의미하는가? 그것은 지금도 마찬가지지만 부당한 국가 권력에 대한 저항을 함축한다. 따라서 묵자와 그의 제자들은 자신들의 입장을 견지하기 위해 강력한 공동체를 구성할 수밖에 없었다. 이 공동체는 묵자가 죽은 뒤에도 계승·유지되었는데 그 지도자를 거자(鉅子)라고 했다. 제자백가들 중 유일하게 선생의 이름을 학파의 이름으로 사용했던 묵가(墨家)라는 사상가 집단은 바로 이렇게 탄생했던 것이다.

『묵자』의 10가지 주제

『묵자』는 묵자를 포함한 묵가들 전체의 사유와 논쟁의 기록이다. 묵가들의 철학적 주장들은 흔히 10가지로 나누어 살펴볼 수 있는데, 이 10가지 주제들은 각각 『묵자』를 구성하는 편명이기도 하다.

1. 상현(尙賢) : 현명한 사람을 숭상해야 한다.
2. 상동(尙同) : 윗사람을 높이 받들며 따라야 한다.
3. 겸애(兼愛) : 모든 사람을 차별 없이 사랑해야 한다.
4. 비공(非攻) : 전쟁을 금지해야 한다.
5. 절용(節用) : 재정 지출을 절제해야 한다.
6. 절장(節葬) : 장례를 간소화해야 한다.
7. 천지(天志) : 하늘의 뜻을 따라야 한다.

8. 명귀(明鬼) : 귀신이 존재한다는 것을 알아야 한다.
9. 비악(非樂) : 사치의 상징인 음악을 금지해야 한다.
10. 비명(非命) : 주체적 노력에 반하는 숙명론을 거부해야 한다.

얼핏 살펴보아도 이 열 가지 주제들은 심각한 모순을 가지고 있는 것처럼 보인다. 모든 사람을 차별 없이 사랑해야 한다는 주장이, 윗사람의 뜻을 숭상하고 따라야 한다거나 하늘과 귀신의 존재를 긍정해야 한다는 등의 주장과 어울리지 않기 때문이다. 다시 말해서 수평적인 차원의 사랑인 '겸애'는, 수직적인 독재론이나 하늘과 귀신의 의지를 강조하는 초월적인 종교론의 그것과는 어울리지 않는다는 것이다.

그러나 『묵자』를 자세히 읽어 보면 이러한 문제는 쉽게 해결된다. 이 열 가지 주제 가운데 핵심 주제인 '겸애'이며, 다른 주제들은 그것을 정당화하기 위해 동원된 것이기 때문이다. 그것은 『맹자』와 『장자』, 『한비자』, 『여씨춘추』, 『회남자』 등에서 묵가의 핵심 주제로 '겸애'를 규정하고 있는 데서도 드러난다.

『묵자』의 「겸애(兼愛)」편에는 다음과 같은 내용이 있다.

> 반드시 혼란이 일어나는 까닭을 알아야만 천하를 다스릴 수 있게 되고, 혼란이 일어나는 까닭을 알지 못하면 곧 다스릴 수 없는 것이다. 비유를 들자면 마치 의사가 사람의 병을 고치는 것과 같다. 반드시 병이 생겨난 까닭을 알아야만 병을 고칠 수 있을 것이며, 병이 일어난 까닭을 알지 못하면 곧 고칠 수가 없는 것이다.

묵가는 세상에 혼란이 발생하는 원인을 바로 사람들이 서로 사랑하지 않는 현실에서 찾았다. 결국 문제는 사랑인 것이다. 공동체의 성원들이 서로 사랑하지 않기 때문에 혼란이 발생했다면, 결국 공동체의 성원들로 하여금 서로 사랑하게 할 수만 있다면 혼란은 종식될 수 있을 것이다. 그래서 묵가의 모든 사유는 어떻게 하면 공동체 성원들이 상호간의 사랑을 회복할 수 있을까라는 문제를 중심으로 전개되어 있다.

사랑의 정치철학

묵자의 '겸애'는 '차별이 없는 사랑'이나 '상호간의 사랑'을 의미한다. 그 때문에 묵가의 '겸애'를 기독교적 사랑과 유사한 '박애(博愛)'의 의미로 속단하는 오류를 범하기 쉽다. 그러나 겸애는 현존하는 정치적 질서나 위계적 구조를 긍정하고 있다. 다시 말해 "남의 부모를 나의 부모처럼 여기고, 남의 집안을 나의 집안처럼 여기고, 남의 도움을 나의 도움처럼 여기고, 남의 국가를 나의 국가처럼 여기는 것"이다. 따라서 전통적인 가족 제도나 정치 질서는 전혀 문제 삼지 않는다. 단지 '나'와 '남'의 차별을 없애자는 것이지 모든 사회적 차별을 없애자는 것은 아니다. 이러한 점에서 묵자의 '겸애'란 평등한 사랑이라기보다는 불평등한 사랑이라고 규정될 수 있겠다.

다음으로 겸애라는 개념 속에 들어 있는 공리주의적[1] 성격을 살펴보자. 묵가의 사랑은 아끼고 사랑하는 단순한 감정을 넘어서는 것이다. 그것은 반드시 물질적으로 표현되어야 한다. 다시 말해 묵가에게 있어 누구를 사랑한다는 것은 그 사람을 물질적으로 이롭게 하는 것이어야 한다. 그래서 '겸애' 혹은 '겸상애(兼相愛)'[2]라는 묵가의 주제는 항상 '교상리(交相利)'[3]라는 표현과 연용해서 사용한다. 예를 들어 참혹한 살육으로 점철되었던 전국시대 민중의 삶은 고통 그 자체였을 것인데, 묵가는 민중의 고통을 다음 세 가지로 정리하고 있다.

굶주린 자가 먹을 것을 얻지 못하고 추운 자가 옷을 얻지 못하며 수고하는 자가 휴식을 얻지 못하는 것, 이 세 가지가 백성들의 커다란 환난이다.

군주로서 백성을 사랑한다는 것은 단순히 그들을 불쌍하게 여기는 마음만으로는 완성될 수 없다. 반드시 굶주린 자에게 먹을 것을 주어야 하고 추운 자에게 옷을 주어야 하며, 노동이나 병역으로 지친 자는 쉬게 해 주어야 한다.

---

1) 공리주의(utilitarianism)에 따르면 도덕의 정당화는 더 많은 쾌락이나 이익에 대한 계산으로 가능해진다. 예를 들면 음식을 절제하는 것이 좋다는 덕목은 음식을 과식했을 때 생기는 불쾌감으로 쉽게 설명될 수 있다.
2) 겸애(兼愛)에 대한 자세한 표현으로, '모두를 아울러 서로 사랑한다'는 의미다. 흥미로운 것은 『묵자』를 보면 '겸애'를 공자 사유의 핵심 범주인 '인(仁)'으로 대치해서 사용한다는 점이다. 이 점은 묵자의 사상이 기본적으로 공자의 사유를 배우면서 그를 극복해 갔다는 증거일 것이다.
3) '상호간에 서로 이익을 제공한다'는 의미다. 『묵자』에서는 '겸애'를 '인'으로 설명하는 동시에, '교상리'를 '의(義)'로 대치해서 쓰기도 한다.

백성을 가장 효과적으로 사랑할 수 있는 사람, 백성에게 가장 유효한 이익을 제공해 줄 수 있는 사람은 바로 군주다. 그렇기 때문에 묵가는 "윗사람을 높이 받들며 따라야 한다"는 독재론을 피력할 수 있었던 것이다. 그러나 이것은 그들이 독재를 지향하는 전체주의자들이라서가 아니라, 군주만이 유일하게 실질적인 재력과 권력을 지니고 있기 때문이었다.

　이와 같은 점에서 우리는 『묵자』의 나머지 네 주제, 즉 전쟁을 일으키지 못하도록 하고 재정 지출을 절제하도록 하며, 장례를 간소화하고 음악을 금지해야 한다는 등의 주장을 어렵지 않게 이해할 수 있다. 군주가 겸애를 실천하려면 백성에게 자신이 가진 것을 나누어 주어야만 하는 것이다. 그리고 그렇게 하기 위해서는 허례허식에 드는 비용을 줄여야 하고 재정 지출을 절제해야 하며, 백성의 삶 자체를 고통에 빠뜨리는 전쟁도 수행해서는 안 된다는 것이다.

요청된 초월적 종교론

앞에서도 말했지만, 묵가에게 있어서 누군가를 사랑한다는 것은 그 사람에게 물질적 이익을 준다는 것과 마찬가지다. 누군가를 사랑한다고 자임하는 사람은 자신의 생명을 바쳐서라도 물질적인 이익을 누군가에게 제공해야만 한다는 것이다. 자신이 가진 것을 남에게 준다면 그의 삶은 궁핍해질 수밖에 없는 것이 경제학적 원리다. 이러한 점에서 묵가의 고난에 찬 실천 과정이 유래한다.

　『장자(莊子)』에서는, 묵가의 무리가 "대부분 짐승가죽옷과 베옷을 입고 나막신이나 짚신을 신고서 밤낮을 쉬지 않았으며, 자신을 고통스럽게 하는 것을 삶의 표준으로 삼았다"는 내용이 나온다. 남을 사랑하는 사람, 다시 말해 남에게 물질적 이익을 제공하려는 사람은 자신을 돌볼 겨를이 없었던 것이다. 굶주린 자에게 먹을 것을 주면 자신은 굶어야 한다. 헐벗은 자에게 따뜻한 옷을 주면 자신은 춥게 지내야만 한다. 삶에 지친 사람을 대신하여 노동을 하면 그 자신이 피로해질 수밖에 없다. 바로 이들이 묵가의 무리였던 것이다.

묵가의 무리는, 이러한 희생이 너무나 힘든 일이긴 하지만, 사회의 혼란과 갈등을 위해 반드시 해야만 한다고 확신했으며 스스로 그렇게 살았다. 그러나 이와 같은 희생 정신은 이기심이나 탐욕, 질투, 피해망상에 사로잡힌 위정자들에게는 감당하기 힘든 것이다. 여기서 묵가는 위정자들로 하여금 겸애의 정신을 실천하도록 하기 위해서 새로운 논리 장치를 고안한다. 그 논리 장치가 바로 하늘과 귀신의 의지를 긍정하는 초월적 종교론이다.

> 천자는 천하에서 가장 귀한 사람이며 천하에서 가장 부유한 사람이다. 그러므로 부유하고 귀한 사람은 마땅히 하늘의 뜻을 따라서 순종하지 않을 수 없는 법이다. 하늘의 뜻을 따르는 사람은 서로를 사랑하며 ─ 즉, 겸상애(兼相愛) ─ 서로를 이롭게 해주기 ─ 즉, 교상리(交相利) ─ 때문에 반드시 하늘의 상을 받을 것이다. 하늘의 뜻에 반하는 사람은 서로를 미워하며 서로를 해쳐서 반드시 하늘의 벌을 받을 것이다.

이 대목에서 우리는 다음과 같이 묻기 쉽다. 묵가들은 하늘과 귀

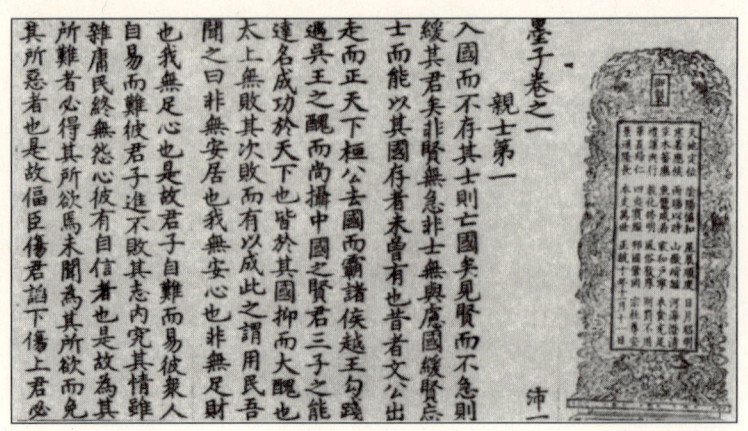

『묵자』

신의 의지가 진정으로 존재한다고 믿었을까? 현대의 일부 연구자들은 묵가의 초월적 종교론을 기독교와 비교하며, 그 유사성을 강조하기도 한다. 그러나 이런 연구 경향은 묵가가 말하고자 하는 것을 전체적으로 파악하지 못하고 있다고 할 수 있다. 묵가들이 주장하고 싶었던 것은 '겸상애'와 '교상리'라는 실천적 원칙이었다는 것을 잊어서는 안 된다. 그들은 결코 신을 최종적인 목적으로 삼고 있는 신학자들이 아니었다. 오히려 그들은 그 당시 제사와 관련된 종교적 통념에 호소함으로써 자신들의 실천 원칙을 정당화한 것에 불과하다. 만약 조상의 귀신이 있다는 믿음과 같은 종교적 통념이 통용되지 않았다면, 묵가들은 다른 논거에 의해서 자신들의 주장을 정당화하려고 했을 것이다. 다시 강조하지만 묵가의 주장은 '신을 믿자'는 데 있는 것이 아니라, 서로 사랑하자는 데 있었다.

논리의 발견

서양의 철학이 이성적이고 합리적인 데 비해 동양의 철학은 직관적이고 신비적이라는 지적이 있다. 이성(理性)[4]은 합리적 추론의 능력을 가리키는 동시에 이유를 뜻하기도 한다. 따라서 이성적인 사유는 기본적으로 어떤 주장에 대해 이유나 근거를 대는 사유다. 이 점에서 『묵자』는 동양 철학에 대한 기존의 편견을 뒤엎는 문헌이라고 할 수 있다. 『묵자』는 고유한 주장과 함께 철저하게 그것을 뒷받침하는 이유를 대고 있기 때문이다. 『묵자』의 이런 합리주의적 정신은 다음에서 분명히 드러나고 있다.

> 어진 사람들은 취하고 버리는 것과 옳고 그른 것의 이유를 서로 알려 준다. 이유를 대지 못하는 사람은 이유를 대는 사람을 따르고 알지 못하는 사람은 아는 사람을 따르며, 할 말이 없다면 반드시 복종해야 한다.

묵가에서는 어떤 주장을 뒷받침하기 위해 필요한 이유나 근거들

---

[4] 이성(reason)은 '계산'이나 '이유'를 뜻하는 라틴어 '라치오(ratio)'에서 온 말이다. 라치오는 다음과 같은 세 가지 의미로 쓰였다고 한다. 첫째로 자신의 행동을 인식하고 판단하여 결정할 수 있는 능력, 둘째로 동기나 이유, 셋째로는 정당화다. 그래서 '라치오'로부터 유래한 '이성'이란 말은 어떤 주어진 것을 단순히 받아들이는 것이 아니라 거리를 둔 채 반성하고 사유한다는 철학적 의미를 띠게 된 것이다. 거리를 두고 반성할 수 있어야 우리는 자신의 행동을 반성할 수 있고 그 행동의 이유를 발견할 수도 있으며, 나아가 그 행동을 정당화할 수 있게 될 것이다.

을 세 가지로 유형화하는데, 그것이 유명한 '삼표(三表)'다.

말에 표준이 없는 경우, 이것은 비유하자면 움직이는 물레 위에서 동쪽과 서쪽을 확립하려는 것과 같아서 옳고 그름, 이로움과 해로움의 구분에 대해 분명히 알 수가 없게 된다. 그러므로 말에는 반드시 세 가지 표준이 있어야 한다. 무엇을 세 가지 표준이라고 하는가? 그것은 곧 역사적 표본과 경험적 근거, 현실적 유용성이다. 무엇에서 역사적 표본을 찾는가? 옛날 성왕들의 사적에서 찾아야 한다. 무엇에서 경험적 근거를 찾는가? 백성들의 귀와 눈으로 듣고 본 사실에서 경험적 근거를 찾아야 한다. 무엇에서 현실적 유용성을 찾는가? 형벌과 정책을 시행하여 그것이 국가, 백성 그리고 인민의 이익에 부합되는가를 살펴보는 데서 알 수 있다.

위의 세 가지로 분류된 근거가 중요한 이유는, 앞에서 살펴본 『묵자』의 열 가지 주제들이 모두 이런 근거들로 정당화되고 있기 때문이다.

현재의 우리는 다음과 같이 반문할 수도 있다. 옛날 성왕들의 사적이 근거가 될 수 있을까? 또 사람들의 경험이 근거가 될 수 있을까? 혹은 현실적 유용성이 근거가 될 수 있을까? 그러나 중요한 것은 묵가가 근거나 이유를 가지고 주장을 제기했다는 데 있다. 그리고 주장을 뒷받침하는 근거는 기본적으로 상대방이 자신의 주장을 받아들일 수 있는 내용이면 그것으로 그만이다. 따라서 묵가가 제시한 세 가지 근거는 당시의 사람들을 설득시키기에 충분하다고 판단되어 정립된 것이라고 보아야 할 것이다. 어쨌든 묵가는, 겸애라고 하는 유의미한 정치철학적 주장을 했다는 내용적인 측면에서뿐만 아니라, 그런 주장에 대한 합리적 근거를 제공하려 한 사유 방식을 최초로 피력했다는 측면에서도 중국 철학사에서 특기할 만한 사례라고 할 수 있다.

아쉬운 묵가의 소멸

묵가의 철학은 전국시대 초기에서부터 천하를 통일한 진나라에 이르기까지의 시기에 가장 유력한 사상이었다. 이것은 전국시대 중기의 맹자, 말기의 순자(荀子)나 한비자(韓非子)가 당시의 유력한 사상으로 묵가의 철학을 언급하고 있는 것으로도 확인될 수 있다. 묵가는 춘추시대 말기에 인문 정신을 드러낸 공자와 그를 수장으로 하는 유가(儒家)에 맞서 싸웠고 이런 싸움은 전국시대 내내 지속된다.

유가와 묵가 사이의 논쟁은 너무나 강렬하고 지속적이어서 장자(莊子)가 지식인들 사이의 사상 논쟁을 '유가와 묵가의 시비논쟁'이라고 표현할 정도였다. 묵가가 이렇게 격렬하게 유가를 공격했던 이유는, 유가에서는 말로만 사랑을 외칠 뿐 그 사랑의 완성이 기본적으로 자기희생과 이타적 행위에 기초한다는 것을 망각하고 있기 때문이라는 것이다.

묵가에서는 사랑이란 반드시 사랑하는 사람을 물질적으로 이롭게 해야만 의미가 있다고 생각했다. 그러므로 묵가에게는 번잡한 예절, 무용한 장례 의식 혹은 화려하고 사치스런 음악 활동에 기생해서 살고 있는 유가의 무리가 위선자로 보일 수밖에 없었다.

대개 유가는 오만하고 자신만을 따르는 자들이어서 아랫사람들을 가르칠 수도 없고, 음악을 좋아하며 사람들을 어지럽히기에 직접 백성들을 다스리도록 해서는 안 된다. 그리고 운명이 있다는 주장을 세워 할 일에 태만하므로 직책을 맡겨서도 안 되고, 상례를 중시하고 슬픔을 그치지 않으니 백성들을 자애하도록 해서도 안 되며, 옷을 기이하게 입고 용모를 치장하는 데 힘쓰기에 백성들을 이끌도록 해서도 안 된다.

아이러니한 것은 유가에 대한 묵가의 치열하고 지속적인 공격이 묵가 사상을 역사 속에 묻히게 만든 한 가지 이유가 되었다는 점이다. 천하를 통일한 진나라가 단명한 뒤 한(漢)나라의 무제(武帝)가 "모든 제자백가들을 물리치고 유학만을 숭상한다"고 선언한 뒤 중국의 역사는 유학의 지배 하에 들어갔고, 그 때문에 묵가의 사상과 실천은 철저하게 무시되고 망각되어 버렸던 것이다.

철학사적으로 묵가 사유가 중요한 이유는 그들이 차별적인 사랑을 강조했던 유가들과는 달리 인간 사이의 차별 없는 사랑을 역설했다는 점이다. 그러나 그보다는 중요한 그들의 공헌은 동양 철학에 대해 해묵은 편견을 수정해 준다는 데 있다. 우리는 논리와 이유를 강조했던 서양 철학과 달리, 동양 철학이 예술적이고 직관적이며 나아가 신비주의적이라고까지 생각하는 경향이 있다. 그러나 이유나 근거에 기초를 두지 않는 철학은 가능할까? 그렇다면 동양 철학은 철학이라기보다 종교에 가까운 것이게 된다. 바로 이 점에서 이유와 근거를 강조했던 묵가 사유는 우리로 하여금 동양의 정신을 다시 반추하도록 하는 계기가 된다고 할 수 있다. 『묵자』를 진지하게 읽게 되면, 우리는 동양에 합리주의적이며, 따라서 논증적인 전통이 있었다는 것을 긍정할 수밖에 없기 때문이다. 동양이든 서양이든 철학이 철학일 수 있기 위해서는, 무조건적인 믿음이 강요되어서는 안 된다. 철학은 삶에 대한 건전한 주장과 그에 대한 충분한 근거대기 작업 그 이상도 이하도 아니기 때문이다.

더 생각해볼 문제들

1. 묵가는 인간을 사랑해야 한다고 주장하면서 동시에 이를 정당화하기 위해 하늘의 의지로서 '천지(天志)'라는 외적인 권위를 도입한다. 인간에 대한 사랑이 외적인 권위에 의해 실현가능하다고 할 수 있는가?

    타인에 대한 사랑이 외적인 권위를 두려워해서 이루어진 것이라면, 타인에 대한 사랑은 일종의 역설에 빠지게 된다. 이 경우 사랑의 대상은 타인이라기보다는 외적인 권위일 수밖에 없기 때문이다. 그러나 사랑은 주체에 의해 결단되고 지속되는 정감일 때에만 의미가 있다.

2. 묵가들이 사회적 혼란과 갈등을 사회 구성원들 간의 상호 애정의 결여에서 찾았다. 그러나 사회적 혼란과 갈등은 구조적인 문제로 접근해야 올바른 해결책을 찾을 수 있지 않을까?

    묵가에서는 군주, 관료, 인민으로 표현될 수 있는 통치 질서를 그대로 인정한 후, 사회 구성원 상호간의 사랑을 회복함으로써 사회적 문제가 해결된다고 보았다. 이런 논리라면 사회적 문제는 개개인의 자의적 결단에 내맡겨지게 된다. 그러나 중요한 것은 구성원 상호간의 사랑을 유도할 수 있는 제도적 장치를 마련해야 한다는 점이다.

추천할 만한 텍스트
『묵자』, 묵적 지음, 김학주 옮김, 명문당, 2003.

강신주(姜信珠)
경원대학교, 인천대학교 강사.
연세대학교 대학원에서 장자 연구로 박사 학위를 받았으며 현재는 '태학사 중국철학 총서' 편집위원으로 활동하고 있다. 주요 저서로는 『장자: 타자와의 소통과 주체의 변형』, 『노자: 국가의 발견과 제국의 형이상학』, 『장자의 철학: 꿈, 깨어남 그리고 삶』 등이 있다.

한번은 음적인 방향으로 운동해 나가고 한번은
양적인 방향으로 운동해 나가는 것이 천지만물이 운동하여 변화해 나가는 길,
곧 도(道)이다.
그리고 이 도를 계승하여 실천하는 것이 선(善)이며,
도가 사물에 구비된 것이 성(性)이다.
―『주역(周易)』「계사전(繫辭傳)」중에서

『주역』의 저자

『주역』은 괘(卦)·효(爻)와 괘사(卦辭)·효사(爻辭) 및 십익(十翼)으로 구성되어 있으며, 성립 순서도 대략 효-괘-팔괘-육십사괘-괘사·효사-십익의 순으로 추정된다. 『주역』을 구성하고 있는 최소 단위인 효의 기원에 대해서는 다양한 견해가 있는데 『주역』 원문에는 이런 기록이 없다. 다만 인간의 사유가 혼동 상태에서 점점 분화의 단계를 밟아갔다면 그 최초의 분별은 밤과 낮처럼 이원적 형태를 띠었을 것이며 이런 분별 의식이 양효(─)와 음효(--)라는 기호로 형상화된 것으로 추정된다. 이러한 분화가 좀 더 복잡하게 전개된 것을 반영하는 것이 8괘, 64괘이다.

「계사전」에서는 8괘에 대해, 복희씨(伏羲氏)라는 인물이 하늘과 땅 그리고 동식물과 인간의 신체 등의 경험적 세계를 모사한 상징체임을 밝히고 있다. 또 「계사전」에 복희, 신농, 황제, 요, 순 등에 의해 고대 문화가 발달되어 온 과정을 기록해 놓은 것으로 보아 8괘가 중국 문명의 여명기에 형성된 원초적 사유 체계가 투영된 상징체임을 알 수 있다.

괘사(卦辭)와 효사(爻辭)는 「계사전」의 기록과 관련하여 보면 주(周)나라 초기에 복서(卜筮)의 기능과 관련하여 『주역』의 원형으로 성립되었을 것으로 추측된다. 그 후에 철학적 성격이 농후한 「역전(易傳)」이 추가되어 현존하는 『주역』이 완성되었다고 보는 것이 일반적이다.

03

주역의 도와 음양대대(陰陽待對)의 원리
『주역(周易)』

최영진 | 성균관대학교 한국철학과 교수

모든 것은 변화한다

> 가는 것은 모두 이 시냇물과 같구나. 밤낮을 가리지 않고 끊임없이 흘러간다.

어느날 공자가 시냇물 위에 놓인 다리를 건너가면서 한탄한 말이다. 우리들도 일상에 묻혀 잊고 지내다가, 문득 존재하는 모든 것들은 잠시도 쉬지 않고 변화한다는 사실을 깨닫고 새삼 놀라게 된다. 앙상하던 나뭇가지에서 피어나는 연두빛 이파리에서 계절이 바뀌어 가는 것을 보고, 오랜만에 만난 친구의 주름진 얼굴에서 세월의 무상함을 읽는다.

'변화'에 대한 인식, 여기에서부터 철학적 사유가 시작된다. 기원전 6세기경 희랍의 한 서정시인은 세월의 흐름에 따르는 인생의 무상함을 다음과 같이 노래했다.

보게나, 세월이 내 관자놀이 위로
흰 서리를 뿌리더니, 어느새 내 머리를 흰 눈밭으로 만들었네.
이가 빠져 버린 잇몸은 자꾸 넓어지고
젊음도 기쁨도 오래 전에 스쳐가 버렸네.

희랍인들의 다정하고 민감한 감성은 인생과 자연이란 끊임없이 변화하는 것이며, 그렇기 때문에 덧없는 것이라는 '무상함'을 절실히 느끼게 해 주었다. 그리고 이 덧없음의 느낌은 한편으로 영원한 삶을 얻으려는 종교적인 희구를 낳았으며, 다른 한편으로는 자연에 있어서 무엇인가 변화하지 않는 근원적인 것을 찾으려는 노력으로 나타났다.

변화하는 것과 변화하지 않는 것

『주역(周易)』은 '주(周)나라시대의 역(易)'이다. '역'은 본래 도마뱀의 일종을 그린 상형문자이다. 도마뱀은 주위의 상황에 따라 색깔이 수시로 바뀐다. 여기에서부터 '바뀌다', 즉 '변화'라는 의미가 도출되었다. '역'을 키워드로 하여 성립된 『주역』이 인간과 자연을 포함한 모든 존재의 근본 양상을 변화라는 관점에서 해석하는 것은 당연하다. 그러나 변화의 성격에 대한 이해에 있어서는 고대 희랍인과 구별된다.

고대 희랍에서는 변화하는 자연과 인생을 덧없고 부질없는 무상한 존재로 보았다. 그리고 이러한 인식이 심화되면서 '덧없지 않은 존재', 삼라만상을 변화시키면서도 그 자신은 변화하지 않는 영원한 존재, 즉 그러한 변화를 있게 하는 이법(logos)[1]으로서 작용하고 있는 것이 무엇인가를 찾으려고 하였다. 이것을 희랍인들은 '피시스(physis)'[2]라고 불렀다.

입장은 다르지만, 변화하는 세계를 무상한 것으로 규정하는 사고는 불교에서도 찾아볼 수 있다. 불교 사상의 기저를 이루는 삼법인(三法印)[3] 가운데 가장 근본적인 명제는 '제행무상(諸行無常)'이다. 여기에서 '제행'은 주관과 객관 세계 전체를 포괄하는 개념이며, '무상'[4]은 고유한 실재성을 부정하는 말로서 긍정적으로 표현하면 '변화'가 된다. 따라서 '제행무상'이란 "모든 존재는 변화한다"는 말이다. 불교에서의 변화는, 한갓 외적인 모습이나 성질의 변화가 아니라, 자기동일성을 유지하는 그 어떤 연속체로서의 실체마저도 부정하는 철저한 변화이다. 그러므로 변화 속의 불변자

---

1) 여기에서 '로고스'는 자연의 운동 법칙을 의미한다.
2) 근원적이고 본질적인 것을 의미한다.
3) 일체는 모두가 무상(無常)하며 괴롭고(苦) 무아(無我)라는 속성을 지닌다는 세 가지 명제로서 제행무상(諸行無常), 제법무아(諸法無我), 일체개고(一切皆苦)를 의미한다.
4) 모든 존재는 생하고(生), 머물고(住), 달라지고(異), 없어지므로(滅) 늘 그 자리에 머물러 변하지 않는 존재는 없다는 뜻이다.

는 인정될 수 없다. '무상함'은 모든 존재자가 걸머진 필연적 속성인 것이다.

그러나 『주역』은 "끊임없이 낳고 또 낳는 것을 역이라 한다"고 하여 변화를 생명의 창조 과정으로 본다. 유교 경전 가운데 수위(首位)를 차지하고 있는 것이 『주역』인데 유교에 있어서 생명은 최고선이다. 그러므로 생명의 창조 과정으로서의 변화는 절대적 가치성을 가진다. 적어도 『주역』의 본문 자체만을 충실하게 분석해 본다면, 변화하는 현상계를 덧없는 것으로 부정하고 변하지 않는 어떤 실체가 이 현상 세계를 넘어서서 존재한다는 관념은 찾아보기 어렵다. 오히려 변화해 나가는 세계의 변하지 않는 운동 질서 그 자체가 '도(道)'[5]로 규정된다.

다 같이 변화를 자연과 인생의 본질적 속성으로 보면서도 변화에 대한 이해가 이처럼 달라지는 이유는 무엇일까. 그 하나의 요인은 외적인 조건에서 찾아볼 수 있을 것이다. 기원전 6세기경 희랍의 주요 도시였던 밀레토스는 인접 국가들과의 교역을 통하여 가난에 허덕이거나 상업적인 이익에 혈안이 되지 않아도 좋을 만큼의 부를 누리게 되었다. 그렇다고 하여 유흥과 방탕한 생활을 할 만큼 풍요로운 재력을 지닌 것은 아니었다. 말하자면 알맞은 '여유'를 갖고 살 수 있게 되었던 것이다. 삭막한 삶의 현실에서부터 한 발짝 물러나 여유를 갖고 주위를 돌아보았을 때, 자연과 인생으로부터 끊임

---

[5] 음양 변화의 절대적 근거자 내지 초월적 존재로서의 도(道)가 아니라 자연이 변화해 가는 일정한 질서를 '도'로 보는 것이 원의에 가깝다는 의미이다.

없이 변화하는 무상함을 읽게 되고 그에 따른 허무감에서 벗어나기 위하여 불변하는 실체인 피지스(physis)에 대한 탐구를 시작했던 것이다. 불교의 발상지인 인도의 자연 환경도 인간의 생존을 위협할 만큼 열악하지는 않았다.

그러나 중국인들은 매년 황하의 범람이라는 자연 재해와 싸우거나 기아에 허덕여야 했다. 『주역』 괘사와 효사[6]의 원형이 성립되었던 시기로 추정되는 은(殷)·주(周) 교체기[7]는 당시 서쪽 제후(西伯)였던 문왕의 아들인 무왕이 은대 마지막 왕이었던 주(紂)를 치고 주(周)의 시대를 새롭게 연 이른바 '혁명'이 수행되던 때였다. 또한 '십익(十翼)'의 성립기인 춘추전국시대는 170여 개의 나라가 10여 개로, 다시 7개의 나라로 축소될 만큼 극심한 전쟁을 겪은 시기였다. 이처럼 인간의 생존 자체를 위협하는 상황에서 성립된 『주역』은 형이상학적 초월의 세계나 종교적 명상에 관심을 기울일 여유가 없었다.

「계사전」에 "역은 중고(中古)시대에 일어났을 것이다. 역을 지은 자는 우환(憂患)이 있었을 것이다"는 기록에서 알 수 있듯이 『주역』은 현실 사회에 대한 강한 우환의식에서 태어났다. 즉, 끊임없이

---

6) 64괘, 384효의 성격을 규정하고 길흉화복(吉凶禍福)을 판단하는 문구이다. 괘와 괘사·효사를 합쳐 『역경』 또는 『주역』이라고 한다.
7) 「계사전」에서는 시대적으로 은말주초의 시기인 기원전 11세기경에 역이 일어났다는 표현과 더불어 그 시대를 대표하는 인물로 각각 은나라의 마지막 왕이었던 주(紂)와, 주역 64괘의 괘사(卦辭)를 지었다고 전해지는 주나라의 문왕(文王)에 관한 일을 들고 있다.

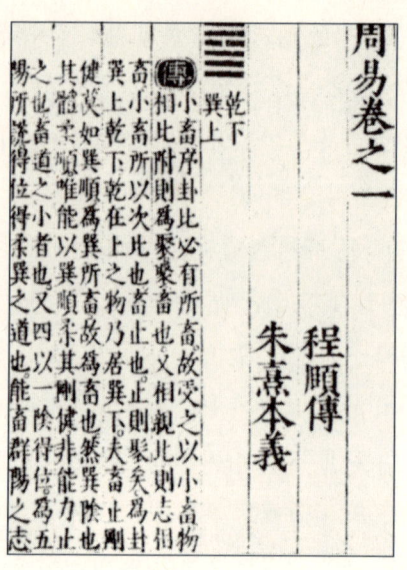

『주역(周易)』

도전해 오는 자연적·인위적 도전에 어떻게 대응할 것인가라는 문제에 초점을 맞추어 만들어진 것이다. 그리고 『주역』의 이러한 점 때문에, "삶을 알지 못하는데 어찌 죽음을 알며, 사람을 알지 못하는데 어찌 귀신을 알겠는가?"라고 했던 공자의 말처럼, 사후의 세계나 신의 영역에 대해서는 일단 판단을 보류한 채 현실을 지극히 선하고 지극히 아름다운 세계로 변혁하려 했던 유가의 사상에 입각하여 경전으로 채택된 것이다.

음양(陰陽)과 도(道) 그리고 대대(待對)의 논리

『주역』은 변화를 생명의 창조 과정으로 보고 변화의 질서 그 자체를 '도'로 규정한다. 동양 고전에서 도는 주로 진리, 법칙의 의미를 갖는데『주역』에서는 자연계의 변화 법칙이며 규범 원리의 뜻을 갖는다. 그 전형적인 명제가「계사전」의 다음 구절이다.

> 한 번은 음의 방향으로 운동해 나가고 한 번은 양의 방향으로 운동해 나가는 것을 '도'라고 한다.

어두운 밤이 지나가면 환한 낮이 오고, 낮이 가면 다시 밤이 오듯이 순환적으로 발전해 나가는 것은 모든 사물들이 변화해 나가는 '길', 즉 세계의 보편적인 운동 법칙이다. 동시에 그와 같은 보편적인 법칙은 인간이 마땅히 받아들여야 할 당위의 규범으로 보는 데에 유교의 특징이 있다.『주역』은, 세계의 보편적인 운동 법칙이자 당위의 규범으로서의 '도'가, 한 번은 음의 방향으로 운동해 나가고 한 번은 양의 방향으로 운동해 나가는 음양의 원리라는 점을 강조한다. 뿐만 아니라 세계의 구조 또한 위·아래의 천지나 전·후/ 좌·우 사방이라는 음양적 범주로 이루어져 있다. 일찍이 장자는 "역은 음양을 말하는 것이다"고 하여 이 점을 간파한 바 있다.

그렇다면 음양이란 무엇인가? 음양은 본래 음지와 양지를 가리키는 말이다. 그러나 음양 개념의 성립과 변용 과정을 검토해 보면,『주역』에 있어 음양은 천지, 일월, 남녀, 상하, 좌우, 왕래 등과 같이 구체적인 사물 또는 한정된 사물의 양상을 지칭하는 개념이라기보다, 대대(對待) 관계에 있는 모든 개념 쌍을 포섭하는 범주적 개념이라고 볼 수 있다. '음양'이라는 단어가 성립되기 이전부터 '대대' 관념은 존재하였으며, 음양은 대대 관념을 나타내기에 가장 적합한 용어로서 선택된 것에 불과하다. 그렇다면 '대대'란 무엇인가. 대대란 서로 마주하며 기다린다는 의미로서 지금은 일상어로 사용하지는 않으나 문집에서는 자주 발견되는 용어이다. 대대 관념을 표상한 최초의 매개체는 '─'와 '--'이라고 하는 기호인데, 이것이 괘(卦)[8]를 구성하는 기본 요소인 양효(陽爻)와 음효(陰爻)다.

  기호는 의미를 간이화(簡易化)·직관화·형상화하여 감성적 직관을 통하여 인식하게 하는 매개체이다. 기호의 의미는 신호등의 적신호나 청신호와 같이 항상 다른 기호와의 연관 아래에서만 결정되며, 그 기능 또한 상호 작용 속에서 비로소 생겨난다. 그러므로 역학 사상에 대한 최초의 표현 매개체가 기호였다는 사실 자체가 상호 연관성이라고 하는 '관계'를 그 중심 과제로 부각시키기에 충분하다. 양효는 음효와의 관계에 의해서, 음효는 양효와의 관계에 의해서만 의미를 갖고 기능할 수 있는 상반적인 타자와의 관계성을 표상한다. 이것이 서로 반대가 되어야 감응하여 조화되어 하나가 된다고 하는 '상반응합(相反應合)'의 논리로서, 『주역』에 있어 대대 관념의 원형이 된다. 이 효들이 3개씩 겹쳐진 것이 8괘이며, 8괘가

---

[8] 『주역』에는 6효로 구성된 64개의 괘가 있는데, 이것은 3효로 이루어진 8개의 괘를 중첩시킨 것이다. 8괘는 건(乾), 태(兌), 이(離), 진(震), 손(巽), 감(坎), 간(艮), 곤(坤)으로서 각각 하늘, 연못, 불, 우레, 바람, 물, 산, 땅을 상징한다.

두 개씩 겹쳐진 것이 64괘이다. 『주역』은 64괘에 대한 해설과 그 설명 체계라고 볼 수 있다. 괘사와 효사 그리고 '십익(十翼)'[9]이 그것이다.

유가의 문헌에서 대대 관념이 명확하게 음양이라는 용어로 표현된 것은 『주역』의 「계사전」과 「설괘전」 등 십익이다. 그러나 『주역』의 괘사나 효사는 물론 『서경』, 『좌전』 등에도 이미 후대에 음양이라는 용어로 표현될 수 있는 관념이 사상의 중핵을 이루고 있다. 게다가 은나라 시대의 갑골문(甲骨文)에도 상/하, 좌/우, 정/반 등 구체적 사물의 대립 계열이 나타난다. 같은 시대 청동기, 제기(祭器) 등에 꾸며진 무늬와 장식의 위치도 대립되는 힘들을 나타내 보이고 있다. 『논어』의 다음 구절을 보자.

> 공자님께서는 온화하시되 엄격하시고 위엄이 있으시되 사납지 아니하시며, 공손하시되 편안하셨다.

이 글에서는 온화함/엄격함, 공손함/편안함 등 서로 공유하기 힘든 상호 배척적[10]인 성향을 갖는 두 덕목이 통일되어 있는 공자의

---

9) 각각의 괘에 따른 효사의 의미를 풀이하고 그 이론적 기반과 사상을 체계적으로 설명하고 있는 부분으로서 「단전」, 「상전」, 「문언전」, 「계사전」, 「설괘전」, 「서괘전」, 「잡괘전」 등이 있다.

10) 논리학에서 "이것 아니면 다른 것, 그러나 둘 다는 안 된다"는 뜻으로 '배척적 선언'이라 표현한다.

인격을 잘 드러내 주고 있다.

대대 관계는, 무엇보다도 상반적인 타자를 적대적으로 보는 것이 아니라 자신의 존재성을 확보하기 위한 필수적인 전제로서 요구하고 있다는 점이 특징적이다. 이것은 양효와 음효인 '―/--'라는 기호로써 역의 원초적인 의식이 표상되었다는 사실과, 음양의 문자학적 분석을 통하여 입증될 수 있다.

음양은 본래 '산기슭의 햇빛이 비추는 곳과 그늘진 곳'을 지칭하는 문자이다. 여기에서 우리가 주목해야 할 점은 빛과 그림자의 관계다. 즉, 그림자가 있는 반대편에는 반드시 빛이 있고 빛이 있는 반대편에는 반드시 그림자가 있다는 사실이다. 그러므로 음의 개념에는 이미 양이 전제되어 있고, 양에는 음이 전제되어 있는 상호 의존적 관계임을 알 수 있다. 음과 양의 두 개념은 서로의 존재를 조건 짓고 있는 것이다.

그런데 음과 양의 관계와 같이 대대 관계에 있는 존재는 상호 의존적이기 때문에 경우에 따라 서로 배척적이고 적대적 관계에 있는 것처럼 보일지라도, 상대방을 부정할 수가 없다. 상대방의 부정은 곧 자신에 대한 부정이기 때문이다.

두 번째 특징은 상반적(相反的) 또는 상호 모순적 관계를 상호 성취의 관계, 더 나아가 운동의 추동력의 근거로 본다는 점이다. 이것이 이른바, 서로 반대가 되어야 서로를 이루어 준다고 하는 '상반상성(相反相成)'의 논리이다. 즉, 남녀 또는 전기의 양극(+)과 음극(-)처럼, 같은 성 또는 같은 극끼리는 서로 배척하며 다른 성·극은 상호 감응함으로써 조화되어 서로를 완성시켜 준다는 것이다.

 이와 같은 논리는 서구의 전통 문화와 사유의 근본이 되는 아리스토텔레스의 형식논리학과 분명히 구별되며, 오히려 현대 과학의 새로운 패러다임을 제시해 준 양자물리학의 상보성 원리[11]에 접근될 수 있다.

 너는 나와 반대가 되기 때문에 도리어 나의 존재성을 확보해 주고 서로 감응하여 하나가 될 수 있으며 또한 발전의 원동력이 확보된다는 『주역』의 음양 논리는, 지역과 계층간의 갈등, 서구 문명권과 비서구 문명권의 대립, 종교간의 분쟁, 자연과 인간의 분리, 무한 경쟁의 논리와 패권주의 등 혼란한 상황 속으로 함몰되어 가는 우리를 참다운 사유의 공간으로 인도해 줄 것이다.

『주역』의 두 얼굴, 점과 철학

『주역』은 두 개의 얼굴을 가지고 있다. 이 책은 본래 점서(占書)로서 출발했는데, 그 원형인 괘사와 효사는 바로 점과 관련된 내용이었다. 진시황이 불온한 사상서들을 불태워 버렸던, 이른바 '분서갱유(焚書坑儒)'[12]가 일어났을 때 『주역』이 화를 모면한 것도 그것이

---

11) 하이젠베르크는 아리스토텔레스 형식논리학의 이분법을 비판하고 양자이론의 상호 보완성을 주장하였다. 상보성 원리에 대해 창시자인 보아(Niels Bohr, 1885~1963)는 심볼마크로 "반대되는 것은 서로 보완적이다(Contraria Sunt Complementa)"라는 라틴어 구호 밑에 음과 양이 서로 사귀고 있는 태극 문양을 채택하였다.

12) 진시황이 강력한 사회 통제의 일환으로 시, 서 등을 불태우고 460여 명의 유생을 구덩이에 매장하였는데 이 때 의약·점복·농업에 관계된 서적은 분서 목록에서 제외되었다.

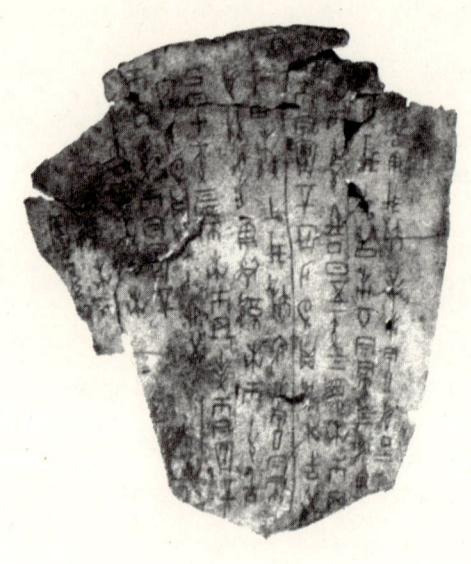

갑골복사(甲骨卜辭)

사상서가 아니라 실용적인 점서로서 인식되었기 때문이다.

  그렇다면 점이란 무엇인가? 점은 한마디로, 미래에 발생할 사태를 예측하고 그에 가장 적합한 행동 양식을 규정하는 일이라고 정의할 수 있다. 인간의 지혜가 아직 발달하지 못했던 고대 중국에서는 기후의 변화와, 지진·일식 등의 자연 변화 그리고 질병, 전쟁, 왕조의 교체 등의 현상은 절대자인 '상제(上帝)'의 뜻에 따라 일어나는 것으로 생각했다. 그러므로 사냥을 나간다든가 제사를 지낸다거나 또는 전쟁을 일으킬 경우 상제의 뜻을 미리 알아보지 않으면 안 되었는데, 그 방법이 바로 점이었던 것이다.

그러나 인간의 지혜가 점점 발달하게 되자 자연의 변화에는 일정한 질서가 있음을 깨닫게 되었다. 그 대표적인 것이 바로 사계절의 변화다. 자연계가 일정한 질서에 따라 변화한다는 자각은, 자연의 변화와 밀접한 관계에 있는 농경 사회에 있어서 획기적인 사건이 아닐 수 없었다. 이제 자연계의 변화를 예측하는 일은 점이 아니라, 그 변화의 질서를 추출해 냄으로써 가능하게 된 것이다. 고대 중국인들이 자연에서 추출해 낸 질서를 수로 표상한 것이 바로 달력이다. 달력에 표시된 우수·경칩 등 24절기는 자연의 변화 과정을 예측해 놓은 것이며, 동시에 파종이나 수확 등 그 절기에 해야 할 농경의 지표이기도 하다.

미래에 발생할 사태를 예측하고 그에 가장 합당한 행동 양식을 규정하는 일이 이제는 자연의 질서를 파악함으로써 가능하게 되었다. 이에 따라『주역』역시도 미래에 대한 예측이 아니라, 자연의 질서를 추출해 내는 방향으로 전개된다. 그리고 전국시대의 음양가[13]와 도가학파[14]의 영향으로 괘사 및 효사를 새롭게 해석되는

---

[13] 전국시대 제자백가(諸子百家) 중의 한 파로 제(齊)나라의 추연(鄒衍)·추석(鄒奭) 등이 그 대표적 사상가이다.『한서(漢書)』「예문지(藝文志)」에 의하면 그들의 설은 고대에 역상(曆象)을 관장하는 관직에 있던 희씨(羲氏)·화씨(和氏)에서 비롯된 것이라 하였다. 천체(天體)의 운행이나 사계(四季)의 추이(推移) 등 자연 현상의 법칙을 합리적으로 설명하였으며, 이 법칙을 인사(人事)에 관련시켜 인간 생활도 이에 따르지 않으면 재해(災害)를 입게 된다는 사고를 하였다.

[14] 중국 고대 학파의 하나로서 유가와 대응되는 사상 체계를 갖고 있다. 일체의 인위적인 행위 규범과 제도를 버리고 자연과 인간의 본래적인 자연성으로 돌아갈 것을 주장하였다. 노자와 장자가 대표적 학자이다.

과정에서 자연의 변화를 음양의 원리에 따라 설명하는 이론 체계가 확립된 것이다. 즉, 괘사와 효사에 내재된 음양의 관념이, 이 시대에 이르러 '음양론'으로 정립되고 이 음양론에 의하여 자연이 설명되었으며, 이에 근거하여 인간의 당위 규범까지도 규정하는 이론 체계가 갖추어지게 된 것이다. 그리고 자연에 대한 합리적 인식에 발맞추어 괘사와 효사에 대한 해석도 보다 합리적이고 윤리적인 각도에서 이루어짐으로써, 『주역』은 단순한 점서가 아니라 철학서이며 도덕적인 수양서로 발전하게 되었던 것이다.

 『주역』의 음양론은 우리에게 새로운 사고의 패러다임을 제공할 수 있으며, 음양론에 기초한 유기체적 자연관은 우리에게 의식의 혁명적 전환을 가져올 수 있다. 그리고 점은 우리를 정신의 새로운 영역으로 안내할 것이다.

더 생각해볼 문제들

1. 아리스토텔레스의 형식논리와 『주역』의 대대적 논리의 차이는 무엇인가?

    아리스토텔레스의 논리는 양자택일적 이분법이며, 『주역』의 논리는 대칭적 논리이다. 아리스토텔레스는 어떤 것이 존재한다고 할 때, 그 존재 자체와 그렇게 존재하도록 하는 것을 명확히 구분한다. 그래서 하이데거로부터 결국 "존재의 본질이 무엇인가?"라는 질문에 집착하여 존재에 대한 최고의 본질을 찾아다니다가 정작 존재 자체에 대한 물음은 잊혀진 게 아니냐는 비판을 받게 된다. 이런 문제점은 존재와 존재의 본질을 이분한 발상으로부터 비롯되었다고 볼 수 있다.

    반면에 『주역』의 논리는 음양의 대대 관계에 입각해 자연과 인간 존재를 탐구한다. '변화'라는 단어로 대표되는 『주역』에서 끊임없이 변화하는 세계의 배후에 변하지 않는 어떤 실체 내지 본질을 인정하는 사고는 찾기 힘들다. 설령 송나라시대의 역학에서 세계의 형이상학적 궁극자로 태극을 말하더라도 다시 한 번 궁극자의 초월성과 현상에의 내재성을 '하나이면서 둘이고 둘이면서 하나'라는 대대적 사유의 틀로 소화해 낼 뿐이다. 이처럼 『주역』에서는 어떠한 '둘'을 인정하지만 그 '둘'을 영영 분리된 존재로 사유하지는 않는다.

2. 현대 과학과 주역 사상의 연관성에 대한 시각은 무엇인가?

    주역을 대할 때 처음 접하는 이들이 범하는 오류 중 가장 대표적인 것이 '주역은 점'이라는 생각이다. 그래서 미신적 사유와 과학적 사유와의 대비 관계를 쉽게 떠올리기도 한다. 그런데 다시 한 번 염두에 두어야 하는 것은 『주역』은 『논어(論語)』와 같은 '책(Text)'이라는 점이다. 그리고 그 책 속에 내재된 여러 사유를 끄집어 내어 체계적으로 전개시킨 것을 주역 사상이라고 한다.

    주역에는 철학, 종교, 정치, 문학, 과학 등 다양한 방면과 연계하여 논할 수 있는 부분이 산재해 있다. 그러므로 주역과 과학과의 관계를 논할 때 과학의 이름으로 주역의 한계를 논하려는 선입견 혹은 일방적으로 주역이 과학에

앞선다는 발상 자체가 주역을 곡해하는 편견이라 할 수 있다. 양자의 관계는 현대에서 논점에 따라 심리학, 생명과학, 수리과학 등으로 다양하게 전개되고 있는 실정이므로 각별한 통찰과 관심이 필요함을 당부할 뿐이다.

3. 역학 사상에서 『주역』을 근간으로 하는 이론은 어떠한 것들인가?

역학 사상과 『주역』의 사상은 일단 구분되어야 하지만 현존하는 『주역』이 역학 사상을 가장 잘 보존한 자료임에는 틀림없다. 역의 발단은 은·주시대의 점(占)에 기반을 둔 미래의 예측 및 이에 합당한 규범의 제시라는 측면과, 자연계의 존재 양상이라는 구조적 설명 체계라는 두 측면이 『주역』의 성립으로 결합된 것이다. 따라서 역에는 자연계의 순환적 변화 원리와 이에 근거한 당위적 규범이 중심 과제로 다루어진다. 그 중심 이론은 변화론적 우주관과 괘·효 변화의 원리, 사회 변화의 법칙, 변화에 대응하는 실천 철학 등으로 요약될 수 있다.

추천할 만한 텍스트

『원전으로 읽는 주역』, 최영진 편저, 민족문화문고, 2005.
『주역전의』, 성백효 옮김, 전통문화연구회, 2000.

최영진(崔英辰)

성균관대학교 한국철학과 교수.
성균관대학교 유학과와 동대학원 동양철학과를 졸업하고 철학박사 학위를 취득하였다. 공주대학교 사범대학 한문교육과 조교수, 전북대학교 철학과 조교수, 성균관대학교 유학·동양학부장/유학대학원장을 역임하고 현재 한국 유교학회 부설 유교사상연구소장, 한국주역학회 회장이며, 무크지 『동아시아 문화와 사상』의 편집장이다.
저서에는 『유교사상의 본질과 현재성』, 편저에는 『주역의 현대적 조명』, 『조선말의 실학자 최한기의 철학과 사상』, 『유교와 페미니즘』, 그리고 공저에 『조선조 유학 사상의 탐구』, 『성과 철학』, 『다원주의 축복인가 재앙인가』 외 다수가 있으며, 『주역』과 조선조 유학사상에 관한 논문들을 지속적으로 발표하고 있다.

어느 날 황제가 천사(天師)인 기백(岐伯)에게 물었다. "상고(上古)시대의 사람들은 백 살을 넘더라도 그 동작이 노쇠하지 않았다고 들었습니다. 그런데 요즘 사람들은 쉰 살만 되어도 그 동작이 모두 노쇠한데, 시대가 달라서 그렇습니까? 아니면 양생(養生)의 도를 잃었기 때문입니까?" 기백이 답했다. "상고시대의 사람들은 양생의 도를 아는 사람들로, 음양의 법도를 본받고, 양생의 법도와 조화를 이루었으며, 먹고 마심에 절도가 있었고 기거함에 일정함이 있었으며, 쓸데없이 무리하지 않았습니다. … 그러나 요즘 사람들은 술을 물 마시듯 하고 … 좋아하는 것만을 찾아서 바른 기운을 흩어 버리며, 정기를 지킬 줄 모르고 마음의 쾌락만을 좇을 뿐 자연스러운 즐거움에 거스르는 행동을 하며 기거에 절제가 없습니다. 이 때문에 쉰 살만 되어도 노쇠하는 것입니다."

『황제내경』의 저자

황제(黃帝)는 중국의 전설상의 제왕으로 성은 희(姬)라고 하고, 이름은 헌원(軒轅)이다. 지금으로부터 약 4천여 년 전 황허(黃河) 강 유역에서 살았던 부락연맹의 장으로, 그의 부락과 염제(炎帝) 신농씨(神農氏)의 부락은 서북 고원에서 함께 생활하던 소전씨(少典氏)의 후손들이다.

전설에 따르면, 황제는 문자, 음률, 산수, 역법, 배, 수레, 활과 화살 등을 만들었다고 한다. 『사기(史記)』에서는 복희씨(伏羲氏), 신농씨와 함께 삼황(三皇) 가운데 하나로 꼽고 있다. 황제가 통치한 시기는 황금시대로 불릴 정도로 그는 현명하고 지혜로운 군주였으며, 춘추전국시대 후기부터 중국 민족의 시조로 추앙받았다. 황제는 100년간 재위한 후에, 용이 하늘에서 내려오자 그 용을 타고 하늘을 올라갔다는 전설이 전해진다.

그러나 『황제내경』의 저자를 황제로 볼 수는 없다. 『내경』의 권위를 높이려는 의도 때문에 황제가 선택된 것이다. 『내경』의 저자는 이름을 알 수 없는 수많은 사람들이다. 하지만 『내경』의 저자를 황제로 정한 것은 황제가 명의들과 의학 이론을 문답하고 토론한 주인공 역할을 하고 있기 때문이며, 실제 황제라는 이름을 내걸고 의학을 탐구했던 학파들에 의해서 『내경』의 골격이 형성되었을 것이라는 여러 정황 때문이기도 하다.

04

삶의 한 탁월한 기술
『황제내경(黃帝內經)』

이창일 | 한국학중앙연구원 고전학연구소 수석연구원

문명사의 기적

『황제내경(黃帝內經)』은 동아시아 한자문화권의 고전이지만, 한의학[1]을 전공한 사람이나 일부 인문학을 하는 사람들을 제외하고는 다소 생소한 분야이다. 『황제내경』은 지금까지 계승되고 있는 한의학이라는 의학 체계를 성립시킨 가장 중요한 기준을 제시한 고전이라고 말할 수 있다. 이 기준이 무엇인지 앞으로 살펴보겠지만, 여기에는 풀리지 않는 역사의 수수께끼가 숨겨져 있다. 이러한 수수께끼는 『황제내경』이 단순히 과거의 사유에만 국한되어 있는 것이 아니라, 현재에도 흥미 있는 문헌으로 만들고 있다.

어떤 이유가 있기에 수천 년 전에 성립한 의학 체계가 아직도 살아 움직이는 현실적인 의학으로 존속된 것일까? 의학의 아버지라고 하는 히포크라테스의 의학 경험은 아직도 유효한 것인가? 비록 히포크라테스의 의학 경험과 사상이 여전히 의미가 있다고 하더라도, 그 이론 체계까지도 여전히 유효한 것은 아니다. 그것은 과학적 이론 체계가 아니기 때문에, 현대 의학은 그러한 체계를 받아들이지 않고 있다.

그런데 이런 수수께끼는 현대의 동서양 학자들에게 큰 관심을 불러 일으켰다. 학자들은 곧 한의학이 오랜 시간 동안 단절 없이 그 의학적 경험과 이론 체계가 이어지고 있는 상황을 '문명사의 기적'이라 표현하고 있다. 이 기적은 단순히 어떤 이론 체계의 역사적 연속성에 대한 감탄에만 머무는 것은 아니다. 우리가 살고 있는 시대의 가장 중요한 과학이라는 문제와 연결되어 있으며 동시에 전통문화의 계승이라는, 공동체의 과거와 미래의 문제와도 관련이 있다. 그리고 이러한 문제는 우리의 의학적 전통이 동아시아의 한자문화권 가운데서 매우 독창적인 의학을 창안해 왔다는 자부심을 배

---

1) 이 글에서 말하는 한의학은 중국의 한의학(漢醫學)과 우리나라의 한의학(韓醫學)을 모두 포함하는 개념이다. '한(漢)'을 쓴 것은 의학의 원형이 형성된 중국 중심의 한자문화권을 강조한 것이고, '한(韓)'으로 나타낸 것은 '한(漢)'의학을 받아들여 우리의 고유한 의학 전통을 수립한 것이라는 인식이 깔려 있다. 그러나 엄밀하게 말해서, 한의학의 창조적인 수용은 우리의 역사에서 확인할 수 있지만, 굳이 '한(韓)의학'이라고 하는 것은 용어에 집착한 것으로 보인다. 우리 전통 의학의 자랑인 『동의보감』이나 『동의수세보원』은 한(韓)의학이라는 말이 성립할 수 있는 근거가 되지만, 모두 한자문화권의 의학 전통 속에서 전자가 한의학의 전통을 집대성한 것이고 후자가 독창적인 해석을 해서 수립한 체계라는 점을 지적하고 싶다. 중요한 것은 한의학은 중국 의학이 아니라, 중국 중심의 한자문화권의 의학이라고 이해하자는 것이다. 그런 뜻에서 동양 의학이라는 말을 생각할 수 있지만, 동양 의학은 동양 문화권인 인도 아유르베다 의학, 티베트 의학, 몽고 의학 등등을 가리키는 데 더 적절해 보인다.

서한시대의 의료용 동분(銅盆)

경으로 하고 있다.

　우리는 이러한 전통적 자산을 과거 속에 매몰시켜 두어서는 안 된다. 미래란 아직 실현되지 않은 시간 속에 확정되지 않은 채로 있는 것이 아니라, 현재까지 이어져 온 과거의 연속성을 올바르고 적실하게 이해하는 과정을 통해 모험하고 실험하는 다양한 기획들 속에서 비로소 성취되는 것이기 때문이다.

『황제내경』의 지은이와 문헌의 성립
『황제내경』이라는 책 이름은 무슨 뜻인가? 여기서 '황제(黃帝)'는 정치적 군주를 말하는 '황제(皇帝)'가 아니다. 이 말은 중국인들에게 있어서, 우리가 '단군 할아버지'라고 할 때의 단군에 상응하는 그런 친숙한 존재이다.

　사마천(司馬遷)의 『사기(史記)』를 보면, 황제는 복희씨(伏羲氏),

신농씨(神農氏)와 함께 삼황(三皇) 가운데 하나이고 백성들에게 불, 역법(曆法) 등을 창제해서 알려준 신인(神人)으로 기록되어 있다. 그러므로 황제를 책의 이름으로 삼은 것은 황제가 지은 책이라는 것이 아닌, 지극히 존귀한 존재인 황제의 이름을 빌어 책의 권위를 높이려 했던 것임을 알 수 있다.

'내경(內經)'에 대해서는 여러 가지 해석이 있다. '내(內)'라는 말에 주목해서 곧 '안'은 '밖'에 대하여 드러나지 않은 곳이기 때문에, 감추어지거나 비밀스러운 곳이라는 의미이다. 그래서 역사적으로 '내'는 생명의 도(道), 곧 생명의 질서나 원리에 담겨 있는 심오함을 가리키는 것으로 해석되곤 했다.

소문과 영추

『황제내경』은 「소문(素問)」과 「영추(靈樞)」로 구성되어 있다. 「소문」의 내용은 황제가 기백(岐伯)[2]을 비롯한 여러 명의들과 나눈 문답을 기록한 것이다. 그런 뜻에서 '소'를 평소로 해석해서 소문을 '평소의 문답'이라고 이해할 수 있다. 혹은 한자에서 '소'는 근본(本)과 통하는 개념이므로, 생리나 병리의 근본에 대한 물음을 황제가 명의들에게 질문한 것으로 해석할 수도 있다. 두 가지 해석은

---

2) 기백은 황제의 의학 스승, 주치의, 신하 등으로 알려져 있다. 혹은 천사(天師)로 불리는 의술의 신이며, 동이족(東夷族)으로서 당시에 청구(靑丘)라고 불린 산동성 해안 지방에 거주했던 선인(仙人)들이라고도 한다. 다양한 설이 있지만, 『내경』에 등장하는 귀유구(鬼臾區), 백고(伯高), 소사(少師), 소유(少兪), 뇌공(雷公) 등과 함께 의학의 틀을 세운 인물로 추정된다.

달라 보이지만, 결국 구체적으로 생명을 영위하는 존재, 다시 말해 인간 생명의 본질을 묻는다는 의미다. 요즘 말로 하자면 "인간의 생명은 무엇인가?" 혹은 "인간은 무엇인가?"에 해당할 것이다.

'영추'라는 말은 한(漢)나라·수(隋)나라·당(唐)나라시대에서는 찾아볼 수 없고, 송(宋)나라시대에 이르러 발견된다. 그 이유는 '영추'에 해당하는 내용이 『황제내경』에 대한 가장 영향력 있는 주석가인 왕빙(王氷)[3] 이전에는 '구권(九卷)'이나 '침경(針經)'이라는 제목으로 전해졌기 때문이다.

글자의 뜻만을 본다면, 영은 '신령스럽다'는 것이고 추는 '지도리'로서 문을 열고 닫는 축을 말한다. 이 용어는 변화의 중추가 되는 매우 중요한 기관을 뜻하고 있다. 이와 같이 영추는 '신령스러운 변화의 중추'로 해석할 수 있는데, 사실 그 내용은 침구(鍼灸)에 대한 것이 많다. 흥미롭게도 이 「영추」는 1093년에 우리나라 고려에서 가져온 『침경』[4]을 이름만 바꿔 부르고 있는 것이다.

『황제내경』의 성립과 이름난 주석가
『황제내경』에 대해 말할 수 있는 가장 확실한 사실은, 이것이 어느 특정 시기의 특정한 사람이 저술한 책은 아니라는 점이다. 『황제내

---

[3] 중국 당나라 때의 의학자로 호는 계현자(啓玄子)이다. 12년 동안 「소문」의 판본을 정리하고, 새로 발견된 문헌들을 합했으며 스스로 임상 연구를 통해서 「소문」을 체계화하고 발전시킨 공이 있다.
[4] 말 그대로 침술(針術)을 다루고 있는 경전이다.

경』과 더불어 한자문화권 의학의 한 기둥인 『상한론(傷寒論)』[5]의 서문에 최초로 등장하는 「소문」은, 그것이 성립된 시기에 대해서 대략 세 가지의 견해를 찾아볼 수 있다.

먼저 첫 번째로, 기원전 403년에서 221년의 시기를 가리키는 전국(戰國)시대의 작품이라고 보는 견해가 있다. 두 번째로, 「소문」에는 선진시대와 위진(魏晉)시대의 문장이 들어 있지만, 편성은 주로 전한시대에 이루어졌다는 주장이 있다. 세 번째로, 고고학적 발굴의 성과를 토대로 『황제내경』이 후한시대에 성립되었다는 주장이 있다. 우리는 이상의 주장을 검토해서, 『황제내경소문』은 전국시대 초기부터 후한에 이르는 기간 동안 여러 의가(醫家)[6]들의 손을 거쳐 정비된 것이라고 이해한다.

「영추」라는 명칭은 6세기 중엽 왕빙에게서 찾아볼 수 있다. 「영추」의 본래 제목은 '침경'이었을 것이라고 생각되므로 『침경』의 여러 이본(異本)들 가운데 하나가 「영추」일 것이라 추측된다. 『침경』이 먼저 존재했고, 「영추」라는 명칭은 『침경』에 빗대어 생겨난 것이기 때문이다.

서구 문명의 영향을 입기 전에 한자문화권의 보편적 학문 방법

---

[5] 후한(後漢)의 장중경(張仲景)이 저술한 것이라 전한다. 『상한잡병론(傷寒雜病論)』이 본래의 이름이다. '상한'이란 외부로부터 전염되는 병의 총칭이며, 특히 급성·열성의 전염병을 말한다. 이들 각종 병증(病症)에 대하여 경험상 알려진 약재의 처방법을 모아 둔 것으로, 『내경』처럼 이론적이라기보다는 실용 위주의 문헌이라 할 수 있다.

[6] 의학자들의 전통적 표현이지만, 지금의 의미에서 병의 치료와 예방을 수행하는 의사와 인체의 생리를 탐구하는 생리학자까지 포함하는 개념이다.

은 주석학⁷⁾이었다. 주석학은 경전의 본래 뜻을 찾아 회복한다는 해석학적인 방법에 포함된다. 역대로『황제내경』에 주석을 붙인 사람은 대략 50~60명 정도인데 그 중 2명의 주목할 만한 연구가를 살펴본다.

『황제내경』에 대한 주석 가운데 가장 널리 알려진 것은 당나라 때의 왕빙(王氷)이 「소문」에 붙인 주석이다. 그런데 왕빙은 단순히 주석을 남겼다기보다, 그에 의해『황제내경』이 제 모습을 찾았다고 할 수 있을 정도로 의미 있는 주석을 남겼다. 당시 유포되어 있던 『황제내경』을 광범위하게 수집하고, 각 편의 여러 모순들을 정리하여 개편했다. 특히,『황제내경』에서 사라졌던 운기학(運氣學)⁸⁾을 정리하여 경전에 새롭게 보충한 공로가 있다. 이 외에도 임상가로서의 경험을 토대로 사실에 입각한 해석을『황제내경』의 주석을 통해 싣고 있다. 우리가 현재 보고 있는『황제내경』은 왕빙에 의해 틀

---

7) 경전을 해석하면서 경전의 맥락을 상세히 밝히고, 그 과정에서 자신의 의견을 첨가하는 학문 방법을 말한다. 경전의 권위를 중요시하기 때문에 자신의 독창적인 의견은 전면에 드러나지 않는다. 독창적인 의견을 전개하는 지금의 학문과는 차이가 있다. 그러나 경전에서 말하는 본래의 의미를 찾는다는 면에서는 해석학의 한 갈래라고 말할 수 있다.

8) 운기(運氣)란 '천인감응설(天人感應說)'을 기반으로 자연과 인간을 연속성 속에서 파악한 데서 성립된 자연학이다. "위에서 그러하듯 아래서도 그러하다(As above, so below)"라는 말로 표현할 수 있는 천인감응은 하늘에서 일어나는 현상과 인간에게 일어나는 현상이 모두 하나의 질서로 포괄되어 설명할 수 있다는 사유 방식이다. 하늘의 28수(宿), 4계절, 24절기, 72후(候), 낮과 밤의 일월 등이 음양오행과 그것의 부연인 천간(天干)과 지지(地支)의 상관 관계 속에서 인간 몸의 오장육부, 영기와 위기, 경맥과 낙맥 등과 상응 관계를 갖는다. 이를 토대로 병의 예방과 수양, 병의 치유를 논의하고 있다.

이 잡혀진 것이다.

주목할 만한 또 다른 사람으로 명나라 때의 장개빈(張介賓)[9]을 들 수 있다. 그는 「소문」과 「영추」를 하나로 합해 12가지의 주제로 분류해서 편찬했다. 더불어 그 속에 간결하고 경험적인 내용의 주석을 덧붙여 『유경』을 저술했는데, 이 저술에서 그가 시도한 분류 방식과 체계는 후세에 가장 많은 영향을 끼쳤다.

『황제내경』의 철학적 사유

한자문화권의 양대 철학적 사유는 유가와 도가를 원천으로 한다. 그런데 『황제내경』은 유가보다는 도가적 사유와 깊은 관련을 맺고 있다. 자연과 인간의 관계라는 영원한 철학적 문제 의식 속에서 파악한다면, 도가는 유가와는 달리 인간보다는 자연에 중심축을 두고 있는 사유이다. 이것을 달리 말하면, 인간을 자연의 질서 속에서 파악할 뿐 자연의 질서를 벗어난 인간의 독립적인 영역을 인정하지 않는다는 것이다. 이러한 사유를 자연주의 혹은 자연 철학이라고 부르기도 한다. 그렇기 때문에 인간의 질서란 자연의 질서를 이탈할 수도 없으며, 일탈한다면 그것은 자연에 해로운 존재가 되는 동시에 인간 스스로의 존재도 보장할 수가 없게 된다.

도가의 문헌인 『노자』, 『열자』, 『장자』 속에 등장하는 철학적 주제와, 그것을 문학적으로 기술한 우화들은 자연의 질서를 거스르려

---

9) 명나라 사람으로 『내경』 연구의 권위자이며, 장경악(張景岳)이라는 이름으로 더 잘 알려져 있다.

하는 인간의 어리석음을 질타하거나 때로는 조롱하는 말로 가득 차 있다. 도가가 보기에는, 오로지 인간만이 이 질서를 거부하는 자연계의 이상한 존재라는 것이다. 그러나 인간의 진정한 존재 이유는 자연의 질서를 순순히 따르는 데 있다. 이러한 사유에서 인간의 지복(至福)은 어머니인 자연의 아들딸로 태어나 그 품속에서 사는 것이다.

우리는 이러한 생각을 『황제내경』을 펴는 순간 확인할 수 있다. 『황제내경』의 첫 편은 「상고천진론(上古天眞論)」이다. 전문적인 의학 지식을 펼치기에 앞서 '저 먼 옛날 자연과 분리되지 않은 천진함'을 인간이 다시 회복하기를 절실히 바라고 있는 것이다. 예로부터 이름난 의가들은 「상고천진론」을 의학의 핵심 내용을 담은 문헌이라고 생각했다.

이와 같이 『황제내경』은 도가의 자연주의적 사유를 잇고 있다. 그러나 도가의 문헌들은 '천진'에 대해 말하고 있지만, 천진을 망각하거나 무시함으로 해서 초래될 수 있는 질병과 그 치료에 대한 구체적인 탐구의 길을 알려 주지 않았다. 그 뜻은 알겠는데, 도대체 창궐하는 질병은 어떻게 해서 생기며 그 치료 방법은 어떻게 파악할 수 있는가? 여기서 『황제내경』은 노자의 철학적 논의와 열자, 장자의 우화가 아닌 보다 구체적인 삶의 문제를, 음양오행(陰陽五行)[10]이라는 매우 특징적인 논리를 동원하여 적극적으로 파고 들어간다. 이런 의미에서 『황제내경』은 도가적 사유와 음양오행의 논리를 통합한 체계를 가졌다고 할 수 있다.

기존의 연구에서는 『황제내경』의 철학적 배경이 전국시대에서

한(漢)나라시대에 걸쳐 형성된 황로학(黃老學)[11]이라고 한다. 그런데 황로학은 어떤 특정한 학파를 지칭한다기보다는, 황제와 노자의 철학적 사유를 추종하는 광범위한 학파의 연합, 요즘말로 우주와 인간을 파악하는 큰 틀인 패러다임을 나타내는 것이라고 이해할 수 있다.

기와 음양오행

『황제내경』을 이해하는 중요한 포인트는 자연의 질서와 연속선상에 있는 인간과 그 관계를 구체적으로 나타내 주는 기(氣)와 음양오행을 이해하는 데 있다. 기는 이해하기 힘든 개념이다. 이것은 한자문화권을 떠나서는 적절히 이해되기 힘든 개념이며, 전통 문명을 성립시켜 주는 기본적 토대 역할을 하고 있는 관념이라고 할 수 있다.

그런데 우리는 여전히 한자문화권의 전통 속에서 살아가고 있지

---

10) 음양과 오행은 불변의 실체를 탐구하는 것보다, 순환하고 변화하는 과정을 탐구하는 하나의 방법이다. 음양은 어떤 현상의 두 가지 교대하는 국면을 말하고, 오행은 다양한 사물들이 서로 연관 관계를 가지며 변화하는 과정을 잘 나타내고 있다. 서구에서 과학이 전래되기 전에 한자문화권의 자연 현상을 탐구하고 기술하는 방식과 논리는 모두 음양오행을 따르고 있다.

11) 황로학은 황제(黃帝)와 노자(老子)에서 따온 용어이다. '황로'를 통해 자신의 사상을 표방하는 학파들로는 음양가(陰陽家), 오행가(五行家), 천문가(天文家), 잡점가(雜占家), 의경가(醫經家), 경방가(經方家), 방중가(房中家), 병가(兵家), 역보가(曆譜家) 등이 있다. 이 학파들은 요즘 말로는 원형 과학(proto-science)에 해당하는 자연 철학적 경향을 가지고 있다. 여기서 말하는 황로학이란 이런 학파들을 한데 묶는 개념이다.

만, 근대화 과정 속에서 이러한 전통적 세계상은 문명의 중심에서 밀려났고, 서구의 근대 문명을 토대로 한 새로운 문명이 그 자리를 차지했다. 따라서 이제는 우리 스스로도 전통적인 기의 개념을 이해하기 어렵게 된 것이다.

기는 근대 세계에서는 처음부터 정신과 관련이 없는 물질로 이해되었다. 이어 현대 과학에 이르러서는 물질과 에너지가 상호 전환 가능한 존재로 생각되면서,[12] 기는 '물질-에너지(matter-energy)'로 번역되었다. 그러나 물질-에너지의 개념이 토대로 하고 있는 물리적 세계관을 전제하고는 다분히 생리학적 세계관을 배경으로 하고 있는 기를 올바로 이해하는 데 한계가 있다는 자각이 생기면서, 지금은 그냥 기(ch'i, ki)라는 원래의 이름으로 불리고 있다. 기는 물질이나 정신을 독립적인 두 요인으로 생각하는 지적 배경과는 다른 배경을 가지고 있으며, 자연 질서 속의 생명이라는 함의를 버리고서는 이해하기 힘든 개념이라고 염두에 두는 것이 무엇보다 중요하다. 『황제내경』 속에서 기는, 크게는 눈에 보이는 물질을 가리키며 작게는 보이지 않는 물질 또는 인간의 감정과 정신 현상을 설명하는 데도 사용하고 있다.

하지만 과학의 분야에서 '기'는 매우 모호하고 혼란스런 개념이 아닐 수 없다. 그래서 과학적 태도를 가진 사람들은 그것의 존재를 인정하지 않거나, 전근대적인 개념으로 치부하게 된다. 그러나 그

---

[12] 아인슈타인의 상대성이론 공식인 $E=mc^2$ 을 말한다. E는 에너지, m은 질량, c는 광속(光速)이다.

러한 판단은 있는 그대로의 사실을 돌아보지 않는 지적인 태만에 불과한 것이다. 그 가장 중요한 이유가 기를 토대로 성립한 『황제내경』의 존재가 과학과 다른 이론들을 가지고 현실적으로 유효한 생명의 사실을 설명하면서, 지금까지 우리의 삶 속에 깊은 뿌리를 내린 채 살아 움직이고 있기 때문이다.

그런데 기는 어떻게 움직이며 생명의 다양한 측면들을 어떻게 설명할 수 있는가? 여기서 음양오행이 등장하게 된다. 기가 무엇인가에 대한 답이 수월치 않은 것과는 반대로 기가 어떻게 움직이는가 하는 질문에는 비교적 답이 용이하다. 음양오행을 빌어 기의 움직임과 기의 상태를 말할 수 있기 때문이다.

음양과 오행은 본래 독립적으로 생겨난 개념이다. 음양은 그림자와 빛을 가리키는 말에서부터 점차 우주와 세계를 해석하는 높은 지위를 가진 큰 개념으로 진화한다. 이런 의미에서 음양은 그림자와 빛만을 가리키지 않고, 비유하면 수학에서 대수의 기호처럼 기호로 이해하는 것이 적절하다. 또한 음과 양은 서로 대립적인 존재가 아니라, 손바닥과 손등 또는 동전의 양면처럼 서로 밀접한 관련을 가진 개념이다. 예를 들어 호흡, 파도의 밀물과 썰물, 하루나 한 달 및 한 해의 경과는 음양으로 기술될 수 있다. 즉, 날숨인 호(呼)가 양이고 들숨인 흡(吸)이 음이라면, 날숨이 들숨과 구별되면서도 날숨의 끝이 들숨이고 들숨의 끝이 날숨이듯, 음양은 분리되지 않는다. 더구나 날숨이 진행되면서 들숨의 가능성이 높아지고, 들숨의 과정 속에서 날숨은 잠재적으로 함유되어 있다고 볼 수 있다.

『황제내경』을 보면, 어린아이가 양이고 노인이 음이라면 양기(陽

서한시대에 나온 『음양오행(陰陽五行)』 백서(帛書)

氣)의 소모는 성장과 노쇠를 의미하며, 동시에 이 성장과 노쇠는 음기(陰氣)의 증가로 이해할 수 있다. 요컨대 음양은 구분되지만 전혀 다른 존재로 분리되거나 독립적인 실체로 이해할 수 없다. 이러한 음양의 개념은 인간에게 있어서, 인체의 형태, 오장육부, 감정과 정서 등의 모든 분야에 적용된다. 어떤 사물의 상태나 사건에 대해, 그것의 처음과 끝을 잇는 전 과정을 대립적인 두 힘의 관계 속에서 설명하는 것은 변화의 국면을 용이하게 기술할 수 있다는 장점을 가지고 있다. 그래서 "음양은 천지의 도이고 만물의 규율과 질서이며, 변화의 모태(母胎)이고 살리고 죽임의 근본이며, 신명이 깃든 집"이라고 말하는 것이다.

물, 불, 나무, 쇠, 흙의 오행은 본래 생활에 없어서는 안 되는 다섯 가지 긴요한 물질들을 가리키는 것이었다. 그러나 이러한 오행이 점차 추상화되면서, 사물과 사건이 가지는 구체적인 물질적 특성을 나타내는 분류의 기준으로 자리잡았고 그 결과 존재하는 모든 것은 오행으로 분류되고 유형화되었다. 특히 오행은 음양이라는 변화의 국면을 용이하게 파악하는 논리와 결합되어 보다 구체적인 다섯 가지 변화의 국면이나 과정으로 그 의미가 확대되었다. 예를 들어, 목기(木氣)는 방위로는 동쪽, 시간과 계절로는 아침과 봄, 장부 가운데 간과 담을 나타낸다. 전혀 이질적인 공간과 시간, 인체생리학의 체계가 음양이나 오행의 논리 속에서는 같은 기의 계열로 인식된다. 그런데 음양의 논리에서 변화의 국면이 양이 주도적이면 음은 그에 종속되는 것처럼 ― 그 반대도 마찬가지다 ―, 오행에서는 하나의 행(行)이 주도적이게 될 때 다른 네 개의 행은 그것의 영향 속에 놓이게 된다. 그에 따라 서로 견제하고 협조하는 관계의 장(場)을 형성하게 된다.

예를 들어, 목기인 간(肝)과 담(膽)이 병리적인 나쁜 기에 감응하여 인체에 주도적인 영향을 끼칠 때, 목기를 중심으로 다른 화토금수의 기가 견제와 협조의 세력을 형성하게 되는데, 이것을 오행의 상생(相生)과 상극(相克)이라고 부른다. 목기는 토기 ― 비장과 위가 토기에 속한다 ― 와 견제의 관계에 있으며,[13] 수기 ― 신장과 방광이 수기에 속한다 — 의 협조를 받고,[14] 목기 자신은 화기 — 심장과 소장이 화기에 속한다 — 에 협조하는 관계가 설정된다.[15] 또한 목기는 항상 금기 — 폐와 대장이 금기에 속한다 — 의 견제를 받고 있는 상황 속에 놓이게 된다.[16]

이와 같이 오행의 순환 체계는 하나의 고리를 형성하여 전체적인 균형을 위해 역동적인 변화 속에 있게 된다. 이 상생과 상극이라는 관계는 일정한 질서를 띠게 되고, 그에 따라 같은 기를 가진 약물이나 침을 통한 기의 조절을 통해 인체의 질병을 치료하는 구체적인 치료법을 수립할 수 있게 되는 것이다.

양생(養生)

양생은 '생을 기른다'라는 뜻이다. 그런데 여기서 '양'이 의미하는 것은 수명을 연장시키기 위한 방법에만 그치지 않는다. 건강이라는 말에 포괄되는 삶의 총체적 의미, 곧 인간은 태어나서 어떻게 살고 있으며 어떻게 살아야 하는지에 대한 인간 존재의 사실적 측면뿐 아니라 삶의 의미를 묻는 가치론적 측면을 포함하고 있다. 『황제내경』은, 인간의 삶은 사계절의 변화와 같은 자연 질서의 순환과 리듬의 구조를 따라야 한다고 말한다. 이 구조에서 일탈하는 삶은 질병

---

13) 이를 목극토(木克土)라 한다.
14) 이를 수생목(水生木)이라 한다.
15) 이를 목생화(木生火)라 한다.
16) 이를 금극목(金克木)이라 한다.

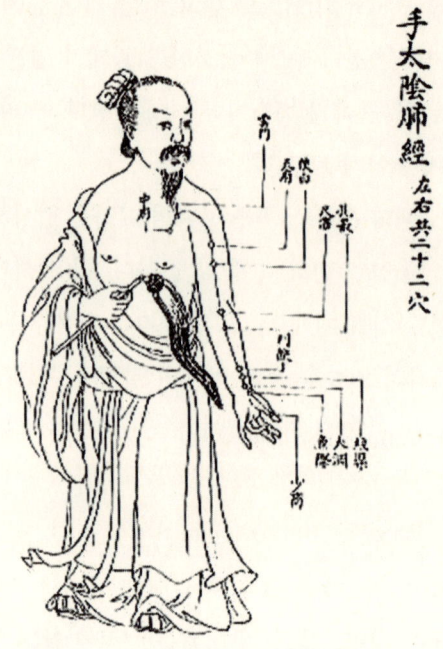

수태음폐경(手太陰肺經)

을 얻게 되거나 궁극적으로는 죽음으로까지 나아가게 된다. 양생은 이 구조를 순종하는 방법 즉 병리적 세계에서 생리적 세계로의 회복과, 병리적 세계로 일탈하지 않는 수양을 통한 예방을 포함하는 삶의 기술을 말하고 있다.

장부론(臟腑論)
『황제내경』은 대자연이 인간의 몸에 그대로 투영되어 있음을 알려

준다. 천지는 음양으로 파악되면서, 마찬가지로 인간은 땅을 디딘 채 하늘을 이고 있으면서 이러한 힘의 장을 본받고 있다. 동서남북의 방위는 동시에 봄, 여름, 가을, 겨울이라는 시간의 추이를 나타내고 있으며 시간과 공간이 연속체로 존재하고 있는 이 힘의 장에서 인간의 오장육부(五臟六腑)가 생겨 난다는 것을 알려 준다.

 이 오장육부는 인간의 생리적 기저에 해당한다. 음양오행의 구현이라고 할 수 있는 오장육부는 음양오행의 질서가 맺고 있는 대자연과의 관계와 단절될 수 없다. 따라서 음양오행의 제어와 협조라는 역동적 관계에 따라 움직이고 있다. 그에 따라 오장육부의 세계는 질서정연한 체계를 이루면서 작동하고 있다. 그런데 음양과 오행이 정지된 사물을 다루는 논리가 아니라, 살아 움직이는 변화의 국면을 파악하는 논리인 것처럼 오장육부의 세계는 단순한 정적인 체계가 아니다. 이것은 『황제내경』의 인체관이 인체를 수십 리터의 용적을 가진 고체를 모델로 하는 체계가 아닌, 유동(流動)하는 흐름을 모델로 하는 체계라는 것을 알려 준다. 현대의 의학과 매우 이질적인 측면을 잘 보여 주고 있다. 다음의 경락 이론은 이러한 이질적인 측면을 극단적으로 보여 준다.

경락 이론

인간의 몸은 대자연의 질서와 상응하기 때문에 대자연이 가진 기운의 흐름이 몸 속에도 흐르고 있다. 경락(經絡) 이론은 한의학이 가지고 있는 가장 특이한 부분이다. 『황제내경』에 대한 커다란 관심이 경락에 집중되어 있다고 해도 지나친 말은 아닐 것이다. 그러나 과학시대를 살고 있는 우리들에게 이 이론은 이해하기 매우 어렵다. 기의 흐름이라고 이야기하기는 해도, 해부학적 실체가 없이 기능만 존재하는 몸의 현상에 대해 도대체 '법칙'이라는 이름을 붙일 수 있을까? 그것은 과학이기나 한 것인가? 이러한 의문은 단순한 이론적 탐구에 머물지 않고, '한의학의 과학화'를 목표로 하는 사람들에게 정서적인 고뇌까지 동반하게 만들고 있다. 우리는 『황제내경』에서 말하는 경락 이론과 그것의 현대적 의미에 대해 말해 보기로 한다.

경과 낙은 모두 기가 흐르는 통로를 의미한다. 경이 낙보다 보다 중심적이고 일정한 방향을 가진 흐름을 전제한다면, 낙은 좀 변칙적이고 흐름의 방향도 일정한 경로를 가지지 않는다. 또한 경이 큰 흐름을 뜻한다면, 낙은 그물처럼 뒤덮여 있는 세세한 흐름을 말한다. 기는 이 두 길을 통해 운행된다.

호흡을 포함해서 음식물을 통해 생성되는 혈기(血氣)[17]는 몸을 기르고 생명을 유지하기 위해 중요한 '물질'이지만, 경락이 운행되고 흘러 다녀야 비로소 부단히 순환하며 힘줄, 뼈, 살 등의 조직과 기관에 영양을 공급하여 정상적인 생리 작용을 유지시킨다. 경락은 병리적 측면에서는 병의 통로이고, 치료 측면에서는 약물이 운행하

---

17) 혈기는 모두 몸의 생명 유지를 위해 필요한 유형·무형의 모든 것을 말한다. 그러나 음양론으로 본다면, 혈은 음이고 기는 양에 속한다. 한 톨의 쌀이 몸에 들어오면 물질적인 측면 곧 음의 측면이 혈에 속하고, 쌀이 가진 무형의 측면 곧 양에 속하는 기운이나 쌀의 생명력 등은 기에 속한다.

는 통로이다. 그리고 경락에 위치한 경혈(經穴)에 침과 뜸을 시행하면 치료가 가능하다.

몸의 중심인 오장육부 — 실제로는 오행의 화(火)에 속하는 심장이 심포(心包)와 함께 둘이 되어 육장육부가 된다 — 는 모두 12장부이며, 이 장부에 경맥이 하나씩 배분된다. 가슴의 횡격막을 기준으로 가슴 속에 폐와 심포, 심장이 있고 배 속에 비장, 간, 신장이 들어 있기 때문에 가슴 속의 장부는 손의 경맥과, 배 속의 장부는 다리의 경맥과 연관된다고 간주한다. 그리고 오장(즉, 육장)에 대응하는 육부를 오장의 연관에 따라서 분류했다. 이렇게 되면 팔과 다리의 경맥은 각각 12개로 모두 12정경이 성립된다. 12정경은 몸의 좌우 대칭으로 12쌍이 있게 된다.

팔의 안쪽을 흐르는 세 개의 경맥은 각각 폐경 — 심포경 — 심경이 되고, 다리의 안쪽을 흐르는 세 개의 경맥은 각각 간경 — 비경 — 신경이 된다. 그리고 이들 장과 짝을 이루는 부(腑)의 경맥은 팔과 다리에서 이들 장의 경락의 맞은편을 지나간다. 예를 들면 폐경 맞은편에는 대장경이, 심포경의 맞은편에는 삼초경이, 심경의 맞은편에는 소장경이, 비경의 맞은편에는 위경이, 간경의 맞은편에는 담경이, 신경의 맞은편에는 방광경이 지나간다.

몸의 좌우 대칭으로 12쌍인 경맥에는 각각 경혈이 분포되어 있는데, 이 경혈은 그 경맥을 흐르고 있는 기운을 조절할 수 있는 특별한 기능을 갖고 있다. 이 혈(穴)을 취하면 해당 경맥의 기의 흐름을 조절하여 장부들의 음양오행의 자율적 관계에 따라 오장육부의 전체적인 기의 흐름까지도 조절할 수 있다.

경락은 대자연의 기가 몸의 기와 동일한 흐름을 가지고 있다는 것을 전제하고 있다. 그런데 이런 기는 물질적이면서 정신적인 특성을 가지고 있으며, 또한 몸의 장부들은 대자연의 오행이 구현된 것으로 제시되고 있다. 그런 의미에서 몸의 이해는 대우주-소우주라는 동서를 관통하는 유구한 자연 철학적 통찰에 힘입고 있는 것이라 하겠다. 경락의 흐름이 오행의 질서와 같다면, 소박하게 말해 어떤 곳에 질병이 생기는 것은 기의 흐름이 올바르지 않다는 것을 의미한다. 따라서 기의 흐름을 원래의 조화로운 흐름으로 되돌리면 질병은 사라진다. 예를 들어 위장병을 치료하는데 족삼리(足三里)라고 하는 무릎 근처의 경혈에 침으로 자극을 주거나, 뜸을 뜨면 치유가 된다. 그런데 무릎과 위장은 무슨 관련이 있는가? 현대 생리학은 이러한 현상을 설명할 수 있는 논리가 준비되어 있지 않다. 비록 그 현상을 인정한다고 해도 그것은 여전히 이해할 수 없는 논리이다. 다시 말해 경락 이론과 현대 생리학은 전혀 언어가 공유되지 않고 있는 것이다. 더욱이 현대 생리학에서는 경락 이론을 일종의 위협, 곧 자신의 체계로 포섭되지 않는 이질적인 것으로 간주하여 대부분 외면하고 배척하는 심리적 퇴행을 보이고 있다.

이러한 상황은 경락 이론의 토대를 이루는 세계관, 존재론, 인식론 등에 대한 검토를 필요로 하며 그것의 핵심에는 음양오행론과 기의 철학이 있다. 경락은 과학 이론이 기반하고 있는 인과율을 토대로 하지 않는다. 경락 이론은 그와 반대로 비(非)인과적 상응 원리에 기반하고 있다. 이러한 인과율과 비인과율의 대립적 두 원리는 사실 인간의 사유가 가진 두 가지 원형에서 유래한다. 전자를 인과적 사유라고 한다면 후자를 상관적 사유라고 하겠다. 인과적 사유는 근대의 과학 혁명을 거쳐 원인과 결과의 정교한 관계를 파악하는 절차를 고안할 수 있도록 해 주었지만, 상관적 사유는 근대 과학보다 더 오래된 인류의 최초의 혁명, 즉 신석기 시대의 혁명에 기반하고 있다. 비록 황제가 지었다는 것이 허구라고 해도, 황제라는 이름은 인류가 자연에 접근하는 최초의 방식을 고안한 시기를 상징한다고 해석할 수 있다.

경락은 인과적 사유 방식으로는 접근할 수 없는 체계를 가지고 있다. 인과적 사유는 원인과 결과를 상정하고 결과는 원인에 항상 종속되어 있다. 또한 원인은 최초의 원인으로 거슬러 올라가며, 이 최초의 원인에 특권을 부여하는 목적론을 전제한다. 그러나 상관적 사유는 그 결과가 원인에 종속되지 않고, 최초의 원인에 대한 특권을 부여하는 목적론이 아니다. 원인이 결과가 되고 결과가 원인이 되며 최초의 원인도 없이 반복의 고리를 형성하여 시작도 끝도 없는 순환론을 특징으로 하고 있는 것이다.

이러한 설명이 매우 함축적인 것이어서 이해하기 힘들다면, 오행의 순환 고리를 생각해 보자. 목기가 화기를 생겨나게 하면, 화기는 목기를 원인으로 생각하지만 전체 오행의 장에서는 화기가 금기를, 금기가 수기를 생겨나게 하고, 이어 수기는 다시 목기를 생겨나게 한다. 그런데 이 계기들은 동시적이다. 상극 관계도 마찬가지로 목기가 토기를 제어하면 토기는 금기를 생겨나게 하여, 결과적으로 금기는 목기를 제어하게 된다. 동시적으로 성립되는 이 관계에서 목기가 금기에 제어되는 것은 목기로부터 비롯된 것일까? 토기로부터 비롯된 것일까?

상관적 사유는 원인과 결과가 뚜렷하지 않다. 따라서 족삼리와 위장의 관계는 평등한 두 존재, 즉 인과 관계가 아닌 상관적 관계로서 설명되어야 한다. 이것을 근대 이전 서양과 『황제내경』은 감응이나 상응이라 불렀다. 족삼리와 위장은 감응을 하고 있다.

이러한 사유를 현대 과학의 언어와 융합하고 설명해 내야 하는 것은 이 시대의 가장 도전적이며 모험적이고 혁명적인 지적 탐구의 분야가 될 것이다. 그러나 혁명이라고 해서 이전의 모든 것을 다 혁신해야 하는 것은 아니다. 그러한 혁명의 단서는 묵은 먼지를 쓰고 다시 사물을 비춰 볼 날을 기다리고 있는 옛 거울처럼 말없이 있는 『황제내경』과 같은 고전의 메시지를 음미하는 것으로부터 출발할 것이다.

더 생각해볼 문제들

1. 음양오행의 논리가 인간의 질병과 건강, 삶과 죽음에 관한 중요한 인간적인 문제에 얼마나 기여할 수 있을까?

   음양오행의 논리는 인간의 질병과 건강을 두 가지 독립된 현상으로 생각하지 않는다. 또한 인간의 문제를 인간에게 고유한 것으로 생각하지 않는다. 그에 따라 자연의 질서에 대한 이해가 곧 인간의 문제에 대한 이해와 동일시된다. 인간의 오호(惡好)와 무관하게 움직이는 자연의 질서는 비인간적으로 보이지만, 이것에 대한 이해를 통해 생사(生死)를 이해한다. 질병은 자연의 질서의 하나이지만, 인간에게 유독 질병은 과욕으로 인해 조장된다. 과욕에 대한 절제는 질병의 예방으로 이어지며, 정신과 신체를 규율하는 양생이 인간에게 중요하게 된다.

2. 과학 시대의 기준에 비춰『황제내경』의 중심 어휘들은 어떻게 이해되어야 하는가? 두 체계가 서로 공유되는 지반이 없다면, 두 체계는 각각 독립적으로 존속되어야 하는가? 그렇다면 한의학의 과학화는 어떤 의미가 있으며, 과학이 제시하는 이론은『황제내경』의 체계에 포함될 수 없는 것인가?

   과학에 대한 우리의 생각을 정리해야 할 필요가 있다. 과학이 포괄적이고 체계적인 지식이라면, 한의학의 이론이 현실적 힘을 가지는 현상에 대해서 방관할 수 없다. 또한 한의학의 과학화가 기존의 과학 개념 속에서 재단되거나 왜곡된다면, 올바른 의미의 과학화라 할 수 없다. 무엇보다 과학은 새로운 경험에 대해 열린 태도를 가지고 있어야 한다. 과학 이론은 광범위한 인간 경험을 해석하고 설명하는 데 제약을 두어서는 안 된다. 만일 그렇지 않다면 그것은 가장 비과학적인 태도가 될 것이다.

3. 『황제내경』이 탄생한 시대와 혹은 그것을 탄생시킨 상관적 사유가 신석기시대 혁명의 결과라면, 지금 현대의 조건 속에서 그러한 사유가 의미하는 것은 무엇인가?『황제내경』의 메시지는 우리의 삶에 어떤 의미를 가지고 있는가?

『황제내경』을 성립시킨 사유 방식의 가장 큰 특징은 자연의 질서와 인간의 질서, 곧 자연과 문명을 단절된 것으로 보지 않는다는 것이다. 인간의 질서가 가진 고유한 점을 강조하는 것은 전체로서의 질서를 왜곡하는, 부분적이고 편파적인 결과를 가지고 온다. 현대 문명의 가장 큰 문제는 인간의 삶을 자연의 질서로부터 단절시킨 데서 비롯된 것이다. 인간을 자연의 질서 속에 어떻게 설정해야 하는지가 문제를 푸는 관건이 된다.

추천할 만한 텍스트

『황제내경』, 이창일 옮김, 책세상, 2004.

이창일(李昌壹)

한국학중앙연구원 고전학연구소 수석연구원.
고려대학교 심리학과를 졸업하고 한국학중앙연구원의 한국학대학원에서 석사 및 박사 학위를 받았다. 박사 학위 논문은 「소강절의 선천역학과 상관적 사유」(2005)이다.
저서로는 『사상의학』(2003)이 있고, 고전을 역주한 『동무유고』(1999)와 동양 철학을 현대적으로 이해할 목적에서 A.C. 그레이엄의 저서와 논문을 모아 『음양과 상관적 사유』(2001), 근대 과학의 한계를 넘어서려고 모색했던 심리학자 C.G. 융과 물리학자 W. 파울리가 공저한 『자연의 해석과 정신』(2002)을 번역했다. 대학에서 철학과 심리학을 강의하고 있으며 현재 주요 관심은 동아시아의 자연학이 가지고 있는 합리적 구조에 대한 탐구, 자연학과 인간학이 바람직한 모습으로 조화될 수 있는 방안에 대해 생각하고 있다.

II 인격과 사회적 책임

01 『대학(大學)』
02 공자, 『논어(論語)』
03 맹가, 『맹자(孟子)』
04 『중용(中庸)』
05 주희, 『근사록(近思錄)』

정자(程子)가 말하기를,
"대학(大學)은 공자께서 남겨 주신 글인데,
초학들이 덕(德)에 나아가는 입문서이다.
오늘날에도 옛 사람들의 공부하던 순서는 오로지 이 책이 먼저이고,
『논어(論語)』와 『맹자(孟子)』는 그 다음이라는 것을 알 수 있다.
배우는 사람들이 반드시 이 순서에 따라 공부하면
아마 큰 차질이 없을 것이다"라고 하였다.
—주희의 『대학장구(大學章句)』 중에서

『대학』의 저자

『대학』은 본문에 해당하는 경(經)과 해설에 해당하는 전(傳)으로 나뉜다. 일반 견해로는 '경'은 공자(孔子, B.C. 551~B.C. 479)의 말씀을 제자인 증삼(曾參, B.C. 505~B.C. 436)이 썼고, '전'은 증삼의 말씀을 그의 제자들이 기록했다고 한다. 공자의 이름은 구(丘)이고 자는 중니(仲尼)이며, 춘추시대 말 노나라 창평향 추읍에서 태어났다. 어려운 환경에서 자랐으나 고대 문화를 집대성하여 인간의 도덕성에 바탕을 둔 유학을 확립함으로써 오늘날까지 동아시아 여러 나라에 영향을 미치고 있다. 『대학』 외에 그의 사상이 잘 드러나 있는 책으로는 제자들이 공자의 언행을 기록한 『논어』가 있다.

증삼은 노나라 무성 사람으로 공자의 제자 가운데 가장 나이가 어렸으며 공자로부터 느리고 둔하다는 평을 들었지만, 날마다 스스로를 반성해 보는 태도와 열 번, 백 번 되풀이하는 노력을 통해 공자 학문의 진수를 이어받았다. 효행으로 이름이 났고 사마천의 『사기(史記)』에는 그가 『효경(孝經)』을 지었다고 한다. 그러나 학자들 가운데에는 『대학』이 공자나 증자의 작품이 아니라 '성악설'을 주장한 순황(荀況, B.C. 313?~B.C. 238?)의 저작으로 보는 사람도 있다.

01

큰 사람이 되기 위한 배움의 길
『대학(大學)』

김교빈 | 호서대학교 철학과 교수

지식인의 필독서

담긴 뜻이 무엇인지도 모른 채 번역본으로 『대학』을 처음 대한 것은 고등학교 2학년 때였다. 그리고 대학에 입학한 첫 학기에 특강을 통해 원문을 만날 수 있었다. 하지만 그 때는 학생들의 시위 때문에 휴교가 되어 그야말로 맛만 보고 끝이 났다. 그리고는 분량이 적은 것만 생각하고 만만하게 달려들었다가 여름 방학 내내 도서관에 묻혀 가당치도 않은 실력으로 끙끙대며 노트에 원문을 적어 가면서 해석을 하려고 했던 기억이 난다.

『대학』은 『논어』와 『맹자』, 『중용』과 함께 사서(四書)라고 불렸으며 전통시대의 유교 지식인이 읽어야 할 기본 텍스트였다. '대학'이란 '대인지학(大人之學)', 즉 '큰 사람이 되기 위한 학문'을 줄

인 말로서, 고구려의 교육 기관이었던 태학(太學)이나 오늘날의 대학교라는 명칭도 모두 여기에서 왔다.

그런 점에서 이 책과 짝을 이룬 것이『소학(小學)』이다. '소학'이란 '소인을 가르치는 학문'이었으며, 그래서 오늘날의 초등학교를 '소학교'라고 불렀던 것이다. 하지만 '대인'이란 덩치가 큰 어른이 아니라 덕이 높고 그릇이 큰 사람을 가리키고, 반대로 '소인'이란 어린 아이가 아니라 덕이 부족하고 그릇이 작은 보통사람을 가리킨다.

따라서『소학』은 손님을 맞아들이고 자신의 몸과 집안을 청결하게 하는 일상 생활과 도리를 내용으로 하고 있고,『대학』은 자신의 내면을 닦고 나아가 사회를 바로잡는 방법을 내용으로 한다. 그렇기 때문에『대학』은 개인의 수양과 관련된 책이며 아울러 정치와 관련된 책이다.

오늘날 우리가 보는『대학』은 송나라 때 주희(朱熹)가 편찬한 것이다. 본래『대학』은『중용』과 함께『예기(禮記)』라는 책 속에 들어 있는 한 편의 짤막한 글이었다. 그런데 정명도·정이천 형제와 주희가『대학』과『중용』의 중요성을 인식하고 이 두 책에『논어』와『맹자』를 합쳐 '사서'로 묶은 것이다. 그 과정에서 정이천은『예기』속에 들어 있던『대학』의 순서가 뒤섞였다고 보고 순서를 다시 만들었으며, 주희는 순서만 잘못된 것이 아니라 빠진 부분도 있다고 생각하여 해설 부분인 '전'의 네 번째 장에 '격물치지(格物致知)'를 설명하는 134자를 새로 써 넣었다.

성리학을 집대성한 주희는『대학』을 자신의 생각대로 해설하고 정리한『대학장구(大學章句)』를 지으면서, 이 책을 어떻게 읽어야 하는지를 설명한「독대학법(讀大學法)」을 붙여 놓았다. 이 글에서 주희는 "반드시『대학』을 완전히 이해해야만 다른 책을 읽을 수 있다"고 했을 뿐 아니라, 하루 한 번씩 이 책을 읽으라고 하였다. 그리고 제자가 "『대학』을 조금 이해하였으니 이제『논어』를 보겠습니다"고 하자, "안 된다.『대학』을 조금 이해하였다면 바로 마음을 기울여 정독하라"고 하였다.

일에 따른 문답 형식의『논어』나『맹자』와 달리『대학』은 유학의 큰 틀을 제시한 책이므로 이 책을 통해 옛 사람들이 하던 공부의 시작과 끝을 볼 수 있다. 그 시작은 자신의 내면을 닦는 일이고 끝은 사회를 바로잡는 것이므로 유학을 수기치인(修己治人)의 학문이라고도 부른다.『대학』에서 제시한 격물(格物), 치지(致知), 성의(誠意), 정심(正心), 수신(修身), 제가(齊家), 치국(治國), 평천하(平天下)의 8항목은 곧 수기치인의 순서이다.

주희가 새롭게 만든 책은『대학장구(大學章句)』라고 부르며『예기』에 들어 있던 본래의 대학은『고본대학(古本大學)』이라고 부른다. 나중에 주희의 주장을 비판하면서 양명학을 제창한 왕수인(王守仁)은 주희가『대학』을 고친 것은 잘못이라고 보고『고본대학』을 취하였다. 이 글에서는『대학장구』를 기본으로 놓고 필요한 부분에서『고본대학』과의 차이를 설명하겠다.

자신의 덕을 밝히는 일부터 세상을 평화롭게 하는 일까지
『대학』의 내용을 크게 나누면 세 가지 강령과 여덟 가지 조목으로

되어 있다. '강(綱)'이 큰 구분이라면 '목(目)'은 '강'에서 갈라진 작은 구분을 의미한다. 조선의 실학자 순암 안정복이 쓴 역사책『동사강목(東史綱目)』의 경우도 우리 역사를 강과 목으로 나누어 서술했다는 뜻이다.

『대학』의 첫머리는 "큰 배움의 길은 밝은 덕을 밝히는 데 있고, 백성을 새롭게 하는 데 있고, 지극히 도덕적인 사회를 실현하는 데 있다"는 세 가지 강령에 대한 설명으로 시작된다.

첫 번째 "밝은 덕을 밝히는 데 있다"는 말은, 인간이면 누구나 자신의 마음속에 본래부터 밝고 완전한 도덕성을 갖추고 있지만 바깥 사물의 유혹에 끌려 그 밝음을 잃게 되는 것이므로 먼저 타고난 도덕성의 본 모습을 밝혀 내라는 것이다.

그리고 두 번째 '백성을 새롭게 하는 데 있다'는 말은 자신의 도덕 수양을 바탕으로 백성들을 교화시켜 새롭게 만들라는 것이다. 본래 이 부분은『고본대학』에 '친민(親民)'으로 되어 있던 것을 주희가 새롭게 한다는 뜻에서 '신민(新民)'으로 바꾸었다. 하지만 왕수인은 원본에 있는 '친민'이 옳다고 보고 '백성들과 친하게 한다'고 해석하였다. '친'과 '신'의 차이는 꽤 크다. 왕수인은 우리가 부모를 양친(兩親)이라 하고 형제를 육친(肉親)이라 부르듯이 피를 나눈 가족처럼 백성을 대하라는 것이라 한다. 반면에 주희는 백성들에게도 타고난 도덕성이 있으므로 그 도덕성을 스스로 깨우쳐 낼 수 있도록 이끌라는 뜻이라고 한다. 그런 점에서 볼 때 양명학이 감성을 중시하였다면 주자학은 이성을 중시한 셈이다.『대학』에서는 백성들을 도덕적으로 새롭게 만들 수 있는 원동력이 통치자 자신의 꾸준한 수양에 있기 때문에 그러한 통치자의 노력이 바탕이 되었을 때 나라가 오히려 새로워진다는 뜻으로 '유신(維新)'[1]이라고 하였다.

마지막 세 번째 "지극히 도덕적인 사회를 실현하는 데 있다"는 말은 앞의 두 단계를 거치면 마침내 나와 남이 모두 도덕적으로 완성된 이상 사회가 된다는 것이다. 하지만 이러한 이상 사회도 저절로 오는 것이 아니라 통치자가 스스로의 내면을 닦아 가는 꾸준한 절차탁마(切磋琢磨)[2] 과정을 필요로 한다.

이어서 『대학』에서는 모든 사물은 근본과 말단이 있고, 일에도 먼저 할 일과 나중 할 일이 있다고 하면서 세 가지 강령의 구체적인 실천 항목을 여덟 가지로 제시하였다. 그 여덟 가지가 격물(格物), 치지(致知), 성의(誠意), 정심(正心), 수신(修身), 제가(齊家), 치국(治國), 평천하(平天下)이다. 이 여덟 조목의 순서는 격물에서 시작하여 평천하로 끝나는데, 특히 '수신제가치국평천하'는 많은 사람들이 알고 있는 유명한 문구이다.

---

1) 시경에 나오는 말로서 "주나라가 비록 오래된 나라이지만 하늘로부터 받은 명(命)은 오히려 새롭다"는 말에서 왔다. 주나라 사람들은 덕이 있는 사람이 하늘로부터 천명(天命)을 받아 임금이 되는데 그 뒤 자손들이 덕을 잃으면 천명이 떠나간다고 생각했다. 하지만 주나라는 오래된 나라이면서도 통치 계층이 덕을 닦는 일에 열심이어서 하늘로부터 받은 천명이 오히려 새롭다는 것이다. 일본 근대의 '명치 유신'이나 이를 본 딴 박정희 정권의 '10월 유신'은 모두 여기에서 그 의미를 가져왔다.

2) 시경에서 인용된 구절로서 학문과 덕이 높은 군자의 모습을 서술한 것이며, 본문은 "잘라 놓은 듯, 민 듯, 쪼고 갈아 놓은 듯"이라고 되어 있다. 이 가운데 '절차'는 학문을 말하고 '탁마'는 행실을 말한다.

어떻게 나 자신을 닦을 것인가?

여덟 조목 가운데 격물, 치지, 성의, 정심은 '수신' 과정에 해당하며 세 가지 강령 가운데 첫 번째인 '내 안에 들어 있는 밝은 도덕적 본성'을 밝히는 일이다. 『대학』은 이 부분에 대한 설명으로 은나라를 세워 어진 정치를 했다는 탕(湯)임금의 일화를 들고 있다.

탕임금은 목욕할 때 쓰는 큰 대야 바닥에 "정말 날로 새로워지려 한다면 날마다 새롭게 하고 또 날마다 새롭게 하라〔苟日新 日日新 又日新〕"고 새겨 놓았다. 우리는 몸이나 얼굴에 때가 묻으면 더럽거나 부끄러워서 얼른 닦아 내면서도 마음에 묻은 때는 닦을 줄을 모른다. 하지만 탕임금은 얼굴과 몸을 닦을 때마다 마음 닦는 일을 생각한 사람이고 그렇기 때문에 어진 정치를 할 수 있었다. 학교나 회사, 또는 모임 이름으로 쓰이는 '일신(日新)'이나 '우신(又新)'은 모두 탕임금의 말에서 따 온 것이다.

자신을 닦는 출발은 '격물과 치지'에서 시작되며 그 두 조목의 관계는 "치지는 격물에 있다"는 말로 표현된다. 이 구절에 대해 주희는, 사람의 마음속에는 앎의 능력이 있으므로 그 능력을 가지고 사물에 나아가 하나하나 그 이치를 탐구해 가다 보면 마침내 온 세상 만물의 이치를 깨닫게 된다고 설명한다.

주희가 말하는 사물이란, 개가 짖고 닭이 울며 해가 떠서 지는 현실을 가리킨다. 주희는 그 속에서 불변의 법칙을 찾으려 하였다. 예를 들어, 개는 낯선 사람을 보면 짖고 닭은 새벽이면 울며, 해는 동쪽에서 떠서 서쪽으로 진다. 그것이 각각의 당연 법칙이며 그렇게 하는 것이 선이고 그렇지 못하면 악이 된다. 또한 이 법칙은 옆집

개, 다른 지방의 닭, 먼 나라에서 뜨고 지는 해에까지 적용되며, 나아가서는 아직 태어나지 않은 개와 닭, 아직 뜨지 않은 태양에까지 적용되는 것이므로 언제나 실현되어야 할 보편 법칙인 셈이다. 즉, 지금 존재하고 있는 것과 아직 존재하지 않는 것까지 모두 해당하는 절대 보편 법칙인 것이다.

이런 입장에서 본다면 모든 사물에는 선의 이치가 담겨 있고 그것을 다 합쳐 놓은 것이 만물의 궁극적인 이치인 것이다. 그래서 성리학에서는 그러한 선의 원리가 바로 내 속에 들어 있는 도덕적 본성이라는 뜻에서 "본성[性]이 곧 이치이다[理]"라고 한 것이다.

사물에 나아가 앎을 완성하는 격물, 치지의 다음 단계는 '성의'이다. '성의'는 뜻을 성실하게 한다는 것이며『대학』에서는 무자기(無自欺), 즉 "스스로를 속임이 없다"고 설명한다. 세상에 정말 거짓말을 잘하는 사람이 있다고 해 보자. 하지만 기가 막힌 거짓말로 세상사람 모두가 속아 넘어가도 자기가 거짓말하고 있다는 사실을 스스로는 알고 있다. 따라서 스스로에게 부끄럽지 않도록 자신의 내면을 성실하게 가꾸면 세상에 악이란 존재하지 않게 된다. 이것이 '성의'의 본질이며『대학』에서는 "나쁜 냄새를 싫어하고 아리따운 얼굴을 좋아하는 것처럼" 자신의 내면을 꾸밈없이 하라고 하였다.

겉과 속이 같아야 한다는 생각은, 마치 빙산에서 물에 떠 있는 부분이 1/9이고 물 속에 가라앉아 있는 부분이 8/9이지만, 물 위에 떠 있는 부분이나 물 속에 가라앉은 부분이나 모두 얼음인 것과 같다. 즉, "내면이 성실하면 저절로 겉으로 드러나는 법"이다. 그래서

"부자의 재물이 집을 윤택하게 하듯, 큰 사람의 덕은 몸을 윤택하게 한다. 마음이 탁 트이면 몸이 번듯해진다"고 하였다.

성의의 다음 단계는 '정심(正心)'이며, '정심'은 마음을 바로잡는다는 뜻이다. 『대학』에서는 마음속에 노여움이나 두려움, 지나치게 좋아하거나 근심하는 것이 있으면 바름을 얻지 못한다고 하였다. 밤길을 갈 때 두려운 마음이 앞서면 저 앞에 놓인 나뭇가지가 뱀으로 보이는 법이며, 어떤 사람에 대해 미워하는 마음이 앞서면 그 사람이 선의로 대해 오는 것조차 자기를 해치기 위한 것이라고 생각하기 쉽다.

또한 『대학』은 "마음이 거기에 있지 않으면 보아도 보이지 않고 들어도 들리지 않으며 먹어도 그 맛을 모른다"고 한다. 기차를 타고 어디를 갈 때 골똘히 생각에 잠기다 보면 눈이 창밖을 향하고 있어 무수히 많은 풍경이 눈앞에 펼쳐지더라도 밖에 무엇이 있는지를 전혀 알지 못한다. 뿐만 아니라 옆에서 누가 말을 걸어도 듣지 못한다. 마찬가지로 아주 큰 슬픔에 잠겼을 때 아무리 맛난 음식을 먹어도 그 맛을 모르는 것도 마음이 음식에 있지 않기 때문이다.

나를 닦는 속에 천하 다스리는 일이 들어 있다

'정심'의 다음 단계는 '수신'이며, '수신'이란 말 그대로 제 자신을 닦는 일이다. 사람들은 대부분 자기 자식의 귀여운 점만 보고 못된 점을 보지 못하며, 제 논의 벼가 남의 논의 벼보다 덜 자란다고 안타까워한다. 이 같은 치우친 생각이나 행동은 모두 '수신'이 부족해서 생기는 것이다. 자신의 내면에 어떤 대상에 대해 지나치게 아끼거나 지나치게 미워하거나, 지나치게 불쌍히 여기거나, 지나치게 거만한 생각이 들어 있기 때문이다. 그래서 『대학』에서는 어떤 사람을 미워하면서도 그 장점을 알거나 반대로 좋아하면서도 그 단점을 아는 일은 참으로 어려운 일이라고 한다. 참답게 사람을 알거나 사랑하는 일은 그 사람의 단점까지 다 알고 이해할 수 있을 때 가능해진다. 바로 이런 점들이 우리가 수신을 해야 하는 이유이다.

수신의 다음 단계는 '제가'이며, '제가'란 집안을 가지런히 한다는 뜻이다. 『대학』에서는 "집안사람들을 가르치지 못하면서 남을 가르칠 수 있는 자는 없다"고 한다. 집에서 부모를 받드는 효(孝)가 밖에서 임금 섬기는 일이 되고 집에서 형을 섬기는 제(弟)가 밖에서 윗사람을 섬기는 일이 되며, 집에서 아랫사람을 대하는 자(慈)가 백성을 대하는 원리가 되기 때문이다.

하지만 여기서 말하는 집이란 지금의 가정보다 훨씬 큰 개념이었다. 기원전 1100년 무렵 은나라를 무너뜨린 주나라는 부자(父子) 중심의 종적 윤리를 국가에 적용한 봉건제를 실시하였다. 봉건제란 천하가 모두 천자의 땅이지만 천자 자신은 큰 종가집이 되어 중앙에 위치한 사방 천 리의 땅만을 직접 다스리고, 나머지를 사방 100리, 70리, 50리 크기로 나누어 형제나 조카 같은 친척과 공이 많거나 결혼으로 맺어진 사돈들을 제후(諸侯)로 임명하여 다스리게 한 제도였다.

그런데 제후들 또한 자기 집을 작은 종가집으로 놓고 직접 다스리는 땅 이외의 부분을 형제와 친척들에게 나누어 다스리게 하였다. 이 때 제후에게 땅을 받은 사람들이 대부(大夫)였으며, 그들이

다스리는 구역이 가(家)였고, 가에 종사하는 사람들을 가신(家臣)이라고 불렀다.

그래서 통치의 꼭대기에 천자의 직계인 큰 종가집이 있고 다시 천자와 피로 맺어진 제후들의 작은 종가집이 있으며, 그 밑에 제후들과 혈연으로 연결된 귀족을 둠으로써 전체가 가족 관계를 이루는 강력한 지배력을 가진 국가를 만들었던 것이다. 이러한 관계를 튼튼히 하기 위해서는 당연히 부모 자식 사이의 효와 형제 사이의 우애가 강조될 수밖에 없었다. 그런 점에서 '제가'의 '가'가 본래 작은 통치 단위로서의 대부 집안과 그가 다스리는 구역을 의미했지만 현대적 의미로 이해할 때 오늘날의 가정으로 보아도 아무런 문제가 없을 것이다.

제가의 다음 단계는 치국과 평천하이며, 『대학』에서는 해설 부분인 '전(傳)'의 마지막 장에서 이 두 항목을 같이 다루고 있다. 그 안에서 통치자의 첫 번째 덕목으로 꼽은 것이 혈구지도(絜矩之道)이다. '혈구지도'란 윗사람이 내게 하지 말았으면 하는 행동을 아랫사람에게 베풀지 않고, 아랫사람이 내게 하지 말았으면 하는 행위를 윗사람에게 하지 않는 것이다.

우리는 혼잡한 지하철을 탈 때 뒷사람이 나를 밀면 싫어하면서도 나도 모르게 내 앞사람을 밀치기 쉽다. 또 운동 경기를 보다가 앞사람이 일어서면 안 보인다고 소리치면서도 더 잘 보기 위해 뒷사람을 가리면서 일어나기도 한다. 이것은 모두 남을 헤아리는 마음이 부족하기 때문이다.

혈구지도는 남을 헤아리는 것에서 출발한다. 따라서 통치자는 백성의 부모가 되어 백성들이 좋아하는 것과 싫어하는 것을 헤아려 행하라고 하였다. 백성을 얻으면 나라를 얻지만 백성을 잃으면 나라를 잃는다는 것이다.

그래서 율곡 이이(李珥)는 『성학집요(聖學輯要)』[3])에서 "임금이 있으려면 먼저 나라가 있어야 하고 나라가 있으려면 먼저 백성이 있어야 한다. 임금은 백성을 하늘처럼 여겨야 하지만 백성들이 하늘로 여기는 것은 먹을 양식이다. 그렇기 때문에 백성들이 그들의 하늘, 즉 먹을 것을 잃으면 나라가 의지할 곳이 없게 되는 것은 불변의 진리이다"고 하였다.

다음으로 강조하는 것은 덕(德)을 쌓는 일이다. 『대학』에서는 "덕 있는 사람에게 사람이 모여들고 사람이 모이면 땅이 생기고 땅이 생기면 재물이 만들어지고 재물이 만들어지면 쓸 곳이 나타난다"고 하였다. 그 가운데 근본은 덕을 쌓는 일이고 재물을 쌓는 일이 말단이기 때문에 "재물을 모으면 백성들이 흩어지지만 재물을 흩으면 백성들이 모인다"고 하였고, "사람다운 사람은 재물을 가지고 자신의 몸을 일으키지만 사람답지 못한 사람은 몸을 써서 재물을 일으킨다"고 하였다.

또한 통치자가 보배로 삼을 것은 착한 사람을 가까이하는 일뿐이

---

[3]) 율곡 이이(1536~1584)가 사서오경(四書五經)과 성현들의 말 가운데 『대학』의 본 뜻에 맞는 것을 가려 내어 여기에 선현들의 해석과 자신의 해설을 덧붙여 만든 책이다. 13권 7책의 활자본이며 학문을 제대로 닦고 나아가 백성들에게 훌륭한 정치를 베풀라는 뜻으로 선조에게 바쳤다.

므로 백성들을 함부로 대하는 소인에게는 벼슬을 주지 말라고 하였다. 착한 사람은 마음이 곱고 남을 용납하기 때문에 남이 가진 능력을 시기하기보다는 오히려 자신의 능력처럼 생각하여 그 혜택이 백성들에게 돌아가기 때문이다. 그리고 더욱 중요한 것은 윗사람이 아랫사람에게 모범을 보이는 일이다. 그래서 "윗사람이 인(仁)을 좋아하면 아랫사람이 의(義)를 좋아하지 않는 자가 없고, 아랫사람이 의를 좋아하면 맡은 일을 완수하지 못하는 일이 없다"고 하였다.

『대학』은 오늘 우리에게 무엇을 줄 수 있는가?
위에서 본 것처럼 『대학』은 '수신'의 방법과 그에 바탕을 둔 바람직한 통치 방법을 설명한 책이다. 따라서 수기치인(修己治人)을 목표로 삼는 유가에서 두 가지를 다 아우른 중요한 책으로 주목받았으며, 유가 지식인 모두는 이 책을 통해 '큰 사람'이 되려고 하였다.

『대학』은 지금으로부터 2,400여 년 전 군주가 다스리던 때에 만들어진 책이다. 따라서 그 속에서 현재적 의미를 찾는 일은 쉽지 않아 보인다. 하지만 『대학』은 동양의 인문 정신을 잘 보여주고 있다. 유학은 인간을 중시하는 인본주의(人本主義) 사상이며 그 핵심은 인간의 도덕성 강조에 있다. 그런 점에서 볼 때 바람직한 인간이 될 수 있는 길을 격물, 치지, 성의, 정심으로 자세히 나누어 설명한 것은 전통 지식인에게만이 아니라 현대인들에게도 유용한 지침이 되고 있다.

'격물, 치지'는 인간에게 먼저 만물의 이치를 탐구하라고 하면서도, 만물의 본질이 도덕임을 설명함으로써 만물에 속하는 인간의 본질 또한 선 지향의 도덕성이라는 결론을 끌어 낸다. 그리고 이를 바탕으로 인간의 의지적 작용인 뜻을 성실하게 하는 일과 마음이 치우치지 않도록 바로잡을 것을 강조하고 있다. 이 같은 과정을 거쳐 도달한 개인 차원의 완성이 '수신'인 것이다.

다음으로 주목할 것은 적극적인 사회 참여이다. 유학에서 '수신'의 다음 단계는 '치인(治人)'이며 『대학』의 표현을 빌면 '제가, 치국, 평천하'이다. 하지만 '치인'을 단순하게 통치자의 입장에서 남을 다스리는 것으로만 볼 필요는 없으며, 오늘날은 적극적인 사회 참여로 이해하면 된다. 유가는 자기수양의 궁극 목적을, 자신을 위하는 동시에 남을 위하는 데 두었고 이를 통해 완전한 이상 사회를 이루려고 하였다. 그리고 이상 사회를 실현하는 구체적인 방법들로 '혈구지도', '효제', '인의' 같은 공동체 지향의 덕목으로 꼽고 있다. 이것이 유학에 담겨 있는 강한 사회성이다.

더 생각해볼 문제들

1. 덕을 닦아 나가는 과정에서도 끊임없이 일어나는 욕망을 어떻게 다스릴 것인가?

    잘못된 생각이나 잘못된 행동은 모두 혼자 있을 때 일어나기 쉽기 때문에 『대학』에서는 혼자 있을 때를 삼가라고 한다.[4] 그래서 혼자 있더라도 열 사람의 눈이 자신을 보고 있고 열 사람이 내게 손가락질하고 있는 것처럼 생각하라고 하였다.

2. 만물 각각의 이치를 깨달아 가다 보면 마침내 만물의 근본적인 이치를 깨닫는다는 말은 어떤 뜻인가?

    유가는 도덕을 중시하는 사상이다. 물이 항상 위에서 아래로 흐르듯 만물은 불변의 법칙을 그 안에 가지고 있다. 물론 고양이의 이치와 개의 이치 그리고 의자의 이치는 각각 다르다. 하지만 어떤 고양이가 가장 좋고 어떤 개가 가장 좋으며, 어떤 의자가 가장 좋은지를 따져 보면 각각의 사물 속에 보편 진리인 선의 원리가 담겨 있음을 알게 된다는 것이다.

3. 주희가 "백성을 새롭게 한다"고 한 것은 무슨 뜻인가?

    주희는 모든 만물이 착한 본성을 가지고 있듯이 백성들도 도덕성을 본질로 가지고 있지만 욕심에 가려져서 제대로 드러내지 못한다고 보았다. 그래서 백성들이 스스로 그 도덕성을 드러내어 새로운 모습이 될 수 있도록 곁에서 통치자가 도와주어야 한다고 생각했다.

---

[4] 홀로 있을 때를 삼가는 것을 '신독(愼獨)'이라고 한다. 남이 볼 때에는 함부로 행동하지 못하지만 혼자 있을 때 나쁜 생각이나 나쁜 행동을 하기 쉽다는 경계의 말이다.

추천할 만한 텍스트

『대학·중용집주』, 성백효 역주, 전통문화연구회, 1991년.
『사서집주언해』, 임동석 역주, 학고방, 2004년.

김교빈(金教斌)

호서대학교 철학과 교수.
한국철학사상연구회 회장, 학술단체협의회 상임대표, 인문콘텐츠학회 회장을 역임했다.
저서로는 『동양 철학 에세이』(공저), 『한국 철학 에세이』, 『양명학자 정제두의 철학사상』 등이 있다.

안연과 계로가 공자를 모시고 있었다.

공자: "너희들 각자 뜻한 바를 말해 보아라."

자로(계로): "수레와 말과 가벼운 갑옷을 벗들과 함께 쓰다가 낡더라도 조금도 개의치 않기를 원합니다."

안연: "저는 (자신의) 장점을 자랑하지 않고, (자신의) 공로를 드러내지 않고자 합니다."

자로: "선생님의 뜻을 듣고 싶습니다."

공자: "노인들은 편안하게 해드리고, 벗에게는 믿음을 주고, 젊은이는 품어 주고 싶다."

공자 (B.C. 551~B.C. 449)

이름은 구(丘)이고 자(字)는 중니(仲尼)이다. 춘추시대 말기의 유명한 사상가이며 교육자, 유가학파의 창시자이다. 공자의 먼 조상은 은왕실의 후예인 송나라의 귀족이었는데 난을 피해 노나라에 정착하였다. 아버지 숙량흘과 어머니 안징재 사이에서 태어났다. 3세 때 아버지가 돌아가셨기 때문에 가세가 기울어 어릴 때 창고를 관리한다든지 목장을 돌본다든지 하는 비천한 일을 많이 했다. 15세에 학문에 뜻을 두고 육예를 익혔으며 30세에 들어서 사회 생활을 시작하였고 사학(私學)을 개설하였다. 50세 이후에는 정치의 길로 들어서 노나라에서 대사구(사법부 장관)를 역임하기도 하였으나, 55세 때 당시의 실권자였던 계환자와 정치적 견해를 달리하여 관직을 버리고 노나라를 떠났으며, 그 후 제자들과 함께 천하를 떠돌며 제후들에게 자신의 정치적 주장을 펼쳤다. 14년에 걸친 천하주유를 마치고 다시 고국인 노나라에 돌아오자, 노나라 애공과 계강자가 자주 정치적 자문을 구하였으나 끝내 등용하지는 않았다. 말년에 제자들을 교육하는 한편 고전을 정리하는 일에 매진하였다.

02

동양 고전의 어머니
공자(孔子)의 『논어(論語)』

황희경 | 영산대학교 학부대학 교수

평범하면서 기이한 책

『논어』는 참으로 평범하면서도 기묘한 책이다. 첫 장을 넘겨 조금 읽어 보면 별 내용도 아닌 것 같다.

> 배우고 때로 익히면 또한 기쁘지 않겠는가? 벗이 먼 곳에서 찾아온다면 또한 즐겁지 않겠는가? 남이 알아 주지 않아도 성내지 않는다면 또한 군자답지 않겠는가?

이런 식이다. 나이를 먹어 인생의 기쁨과 슬픔을 조금이라도 느껴 본 사람이라면 누구나 느낄 수 있고 또 느꼈음직한 말들로 시작하고 있다. 이와 같이 아주 평범한 말이나 대화들이 체계도 없이 불쑥불쑥 이어져 나온다. 그러나 왜 그런 말을 했는지 어떤 상황에서 그러한 대화를 나누게 되었는지 알 수 없는 것들이 많다. 게다가 대화하는 방식도 선문답(禪問答) 같은 모호한 것들이 많다.

예를 들면 "가난해도 아첨하지 않고 부유해도 교만하지 않는다면 어떻습니까?"라는 자공(子貢)의 물음에 공자는 "괜찮기는 하나, 가난한 가운데 즐기고, 부유하면서도 예를 좋아하는 것만은 못하다"고 대답한다. 그러자 자공은 "『시경』에서 '자르는 듯, 다듬는 듯, 쪼는 듯, 가는 듯이 한다'고 했는데, 이 말은 선생님이 말씀하신 내용을 두고 한 것이겠죠?"라고 화답한다. 이에 대해 공자 또한 "자공아, 비로소 너와 『시경』을 논할 수 있게 되었구나. 지난 일을 일러 주었더니 앞으로 다가올 일을 이해하는구나" 하고 응대하고 있다. 스승과 제자 간의 참으로 격조 있고 멋스런 대화로 보이지만 부자로서의 은근한 자만심이 깔린 자공의 질문을 공자가 넌지시 비판하고 있는 것이다. 그렇지만 전체적으로 볼 때 그냥 읽어 봐도 대략 뜻을 알 수 있고, 읽으면서 많은 삶의 지혜를 획득할 수 있는 잠언집 같은 책으로 생각할 수도 있다.

그런데 이런 평범한 책에 이미 역사상 수많은 사람들이 주석을 붙여 놓았고 지금도 끊임없이 많은 번역서, 해설서가 나오고 있다. 더욱 놀라운 것은 그러한 해설서 가운데 어떤 책 — 정확히 말하면 주희가 해설한 책 — 은 과거 봉건시대에 국가의 관료가 되기 위한 과거(科擧) 시험의 교과서였다는 사실이다. 그리고 그보다도 더욱 놀랍고 기이한 일은 사회주의 국가 중국에서 2천 년 전의 이 책 주인공 공자를 비판하기 위해 대대적인 군중 운동을 전개했다는 사실이다. 이른바 비림비공(批林批孔) 운동[1]이다. 공자는 역사의 진보를 가로막는 반동적 사상가라는 것이다. 이는 20세기 초에 일어났던, 공자 사상을 파는 상점을 타도하자는 5·4 시기의 타도공가점 운동과는 비교할 수 없는 거대한 규모였다. 공자를 교주로 받드는 막강한 종교 조직이 있고 이를 따르는 많은 신도가 있다면 그래도 이해할 수 있겠지만 모두 다 알고 있다시피 그렇지도 않다.

80년대 계몽 운동의 기수로 혁혁한 명성을 날리던 중국의 한 사상가인 이택후(李澤厚)가 "공자는 죽었고 이택후는 늙었다"는 비판을 비웃으며 '봉건 시대의 고전'인 『논어』를 해설한 『논어금독(論語今讀)』을 저술한 것도 의외의 일이다. 뿐만 아니라 『돈황』이나 『풍도』와 같은 작품으로 우리에게도 잘 알려진 일본의 유명한 역사 소설가 이노우에 야스시(井上靖)는 말년에 중국 대륙을 직접 6차례나 답사하면서 『공자』라는 소설을 쓰고 죽었다. 이노우에는 70세에 처음 『논어』를 읽고 바로 경도되어 80세에 그 소설을 완성했다.

우리나라에서도 한 때 『공자가 죽어야 나라가 산다』는 책이 베스트셀러로까지 부상한 적이 있었다. 이는 공자 사상의 부정적인 영향력이 아직도 우리 사회에 막대하다는 — 비록 그것이 공자 자신의 것이건 아니면 공자를 상징으로 한 봉건사상이건 간에 — 사실을 반증하는 것이리라. 도대체 공자는 어떤 인물이고 『논어』는 어떤 책

---

[1] 문화대혁명 중이었던 1974년, 임표(林彪)를 공자와 연결시켜 비판한 운동이다. 이 운동의 목적은 문화대혁명을 반대하여 역사를 거꾸로 돌리려는 흐름을 차단하기 위한 것이었지만 실제로는 온건주의자 주은래를 겨냥한 것이었다.

이기에 "죽은 공명이 살아 있는 중달을 내쫓는" 형국이 자주 연출되는가.

『논어』의 역사

흔히들 '공자(孔子)의 『논어』'라고 하듯이 『논어』는 공자의 언행록이다. 좀더 자세하게 말하면 공자가 제자들이나 당시의 위정자들 혹은 은자(隱者)들과 나눈 단편적 대화를 기록한 책이다. 그러나 공자 스스로 기록한 것은 아니고 그렇다고 한 작가가 일관되게 쓴 것도 아니다. 공자의 제자들이나 제자의 제자들에 의해 편집된 '어록'이다. 『논어』의 논(論)은 편집의, 어(語)는 어록의 의미이기 때문이다.

편찬 연대를 두고 여러 가지 논란이 있지만 대략 전국시대 중기에 공자의 제자들이나 제자의 제자들이 편찬했다는 설이 가장 설득력이 있다. 공자의 언행을 기록한 『논어』는 사실 춘추전국시대에 씌어진 많은 제자서(諸子書) 가운데 하나에 불과했으며 유교를 국교로 채택했던 서한(西漢)시대에도 존중되기는 했으나 오경(五經)의 하나에 오르지는 못했다.

『논어』는 원래 『제논어(齊論語)』, 『노논어(魯論語)』, 공자 고택의 벽에서 나온 『고논어(古論語)』의 세 종류의 형태로 달리 전해 오다가 서한 말에 장우(張禹)[2]라는 사람이 『노논어』를 중심으로 최

---

2) 서한시대의 학자이며 자는 장자(長子)이다.

초의 교정본을 만들었는데, 지금 전해지는 『논어』는 이것을 기본으로 한 것이다. 동한(東漢) 이후 정현(鄭玄)[3]이 이를 기초로 하고 『제논어』와 『고논어』를 참고로 해서 주석을 붙였으나 지금은 없어져 집본(輯本)만이 존재한다. 그리고 지금 전해지는 주석서(註釋書)로는 위나라의 하안(何晏)[4]이 쓴 『논어집해』가 가장 오래된 것으로 이를 고주(古注)라고 한다.

한편 송나라의 주희(朱熹)는 『논어』를 『중용』과 『맹자』 그리고 『예기』의 한 편이었던 『대학』과 함께 묶어 사서(四書)라 일컫고 매우 중시하였다. 그리고 이들을 서로 유기적으로 연결하는 주석을 달았다. 그런데 이 주석본은 원나라 이후 과거(科擧) 시험의 모범적 교재로 채택됨으로써 다른 학파의 책들과 구별되는 '성경'의 지위에 오르게 되었다. 그리고 이러한 사정은 조선의 경우도 예외는 아니었다. 말하자면 관료가 되기 위한 교과서 역할을 한 것이다. 조선시대에는 주희의 해석이 헌법과 같은 권위를 지닌 가운데 이익(李瀷)의 『논어질서(論語疾書)』, 박세당의 『논어사변록(論語思辨錄)』, 다산 정약용의 『논어고금주(論語古今註)』 등의 주석서가 있다.

『논어』는 일정한 체계가 없기 때문에 그 내용을 요약해서 소개하기가 매우 어렵기도 하고 그다지 의미도 없다. 모두 20편[5]으로 구

---

3) 후한 시대 말기의 유명한 경학자로서 자는 강성(康成)이다.
4) 위나라의 경학자이며 위진시대 현학의 창시자 중 한 사람으로 자는 평숙(平叔)이다.

성되어 있는데 각각의 편명(篇名)은 그 편의 처음 두 글자를 딴 것이지 별다른 뜻이 있지는 않다. 다시 말하면 「학이」편이라고 해서 학문에 관련된 말이 집중적으로 나오거나 「위정」편이라고 해서 정치에 관한 언급이 많이 나오는 것은 아니다.

굳이 내용을 분류하자면 대략 다음과 같다.

1. 개인의 인격 수양에 관련되는 교훈
2. 사회적 윤리에 관련되는 교훈
3. 정치론
4. 철학론
5. 제자들과 동시대인들을 상대로 사람에 따라 가르침을 달리한 문답
6. 문인이나 고인 혹은 동시대인들에 대한 비평
7. 공자 자신의 술회
8. 공자의 일상 생활과 공자에 대한 제자들의 존숭과 찬미

이들 중에서 처음 두 가지 사항에 관한 것이 전체의 3분의 2를 차지하고 나머지가 3분의 1을 차지한다. 엄격한 의미에서 말하면 『논어』는 하나가 아니고 공자도 한 사람이 아니라고 할 수 있다. 조선조의 지배 이념이었던 주자학에서 본 공자와 중국의 문화대혁명 기

---

5) 그 편명은 「학이(學而)」, 「위정(爲政)」, 「팔일(八佾)」, 「이인(里仁)」, 「공야장(公冶長)」, 「옹야(雍也)」, 「술이(述而)」, 「태백(泰伯)」, 「자한(子罕)」, 「향당(鄕黨)」, 「선진(先進)」, 「안연(顔淵)」, 「자로(子路)」, 「헌문(憲問)」, 「위령공(衛靈公)」, 「계씨(季氏)」, 「양화(陽貨)」, 「미자(微子)」, 「자장(子張)」, 「요왈(堯曰)」 등이다.

간 중에 공자를 비판했던 비림비공(批林批孔) 운동의 공자의 모습은 완전히 다르다. 해석자에 따라『논어』와 공자는 다른 모습으로 우리에게 다가온다. 그러나 그가 제자들이나 위정자들과 나눈 대화의 주된 내용이 정치였다는 것은 변함없는 사실이다. 이러한 사실은 현실 정치에 식상한 많은 사람들로 하여금『논어』에 대한 흥미를 반감시킬는지 모르겠으나 바로 여기에『논어』의 '생명력'의 비밀이 있다. 대부분의 사람들은 정치 하면 권모술수나 추악한 돈 거래를 떠올리면서 아예 관심을 가지려고 하지 않는다.

그러나 어느 누구도 정치의 영향에서 벗어날 수 없으며 정치에 대해 무관심할수록 더욱 정치꾼들의 농간에 놀아날 수밖에 없다는 점에서 우리 모두의 정치 의식의 제고(提高)는 절실히 필요한 것이다. 정치 의식이 제고되어야 더 이상 후안무치한 정치인의 지배를 받지 않을 수 있기 때문이다. 따라서 항상 정치에 많은 관심을 가지고 있었던 공자의 태도는 옳은 것이다. 더구나 그는 "정치〔政〕는 바르게 하는 것〔正〕"이라고 했다. 뿐만 아니라 계강자(季康子)라는 사람이 공자에게 정치에 대해 묻자 공자는 이렇게 되물었다. "그대가 바름으로써 이끈다면 누가 감히 바르지 않겠는가?" 이 말은 그래도 양식 있는 정치인을 절망케 하기에 충분하리라. 따지고 보면 우리의 삶이란 정도와 규모의 차이가 있을 뿐 모두 정치가 아니겠는가? 정치는 결코 남의 문제가 아닌 것이다.

두 얼굴의 공자

공자는 한 때 자신의 조국이었던 노(魯)나라에서 지금의 법무부 장관에 해당하는 대사구(大司寇) 벼슬을 지낸 적이 있었다. 이러한 경험이 그로 하여금 이상을 추구하면서도 현실을 무시하지 않는 사상가로 만들었을 것이다. 한번도 벼슬한 적이 없는 맹자의 경우, 그의 사상이 다소 이상주의적으로 흐른 것과 비교한다면 이 점 한층 선명하게 드러난다.

『논어』를 통해 볼 때 공자는 대략 두 가지 얼굴을 하고 있는데 하나는 항상 공경스런 태도로 조심하는 모습이고 다른 하나는 소탈하면서도 대범한 모습이다. 전자가 관직에 있을 때의 공자의 얼굴이라면 후자는 관직을 벗어 던진 이후의 공자의 모습이라고 할 수 있다. 관직에 있을 때 항상 조심한 것은 조정(朝廷)은 바로 자신의 이상을 실현할 수 있는 장소인 동시에 잘못하면 생명마저 위태로운 곳이기 때문이었을 것이다.

이러한 공자의 두 모습은 같은 인생을 살아가는 우리에게 모두 귀감이 되지만 나는 후자의 얼굴을 더욱 사랑한다. 그의 일생 중에서 관직이 없을 때가 있을 때보다 훨씬 많았는데 만약 벼슬살이를 하는 기간이 길었다면 아마도 그는 이름 없는 한 관리로 일생을 마감했을지도 모른다. 관직이 없을 때의 공자는 당시 제후들에게 자신의 정치적 이상을 유세하면서 천하를 주유(周遊)하거나 고향에 돌아와 고전을 연구하기도 하고 제자들에게 강학(講學)을 하기도 하였다. 혼란기였던 춘추시대에 천하를 주유하면서도 목숨을 보전하였다는 사실은 그가 처세의 지혜에도 얼마나 밝았는가를 말해준다.

일찍이 루쉰(魯迅)은 "제사 지낼 때 (조상이) 계신 듯이 하며, 신에게 제사 지낼 때에는 신이 계신 듯이 하였다"는 공자의 태도에 주목하여, 이 점이 바로 공자의 '위대함'의 비결이라고 말한 적이 있다. 루쉰이 볼 때, 공자는 신이나 조상의 혼령이 존재하지 않는다고 생각했지만 혼령이 있다고 믿었던 당시의 사회적 분위기에 반하여 무조건 자신이 믿는 바대로 행동하지는 않았다는 것이다. 즉, '(조상이) 계신 듯이' 행동하였다는 말이 이를 역설적으로 증명해 주고 있다는 지적이다.

『논어』가 씌어질 당시엔 종이가 없었기 때문에 내용을 죽간(竹簡)에 새기거나 비단에 써야 했다. 따라서 한 글자 한 글자의 배치를 상당히 세심하게 고려했을 것이다. 왜냐 하면 잘못 쓸 경우에 그것을 지우고 새로 쓰기가 어렵기 때문이다. 정미(精微)한 말 속에 큰 의미를 담을 수밖에 없었던 물질적 근거가 여기에 있다. 그렇기 때문에 이러한 '압축 파일'을 풀면서 『논어』를 읽는 재미는 『논어』를 새로 쓰는 즐거움에 비견될 수 있겠다.

『논어』와의 인연

나는 대학교 1학년 시절 한문을 배울 때 『논어』를 처음 읽었다. 사실 논어가 중요한 것은 내용도 내용이거니와 논어에 나오는 구절이 다른 저작에서 차용되는 경우가 많기 때문에 이를 읽지 않으면 다른 고전을 읽기가 매우 힘들기 때문이었다. 가령 루쉰의 「공을기」라는 소설을 보면, 공을기가 "군자는 재능이 많은가? 많지 않다"고 한 언급이 나오는데, 이는 『논어』에 나오는 공자의 "내가 어렸을 때에 생활이 곤란했기 때문에 비천한 기술을 배워 잘했다. 군자는 재능이 많은가? 많지 않다"고 한 언급을 풍자적으로 따온 것이다. 『논

시문(詩文)을 읽는 공자

어』를 읽지 않았다면 노신의 붓끝에서 천대받는 거지와 같던 공을기와 성인 공자가 묘하게 오버랩되고 있는 것을 알기 어렵다.

　나는 당시에 공자에 대해 별다른 호감도 없었지만 그렇다고 무슨 커다란 편견이 있지도 않았다. 다만 『논어』를 가르쳐 주시던 선생님의 영향 때문인지 몰라도 공자는 좀 답답한 사람으로 여겨졌다. 『논어』의 첫 구절도 이를 증명하고 있었다. 뭐 "배우고 때로 익히면 또한 기쁘지 아니하냐"고? 공자님은 못 말려! 역시 공자는 근엄한 도덕군자야. 공부가 뭐가 재미있어, 노는 것이 재미있지. "벗이 먼 곳에서 찾아오면 또한 즐겁지 아니한가"라고? 누가 근엄하신 공자와 같은 사람과 있는 것이 좋다고 찾아왔겠어. "다른 사람이 알아주지 않아도 성내지 않는다면 또한 군자가 아니겠는가?" 남에게 인정받는 것이 뭐 그리 중요해. 나는 여태 내 멋에 겨워 잘 살아왔는

데… 그렇다면 혹시 나도 군자 아냐? 그랬다.

　그러다가 나중에 "그 후 신청년 그룹은 뿔뿔이 흩어졌다. 혹자는 출세하고 혹자는 물러나 숨고, 혹자는 전진했다. 같은 진영의 동지들마저 이러한 변화가 있을 수 있음을 나는 또다시 경험했다"는 루쉰이 토로한 심정을 어렴풋이 동감하게 될 만큼 세월이 흘러 다시 『논어』를 보게 되었을 때 이 구절은 전혀 다른 의미로 다가왔다. 그것은 헌책이 아니라 생생한 '현실'을 담은 책이었다. 또한 수수께끼로 가득 찬 미완의 소설 같기도 했다. 나는 첫머리의 구절을 읽고 마음이 저려왔다. 이것은 공자가 나를 위해 한 말 같았다.

　그래. 배움 속에서 즐거움을 발견해야지. 남들이 알아주기를 기다리지 말고 남을 내가 알아주어야지. 남이 알아주지 않아도 성내지 않고 '군자'가 되지 않으면 어쩔 것인가? 나와 같은 심정의 친구가 먼 곳에서 찾아와 서로의 흉금을 터놓고 한 잔의 술을 기울인다면 정말 얼마나 즐거울 것인가. 공자는 남이 알아주지 않는 고통 속에서도 즐거움의 자리를 발견했구나. 이러한 구절을 『논어』의 첫머리에 배치한 것을 보면 이 책을 편찬한 제자들도 어떻게 하면 자신의 스승의 위대함이 돋보일 수 있는 줄을 아는구나. 그들을 길러낸 공자라는 이의 인격은 정말 어떠하였을까….

　까마득한 세월을 거슬러 올라가 그들과 벗하고 싶었다. 그리하여 나도 "자긍심은 있지만 다투지 않는" 군자가 되고 싶었다. 그 때서야 많은 사람들이 『논어』에 매혹되는 이유를 알 수 있을 것 같았다.

『논어』의 현대적 의미

앞서 『논어』는 체계가 없기 때문에 요약하기 힘들다는 말을 했지만 결국 『논어』의 핵심적 메시지는 『대학』의 첫 구절이 아닌가 한다. 즉, 내면의 밝은 덕(德)을 밝히고, 백성을 새롭게 하며, 지극한 선의 세계에 도달하고자 하는 데 있다. 쉽게 말하면 인간은 누구나 선악과 시비를 판단할 수 있는 덕이 있다는 점을 믿고 그것을 개인적으로 부단히 갈고 닦는 데 그치는 것이 아니라, 사회적으로 확대 공유하여 도덕적으로 지극히 정의로운 세계를 건설하자는 것이다.

이는 매우 실현하기 어려운 이상적인 말이다. 그러나 "안 되는 줄 알면서 하는" 공자의 정신은 고귀한 것이다. 이 점에 관해서는 '총명한' 도가는 따라올 수 없다. 그리고 이러한 실천의 원동력은 바로 인(仁)이다. 흔히들 공자 사상의 핵심이 인(仁)이라고 하면서, 인이란 인간과 인간을 연결하는 사랑의 원리라고 말한다. 물론 틀린 말이 아니다. 세상이 아무리 변해도 사랑은 매우 소중한 것이다. 그러나 일반적으로 사랑을 크게 내세우는 사람 중에 위선적인 경우가 많다. 따라서 사랑이 공허하거나 사악하거나 억압적인 것으로 떨어지게 된다.

유가에 대한 도가의 비판은 이 점을 겨냥한 것이다. 반대로 착한 사람이 사랑을 실천하다가 손해를 보는 경우도 많이 있다. 그렇지만 인은 이러한 사랑과는 차이가 있다. 만약 누가 우물 속에 사람이 빠졌다고 (거짓으로) 말했을 때 인(仁)한 사람은 거기에 들어가 구하겠냐는 제자의 질문에 공자는, "군자는 우물 있는 데까지 가게 할 수는 있지만 거기에 빠지게 할 수는 없다. 그를 속일 수는 있지

행단(杏亶)
공자묘(孔子廟)의 대성문과 대성전 사이에 있는 건물로
공자가 살던 옛집 터에 지은 건물이다.

만 우롱할 수는 없다"고 말한다. 인은 단순한 사랑이 아니라 머리를 쓰는 지식이나 지혜를 넘어선 몸의 절실한 느낌인 것이다.

『논어』에서 인과 지를 자주 병칭하면서도 대조적으로 말한 이유가 여기에 있다. 이러한 인은 부모에 대한 효에서 잘 드러난다. 공자가 사람됨의 근본으로 효를 그토록 강조한 것은 이 때문이다. 부모의 희노애락은 자식에게 곧바로 자신의 몸의 희노애락으로 절실하게 다가오고 또 다가와야 한다. 이것이 효다. 가정에서의 이러한 효를 국가에 확대한 것이 충이다. 이를 현대적으로 해석하면 자신이 몸담고 살고 있는 공동체의 아픔을 자신의 몸의 절실한 고통으로 느끼는 것이 충인 것이고 또 그것은 인이기도 한 것이다. "널리 배우고 뜻을 돈독히 하며, 절실하게 묻고 진지하게 사고"하면서 이러한 인을 확대시켜 나가면 지구 저편에서 일어나는 인류의 고통에 무감할 수 없는 것이다. 따라서 인한 사람은 몸이 세계의 크기만큼 확장된 사람이라고 할 수 있다.

『논어』는 전통 사상의 형성에 커다란 영향을 주었기 때문에 전통 사회나 사상을 이해하기 위해서 반드시 읽어야 할 고전이다. 그러나 다른 한편 인의 의미가 말해 주는 것처럼『논어』는 날로 개인주의가 만연해 가는 현대 사회에서 이를 극복하기 위해서 읽어야 할 고전이기도 한 것이다.

더 생각해볼 문제들

1. 공자가 생각한 바람직한 인간형에 대해 생각해 보자.

    나 자신만이 아니라 항상 남을 생각할 수 있는 사람이라고 할 수 있다. 그렇지만 동시에 남의 이목이나 인정에 연연하는 소극적 인간형이 아니라 적극적으로 남을 인정하는 사람이라고 할 수 있다. 남이 자신을 알아주지 않는 것을 걱정하지 말고 자기가 남을 알아보지 못함을 걱정해야 한다는 말 등이 이를 잘 말해 준다.

2. 공자 사상의 부정적 측면으로 거론되는 가족주의에 대해 생각해 보자.

섭공이라는 사람이 공자에게 자기 마을에 아버지가 양을 훔쳤을 때 고발한 '정직'한 사람이 있다고 자랑하자 공자는 우리 고을의 정직한 사람은 이와 다르다고 하였다. 즉, 아버지는 아들을 위해 허물을 숨겨 주고 아들은 아버지를 위해 허물을 숨겨 준다고 하였다. 이를 보면 공자가 가족을 매우 우선시했다는 것을 잘 알 수 있다.

3. 『논어』를 읽고 마음에 드는 구절을 고르고 왜 그 구절을 선택했는지 이유를 생각해 보자.

시를 짓는 것보다 좋은 시를 선택하는 것이 더 어렵다는 말이 있지만 각자 골라 보자. 그리고 고른 이유를 찬찬히 생각해 보는 가운데에서 자신을 돌아보는 좋은 기회를 가질 수 있을 것이다. 또한 시간에 따라 달라지는 자신을 발견할 수 있을 것이다.

추천할 만한 텍스트

『논어』, 황희경 평역, 시공사, 2000.
『논어집주』, 성백효 역주, 전통문화연구회, 1990.
『논어, 사람의 길을 열다』, 배병삼 풀어씀, 2005.

황희경(黃熙景)
영산대학교 학부대학 교수.
성균관대학교 유학과를 졸업하고 동 대학원에서 철학 박사를 취득했다. 성균관대, 연세대, 안동대 등에서 강사를 역임하였고 중국 인민대학 고급진수생 과정을 거쳤다.
저서로 『현대중국의 모색』(공저, 1992), 『삶에 집착한 사람과 함께 하는 논어』(평역, 2000) 등이 있으며 역서로는 『역사본체론』(2004), 『동양 의학이 서양 과학을 뒤엎을 것인가』(공역, 1995) 등이 있다.

눈이나 귀와 같은 감각기관은 반성할 수 있는 능력이 없기 때문에
외물(外物)에 가려서 외물이 자극하면 곧 이끌려가고 만다.
그러나 마음이라는 사유기관은 돌이켜 생각할 수 있는 능력이 있기 때문에,
돌이켜 생각을 하면 본래 마음을 얻게 되고 생각하지 않으면
본래의 마음을 잃어 버리게 된다. 사람은 이 두 기관을 날 때부터 지녔으니,
먼저 그 큰 것을 확고하게 세워 놓으면 작은 것도 빼앗기지 않게 된다.
이렇게 하는 것이 바로 대인(大人)이 되는 길이다.

맹가 (B.C. 317~B.C. 289)

전국시대 추(鄒)나라 사람으로 성은 맹(孟)이고 이름은 가(軻)이다. 공자(孔子)의 손자인 자사(子思)의 문인에게서 수업을 하였으며, 공자의 사상을 독실하게 믿고 이를 세상에 실현하고자 하였다. 학문을 이룬 후에는 사(士)가 되어 추나라에서 잠시 벼슬을 하였다가 다시 제(齊), 양(梁), 등(滕), 송(宋), 설(薛) 등 여러 나라를 유세(遊說)하였다. 맹자는 여러 제후국의 군주들을 설득하여 인정(仁政)을 펼치고자 했으나 끝내 뜻을 이루지 못하고 만년에는 고국으로 돌아가 제자들과 더불어 『맹자』 7편을 저술했다. 하지만 체재나 용어 등으로 보면 그의 제자들이 편찬한 것으로 보인다. 『한서(漢書)』 「예문지(藝文志)」에는 『맹자』 11편으로 기록되어 있지만, 주석가인 조기(趙岐)는 『맹자』 7편과 『맹자외서(孟子外書)』 4편으로 나누어 4편은 후세의 위작이라고 보았다. 그 이후로 『맹자』 7편만이 남아 후세에 전해지고 있다.

공자가 유학의 창시자라면 맹자는 공자를 이어받아 유학을 반석에 올려놓은 사상가이다. 맹자는 '지고(至高)의 성인(聖人)'인 공자를 이어, '버금가는 성인'인 아성(亞聖)으로 추앙받아 왔다. 『맹자』는 송나라 때 주희에 의해 『논어』, 『대학』, 『중용』과 더불어 '사서(四書)'로 확정됨으로써 유가 주요 경전의 하나로 여겨져 왔다.

03

성선설(性善說)과 인정론(仁政論)
맹가(孟軻)의 『맹자(孟子)』

이승환 | 고려대학교 철학과 교수

전국(戰國), 전쟁과 약탈의 시대

맹자(孟子)가 살았던 전국(戰國)시대는 철기의 확산으로 인한 생산력의 급격한 발달로 제후들 사이에 치열한 영토 쟁탈전이 벌어지던 전란의 시대였다. 이러한 혼란의 시대에 직면하여 맹자는 제후국을 주유하며 각국의 군주들에게 '너그러움의 정치', 즉 '인정(仁政)'[1] 을 역설하고 이의 근거로 성선설(性善說)을 제시하였다. 그는 잔혹한 군주는 임금으로 인정할 수 없으며, 폭군은 군주의 자리에서 내쳐 버려도 좋다는 '폭군 방벌론'[2]을 제시함으로써 인류 역사상 처

---

1) 지도자의 인자한 덕에서 우러나오는 너그러움과 포용의 정치를 말한다.

음으로 '저항권'을 정당화하였다. 그는 또한 백성의 위상을 군주보다 상위에 위치시킴으로써 민본(民本)주의[3]를 제창하고, 영토를 넓히려는 군주의 욕망보다 백성들의 삶이 우선시되어야 한다고 강조함으로써 위민(爲民) 정치의 효시를 열었다.

우리가 살고 있는 신자유주의적 세계화의 시대는 어찌 보면 맹자가 살았던 전국시대와 여러 가지 측면에서 비슷하다. 강대국에 의해 자행되는 약소국의 침탈, 그리고 각국 사이에 벌어지는 치열한 경제 전쟁은 맹자가 목도했던 약육강식의 시대상을 떠올리게 한다. 만약 맹자가 오늘날 살아 있다면 그는 또다시 세계를 주유하며 강대국의 대통령에게는 '너그러움의 정치'를 주장하는 한편, 각국의 정치가들을 향해서는 대량의 정리해고와 빈부의 양극화 때문에 피폐해져 가는 '민중의 삶'을 보장해 주어야 한다고 역설할지도 모른다.

현대 사회에서는 인간의 본성을 이익과 욕망을 추구하는 존재로 본다. 그리고 사회의 기본 질서와 운영체제는 철저하게 이익과 욕망을 극대화시키는 방식이 되어야 한다고 본다. '효율성'과 '부가가치' 그리고 '시장의 논리'라는 단어들은 바로 현대 사회의 주도 이념을 대변해 주는 구호들이다. 이익을 추구하려는 경향성이 인간이 지닌 여러 특성 가운데 하나라는 점은 누구도 부인할 수 없을 것

---

2) 인(仁)과 의(義)를 저버리는 폭군을 그 지위에서 끌어내리고 대신 덕과 능력이 있는 사람을 군주로 추대하는 것을 정당화하는 유가의 정치 학설이다.
3) 백성을 나라의 근본으로 여기는 유학의 정치 이념이다.

이다. 그러나 인간이 지닌 여타의 특성들을 무시한 채 오로지 이익과 욕망만을 인간 본성의 전부로 간주하려는 태도는 현대 사회에 거대한 비극을 만들어내는 이념적 원천이 되고 있다.

맹자가 살았던 전국시대에도 이와 비슷한 생각이 팽배해 있었다. 법가(法家)나 병가(兵家)와 같은 당시의 지배적 사조(思潮)는 인간을 '날 때부터 욕망을 추구하는 존재'로 보고, 욕망을 추구하기 위해서 지배계급이 피지배계급을 착취하거나 억압함은 물론, 강대국의 약소국에 대한 침략 행위도 불가피한 것으로 보았다. 각국의 군주들은 병가와 법가의 사상가를 재상으로 임용하여 군사력의 강화와 조세의 효율적 수취에 온 힘을 기울였다. 이러한 와중에서 민중들은 과도한 부역과 무거운 조세 그리고 계속되는 전쟁으로 피폐해진 삶을 영위할 수밖에 없었다. 맹자가 제시한 정치 이념은 바로 이러한 상황을 개선하기 위한 윤리적 처방이라고 할 수 있으며, 그가 제시했던 '성선설'은 이익 다툼과 약육강식을 인간 본성의 전부로 여기려는 당시의 지배적 사조에 대한 철학적 반성이라고 할 수 있다.

그렇다면 현대 사회에서 맹자의 성선설(性善說)[4]은 어떠한 의미가 있는 것일까? 그리고 강대국이 국제 협약을 무시한 채 약소국에 대한 침략 행위를 자행하는 무자비한 국제 정치의 현실에서 맹자가 주장하는 '너그러움의 정치'는 어떤 의미를 지니고 있는 것일까?

---

4) 인간은 날 때부터 선한 본성을 잠재적으로 가지고 태어난다는 유학의 근본 이론을 가리키며, 인간의 본성을 악하다고 보는 순자의 이론과 대비된다.

사단(四端), 동물과 구분되는 인간의 본질적 특징

인간이 동물과 구별되는 본질적 특징은 무엇인가? 고대부터 현대에 이르기까지 동·서양의 철학자들은 인간의 본성에 대하여 수많은 언급을 남겼다. 인간 본성에 관한 수많은 견해 가운데 서양의 지적 전통을 관류하는 지배적인 태도는 인간을 이성적 존재라고 보는 관점일 것이다. '이성'[5]은 인간으로 하여금 논리적으로 사유하게 하고 자기반성을 가능하게 한다는 점에서 인간만이 지닌 중요한 특징임에 틀림이 없다.

그러나 근대 이후에 들어 '이성'의 개념은 극도로 축소되고 박제화되어 단지 '도구적 이성(instrumental reason)'의 의미만을 간직하게 되었다. 도구적 이성이란 어떤 목적을 효율적으로 달성하기 위한 계산 능력을 말하며, 이는 주어진 목적에 도달하기 위한 효율적인 수단일 뿐, 목적 그 자체에 대해서는 간여하려 하지 않는다. 추구하려는 목적 그 자체의 '좋음'이나 '옳음' 여부에 대해서는 입을 다문 채, 다만 주어진 목적을 빨리 그리고 효과적으로 달성하기 위하여 분석과 계산만을 수행할 뿐이다. 현대 사회의 화두가 되어 버린 '효율성'과 '부가가치'는 바로 이러한 도구적 이성을 통해 도달할 수 있는 자본주의 사회의 지향 목표라고 할 수 있다.

인간의 본질적 특성을 '도구적 이성'으로 파악하는 오늘의 관점과는 달리, 맹자는 인간이 동물과 구분되는 근본적 특징을, 남의 불

---

[5] '이성'(그리스 어원은 'logos', 라틴 어원은 'ratio')은 '감성'이나 '감정'과 대비되는 서양 철학의 개념으로서, 논리적·분석적 사고를 가능케 하는 인간의 지적 능력을 말한다.

행을 차마 그대로 보아 넘기지 못하는 마음, 즉 '불인인지심(不忍人之心)'이라고 보았다. 그는 '우물에 빠지려는 아이'에게서 느끼는 연민의 정을 예로 들어, 인간에게는 '남의 불행을 차마 그대로 보아 넘기지 못하는 마음' 즉 '측은지심(惻隱之心)'[6]이 있다고 말한다. 따라서 맹자에 따르면 '측은지심'은 인간을 동물로부터 구별하게 해 주는 중요한 지표인 셈이다.

동물은 배고픔을 면하고 주린 배를 채우기 위하여 아무런 자비심이나 동정심을 가지지 않은 채 대상을 공략한다. 그러나 인간은 다르다. 아무리 배가 고파도 최소한의 도의나 양심은 지킬 줄 알며, 곤경에 빠진 약자나 불행에 처한 사람에게는 연민의 정 또는 자비심을 보일 줄 안다. 따라서 맹자는 "측은지심이 없으면 인간이 아니다"고 말한다. 그는 측은지심(惻隱之心)과 더불어, 잘못을 부끄러워하고 싫어하는 마음인 수오지심(羞惡之心), 사양하고 양보하는 마음인 사양지심(辭讓之心) 그리고 옳고 그름을 가리는 마음인 시비지심(是非之心)을 '사단(四端)'[7]이라 하여 인간이 가지는 본질적 특징이라고 보았다.

그리고 이 사단은 인(仁)·의(義)·예(禮)·지(智)의 네 가지 덕[8]을 이루기 위한 실마리가 된다. 맹자가 인·의·예·지를 인간이 본래부

---

7) 곤경에 빠진 타자에게서 느끼는 연민의 도덕 감정을 가리킨다.

8) 단(端)은 원래 문자학적으로 보면 땅 속에서 식물의 싹이 움터 나오는 끄트머리를 말하는데, 여기서 맹자가 말하는 4단은 인간이 본래적으로 지니고 있는 네 가지의 잠재적 심성을 가리킨다.

터 가지고 태어났다고 말하지 않고 대신 사단을 인간의 본질적 특성이라고 말한 것은, 인간이 자신의 노력에 의하여 이러한 네 가지 단서를 확충시켜나갈 수도 있고 그렇지 못할 수도 있기 때문이다. 인·의·예·지의 네 가지 덕은 '사단'이 실현된 상태(actuality)라면, 사단은 인·의·예·지를 이룰 수 있는 잠재적 가능성(potentiality)이라고 할 수 있다. 그러므로 사단이라는 잠재태(潛在態)를 네 가지 덕이라는 실현태(實現態)로 완성시키기 위해서 인간은 자신의 욕망을 줄이고 이익을 향하여 치달리는 마음을 거두어 들이며, 호연지기(浩然之氣)[9]를 길러 나가는 수양 공부를 필요로 한다.

격렬한 전쟁이 벌어지고 있던 혼란의 시대에 맹자가 인간의 본성을 선하다고 여긴 까닭은 무엇일까? 인간의 야수적이고 잔인한 측면이 남김없이 발휘되는 전쟁의 상황에서 맹자는 "인간의 본성은 선하다"고 생각할 만큼 한가하고 낭만적이었을까? 맹자는 공자와 마찬가지로 여러 나라를 주유하면서 각국의 군주들을 만나 정치적 조언을 하곤 했다. 그러므로 그가 당대의 참혹한 사회 현실에 대해 무지했다고 볼 수는 없다. 더욱이 『맹자』에는 전쟁의 참상에 대한 묘사와 정치·경제적 개혁에 대한 수많은 제언들이 들어 있다. 따라서 맹

---

8) 측은하게 여기는 마음[惻隱之心]은 '인'의 단초가 되고, 잘못을 부끄러워하고 불의를 싫어하는 마음[羞惡之心]은 '의'의 단초가 되며, 사양하고 양보하는 마음[辭讓之心]은 '예'의 단초가 되고, 옳고 그른 것을 가리는 마음[是非之心]은 '지'의 단초가 된다.

9) '호연지기'는 하늘과 땅 사이에 가득 차 있는 우주의 원기(元氣)를 말한다. '기'에는 사물을 구성하는 '질료적 의미의 기'와, 인간의 생명활동과 정신활동을 가능케 하는 '정신적 의미의 기'의 두 가지가 있다. 여기서는 정신적 의미의 도덕 정기를 가리키는 것으로 이해해야 한다.

자가 "인간의 본성은 선하다"고 선언한 데는 나름대로 현실적인 의도가 있었을 것이며, 당시 상황 속에서 이러한 주장이 청자(聽者)에게 미치는 '발화 수반효과'[10]를 염두에 두고 있었음이 분명하다.

> 사단을 가지고 있으면서 선한 일을 하지 못한다고 스스로 말하는 것은 자기를 해치는 일이고, 자기 임금이 선한 일을 하지 못한다고 말하는 것은 자기 임금을 해치는 일이다.

여기서 알 수 있듯이, 맹자가 의도한 최종 목표는 지배계급의 교화를 통해 '인자한 정치'를 실현하는 데 있었다. 부와 권력을 움켜쥔 한 나라의 군주가 사단이라는 잠재적 심성을 가졌음에도 불구하고 선한 정치를 실행하지 않는 일은 자신을 더욱 완전한 인격으로 실현할 수 있는 가능성을 포기하는 일이며, 신하된 자가 임금을 선한 정치로 이끌지 못한다면 이는 임금으로 하여금 잠재적 본성을 발휘하지 못하도록 방기하는 일이 된다. 이로 볼 때 맹자의 성선론은 단순히 인간의 본성에 관한 지적 호기심에서 나온 것이 아니라, 탐욕스럽고 포학한 군주들을 교화하기 위한 현실적인 의도에서 나온 것으로 보아야 할 것이다. '성선론'과 관련된 이러한 분석은 『맹자』의 다음 구절에서 분명하게 뒷받침된다.

---

10) 발화수반 효과(perlocutionary power)란 말하는 자가 듣는 이에게 미치고자 하는 영향력 또는 효력을 뜻한다.

제(齊)나라의 선왕(宣王)이 물었다.
"이 소는 어디로 끌고 가는 것이냐?"
"이 소를 희생으로 죽여 종(鐘)에 피를 바르는 의식을 행하려는 것입니다."
"그 소를 내버려 두어라. 나는 그 소가 무서워하며 벌벌 떠는 모습이 죄 없이 죽을 곳에 나가는 것 같아 차마 보지를 못하겠다."
그러자 곁에 있던 맹자가 말했다.
"그러한 마음이면 넉넉히 왕 노릇을 하실 수 있습니다."

이처럼 맹자는 제나라의 선왕에게, '차마 보아 넘기지 못하는 마음'만 잘 발휘하면 족히 훌륭한 군주가 될 수 있다고 말한다. 도살장으로 끌려가는 소에게 동정심을 느낄 수 있는 심성의 소유자라면, 전란의 소용돌이에서 굶어 죽고 얼어 죽는 백성들에게는 더 큰 연민의 정을 느낄 수 있을 것이기 때문이다.

영국의 철학자 흄(David Hume)이 동정심을 인간이 날 때부터 가지고 태어난 '자연적 덕'이라고 본 것과 비슷하게, 맹자는 측은지심을 인간이 날 때부터 가지고 태어난 천부적 성품(天性)으로 간주했던 것이다. 이로 볼 때, 맹자가 "인간이면 누구나 측은지심이 있다"고 말한 현실적인 의도는 당시의 군주들로 하여금 고통받는 백성들을 향해 자비심과 동정심을 가지고 통치에 임하도록 교화하려는 데 있음을 알 수 있다.

너그러움의 정치(仁政)와 민본(民本)주의

미국의 저명한 철학 저널인 『일원론자(The Monist)』라는 잡지에는 맹자의 '우물에 빠지려는 어린 아이'와 비슷한 예화(例話)를 가지고 '자비의 의무'에 관한 논문이 실린 적이 있다. 제프리 머피(Geffrie Merphy)라는 철학자가 쓴 이 글은, 수영장에 빠지려는 어린 아이를 구해 주어야 하는 '자비의 의무'가 과연 자유주의 윤리학에서 정당화될 수 있는가 하는 문제를 다룬 것이었다.

머피는, 어린 아이를 구해 주어야 하는 '자비의 의무'를 정당화하려고 시도하지만, 결국 회의적인 결론으로 글을 마치고 만다. 권리와 의무의 대응 관계로 작동하는 자유주의 윤리학에서는 곤경에 빠진 사람에 대한 '자비의 의무'를 정당화하기가 불가능하기 때문이다. 어린 아이는 낯선 타인인 나에게서 구원을 기대할 만한 아무런 권리의 근거를 가지고 있지 않으며, 나는 어린 아이가 권리의 자격을 갖지 않는 한 구해 주어야 할 아무런 상응하는 의무를 발견할 수 없기 때문이다.

시카고 대학의 윤리학자인 거워드(Allen Gewirth) 역시 자유주의 내에서 타인에 대한 '자비의 의무'가 정당화될 수 있는가를 논의한 바 있으나, 결국 성공적이지 못한 결론을 내리고 말았다. 권리-의무의 대응 관계로 구성된 자유주의 윤리학은 권리의 자격이 없는 사람에 대한 '자비의 의무'를 정당화할 수 없기 때문이다. 내가 곤경에 빠진 사람을 구해 주지 않는다고 해서 내가 그의 권리를 침해하는 것은 아니므로, 내가 상대방에게 자비를 베풀어야 할 윤리적 의무는 정당화될 수 없다는 것이다.

당대의 저명한 철학자들이 내놓는 이러한 논변을 통해서 우리는 자유주의 이념에 내포된 윤리적 빈곤성을 엿볼 수 있다. 곤경에 처한 사람에게 '자비의 의무'를 정당화하지 못할 때, 그러한 윤리가 지배하는 사회는 약자에 대한 배려나 복지에 대한 관심으로부터 멀어질 수밖에 없다. 오직 권리의 자격을 소유한 자만이 배타적으로 자기 몫을 주장할 수 있을 뿐인 것이다. 노동권이나 생존권과 같은 사회적 권리가 자유주의 체제에서는 '진정한 권리'로 인정받지 못하는 이유도 바로 여기에 있다.

　맹자에 의하면 곤경에 빠진 사람을 보고 측은지심을 느끼지 못하는 사람은 인간이라고 불릴 수 있는 자격을 상실한 사람이며, 금수와 별로 다를 바 없는 존재에 불과하다. 측은지심을 확충해서 '인(仁)'이라는 덕을 완성하기 위해서는 자신의 본성과 욕망에 대한 성찰과 수양이 필요하다. 인간은 살과 피로 이루어진 육체를 소유하고 있는 만큼 다른 동물과 마찬가지로 식(食)·색(色) 등의 욕망을 추구하기 마련이다. 하지만 인간은 자신의 1차적 욕망(first order desire)에 대한 2차적 성찰(second order reflection)을 통하여 동물적 차원을 한 단계 뛰어넘어 더 높은 인격적 차원으로 나아갈 수 있는 가능성을 가지고 있다. 만약 인간이 동물과 공유하는 차원에만 머물고 더 높은 차원으로 상승하려고 하지 않는다면 이러한 인간은 동물과 별 차이가 없게 된다. 그래서 맹자는 인간 안의 '작은 부분'인 소체(小體), 즉 육체적 욕망과 감각적 쾌락에만 매달린다면 그는 소인(小人)에 머물게 될 것이고, 자기 안의 '큰 부분'인 대체(大體), 즉 '측은지심'과 같은 선한 본성을 잘 길러 나간다면 대인

(大人)이 된다고 보았다.

'자비의 의무'는 자신의 욕망에 대한 성찰과 절제 없이는 불가능하다. 만약 자신의 욕망을 충족시키는 일에만 눈이 멀어 있다면 타인의 고통에 대해서는 둔감할 수밖에 없다. 욕망으로 가득 찬 마음을 조금이라도 덜어 내고 비워 내야만 타인의 고통을 받아들일 수 있는 빈자리가 생겨 나게 된다. 그래서 맹자는 '욕망 줄이기'를, 인을 이루기 위한 공부법으로 제시하는 것이다.

맹자가 살았던 당시에 욕망을 덜어 내야 할 만큼 넘치게 지니고 있는 존재는 바로 제후국의 군주들과 그들을 둘러싼 지배계층이었다. 맹자는 지배계층의 넘치는 욕망을 덜어 내어 고통받는 '민중의 삶'을 보살필 것을 주장했다. 맹자가 객경(客卿)으로 머물렀던 제(齊)나라는 전국 7웅 중의 하나였으며 경제적으로나 군사적으로나 대단히 강대한 나라였다. 맹자는 제나라의 선왕(宣王)으로 하여금 군사력이 아닌 '인자한 방법'으로 천하를 통일하도록 설득했다. 너그러움의 정치를 실행한다면 민심은 자연히 인자한 군주를 향하여 모여들게 되고, 이에 따라 난립하는 국제 질서 또한 자연히 그를 중심으로 재편될 것이라고 생각한 것이다.

"난립하는 천하가 어떻게 낙착될 것입니까?"하고 묻는 양(梁)나라 혜왕의 질문에, 맹자는 "결국 하나로 통일될 것"이라고 말하고, "누가 천하를 통일할 수 있는가?"라는 질문에는 "사람 죽이기를 좋아하지 않는 사람이 천하를 통일할 수 있을 것"이라고 대답한다.

맹자가 내세우는 너그러움의 정치, 즉 인정(仁政)이라는 정치 이념은 전쟁으로 치닫는 당시의 국제 정세로 보아 다분히 비현실적인

맹자묘(孟子廟)에 있는 비석

것으로 보일 수도 있다. 그러나 춘추시대에도 이미 인을 베풂으로써 백성의 지지를 얻어 세력을 획득한 경우가 많았음을 볼 때, 인정이라는 정치 이념이 꼭 비현실적인 것은 아니라고 보인다. 예를 들어 춘추시대에 제(齊)나라의 의공(毅公)은 재물을 풀어 빈궁한 사람을 구휼함으로써 백성의 추대를 받아 군주의 지위에 올랐다. 그리고 정(鄭)나라의 한씨(罕氏)나 송(宋)나라의 악씨(樂氏)는 기근을 당한 사람들을 구휼함으로써 명망을 얻었던 것이다.

이처럼 맹자는, 너그러운 정치를 시행하게 되면 지지 세력이 모여들게 되고, 국세(國勢)도 저절로 부강해질 것이라고 생각했던 것 같다. 그렇다면 너그러움의 정치는 당시의 정치·경제적인 측면에서 볼 때 어떤 종류의 정책을 가리키는 것일까? 맹자는 그 구체적인 내용으로, 군주 한 사람을 위한 사부(私富) 축재를 억제하는 일, 기간산업(농업)을 장려함으로써 민생을 안정시키는 일, 토지 제도를 개혁하여 공정한 부세 제도를 확립하는 일 그리고 관세를 철폐함으로써 상품의 유통을 활성화하는 일 등을 들고 있다.

 이러한 제반 정책은 한편으로는 기층민의 삶의 질을 향상시켜 주는 조치이면서, 다른 한편으로는 군주의 통치 기반을 안정시켜 주는 정책이라고 할 수 있다. 즉, 맹자는 지배계급의 무력에 의한 억압과 수탈은 결코 오래가지 않으며, 기층민의 삶을 근본으로 위해 주는 정치야말로 결국은 지배계급에게도 유리하다고 본 것이다.

근시안적 이기주의와 패도(覇道) 정치를 넘어서

『맹자』를 평하는 사람들은 흔히 맹자가 이익을 경시하고 인의(仁義)[11]만 중시했다고 말한다. 하지만 이는 『맹자』를 잘 이해한 것이라고 볼 수 없다. 비록 맹자는 양나라의 혜왕과 대면하는 자리에서, "왜 임금께서는 이익만 말씀하십니까? '인의'가 있을 따름입니다"고 나무란 것이 사실이다. 하지만 맹자와 혜왕 사이의 대화를 따라 읽다 보면, 무분별한 이기심의 추구는 결국 분쟁을 초래할 것이며 오히려 '인의'를 행하는 것이 결국은 더 많은 사람의 지지와 성원을

---

11) 인과 의는 유가의 핵심 덕목이다. '인'은 곤경에 빠진 타자에 대해 동정심을 느끼고 적극적으로 도와 주거나 배려하려는 '자비의 덕'을 의미하고, '의'는 옳지 못한 일에 도덕적 분노를 느끼고 옳은 일을 적극적으로 실행하려는 '정의의 덕'을 의미한다.

얻어 내어 왕권을 안정시키는 지름길이라고 말하는 것을 알 수가 있다. 즉, 맹자는 무조건 이익을 거부하고 '인의'를 주장한 것이 아니라, 무차별적으로 이익을 추구하려는 '근시안적 이기주의'가 현명한 행위 방식이 아님을 지적하고 있는 것이다. 강제로 사람을 굴복시키려는 패도(覇道)[12] 정치 또한 마찬가지다. 패도 정치는 단시일 내에 무력과 형벌로 백성들을 진압할 수는 있겠지만, 장기적인 안목에서 볼 때는 오히려 백성들의 저항과 반발을 초래하여 결국은 체제를 붕괴시키는 원인이 될 수도 있다.

우리는 역사상의 수많은 사례를 통하여 근시안적 이기주의와 무력에 의한 패도 정치가 오히려 체제를 붕괴시키고 국력을 쇠약하게 만드는 요인이 되었음을 보아 왔다. 뿐만 아니라, 신속하게 이익을 창출하기 위한 비윤리적 경제 행위는 오히려 기업을 망하게 하는 원인이 되고, 근시안적 효율성을 추구하기 위한 대량의 정리해고는 오히려 실업률을 증가시켜 사회적 비용을 증가시키기도 한다. 또한 효율적 통치를 위한 경찰력과 군대의 남용은 범국민적 저항에 부딪혀 정권 붕괴의 요인이 되기도 하고, 효율적 수탈을 위한 제국주의적 약탈과 억압은 오히려 식민지 원주민들로 하여금 저항과 해방운동을 부추기는 결과를 낳기도 한다.

결국 인의(仁義)에 따른 호혜적인 정책만이 서로를 안정시키고 모두를 번영시킬 수 있는 상생(相生)의 정치 원칙인 것이다. 그리

---

[12] 패도는 유가의 왕도(王道)와 대비되는 개념으로서, 무력과 형벌에 의해 백성을 다스리는 '힘에 의한 정치(power politics)'를 의미한다.

고 더욱 중요하게는, 곤경에 빠진 약자를 향한 '차마 보아 넘기지 못하는 마음'이 결여된 사람은 결코 '인간'으로 부를 수 없으며, 오로지 이익과 욕망만을 본성의 전부로 여기는 사람은 단지 동물적 차원에 머무르는 금수와 같다는 점이다. 맹자가 이익과 욕망으로 치닫는 현대인들에게 제시해 주는 시사점은 여기에 있다. 인간이 인간다워지는 길 그리고 인간다운 인간이 다스리는 세상, 그 출발점은 바로 '측은지심'에 있다는 사실이다.

더 생각해볼 문제들

1. 왜 어떤 사람에게서는 '측은지심'을 발견하기 어려울까?

   맹자가 말하는 '사단'이 '잠재적 가능성'으로서의 인간 본성이라는 점에 주의하자. 이러한 잠재적 가능성을 현실 속에서 실현하기 위해서는 욕망의 절제(寡欲)와 흩어진 마음을 거두어 들이는 일(救放心) 그리고 호연지기를 기르는 일(養浩然之氣) 등의 수양 공부가 필요하다. 이러한 공부가 결여된 사람은 자신의 욕망을 추구하기에 바빠서 불행에 빠진 타인을 향하여 동정심을 느끼거나 발휘하기가 쉽지 않다.

2. 강대국의 패권주의적 세계 정책은 맹자의 입장에서 어떻게 평가될 수 있는가?

   '힘의 정치', 즉 패도(覇道)는 단시일 내에 효율적으로 민중을 진압할 수는 있겠지만, 결과적으로 민중의 저항과 반발을 초래하여 오히려 정치적 혼란과 사회적 불안을 초래하기 쉽다. 그러나 '너그러움의 정치', 즉 인정(仁政)은 장기적인 안목에서 볼 때 오히려 광범위한 민중의 지지와 승인을 얻어 낼 수 있는 원시안적 정치 원칙이다.

3. 효율성의 증대와 부가가치의 창출만을 유일한 목표로 삼는 신자유주의적 경제 질서에 대해 어떻게 생각하는가?

   윤리적 원칙을 무시한 근시안적 이기주의는 오히려 사회 질서의 혼란과 정국의 불안을 초래한다는 맹자의 주장은 오늘날에도 여전히 유효하다. 효율성의 증대와 부가가치의 창출만을 목표로 삼는 오늘날에도 빈부 격차의 심화와 경제 윤리의 실종 그리고 실업자의 증대와 복지의 축소로 말미암아 민중의 삶의 질이 저하되고 사회적 불안이 가중되는 것을 볼 수 있다.

추천할 만한 텍스트

『맹자』, 맹자 지음, 김학주 옮김, 명문당, 2002.
『맹자』, 맹자 지음, 박경환 옮김, 홍익출판사, 2005.
『맹자집주』, 성백효 역주·지음, 전통문화연구회, 2005.
『맹자강설』, 이기동 지음, 성균관대학교 출판부, 2005.
『맹자평전』, 양구오룽 지음, 이영섭 옮김, 미다스 북스, 2002.

이승환(李承煥)

고려대학교 철학과 교수.
고려대학교 철학과를 졸업하고 국립 타이완 대학 철학연구소에서 석사, 미국 하와이 대학교 철학과에서 박사 학위를 받았다.
저서로 『유가사상의 사회철학적 재조명』(1998)과 『유교 담론의 지형학』(2004) 등이 있으며, 공저로 『논쟁으로 보는 중국철학』, 『감성의 철학』 등이 있다. 주요 논문으로는 「주자 심성론의 사회철학적 함의」 등이 있으며, 현재는 동양 철학의 '몸'과 '수양'에 대해 큰 관심과 함께 연구를 진행하고 있다.

군자는 주어진 자리에서 최선을 다할 뿐, 그 밖의 것은 바라지 않는다.
마침 부와 명예를 가졌다면 거기 걸맞게 살고,
가난과 궁핍 속에 있다면 또 그에 걸맞게 살아간다.…
이렇게 군자는 어느 상황에서나 자신의 힘과 가치를 실현한다.
높은 지위에 섰다고 아랫사람을 억압하지 않으며, 낮은 자리에 처했다고
위를 향해 손 벌리지 않는다. 그는 다만 자신의 처신을 바로잡는 데 주력할 뿐이다.
타인에게 바라는 바가 없기에, 그는 불평을 내뱉지 않는다.
"위로는 운명을 탓하지 않고, 아래로는 세상을 원망하지 않는다!"
군자는 이처럼 운명을 사랑하며 주어진 삶에 최선을 다한다.
반면, 소인은 행운을 기대하며 위태로운 함정으로 발을 들이민다. 공자가 말했다.
"활쏘기는 군자와 닮았다. 과녁을 빗나가면, 자신을 돌아다 본다는 점에서 그렇다."

『중용』의 저자

"이 책은 공자의 손자 자사(子思, B.C. 492~432)의 작품이다." 사마천의 이 정통적 견해에 동의하지 않는 사람들도 있다. 비판적 역사가들, 특히 청대의 고증학자들은 이 책의 성립 시기를 기원전 4~3세기 전국(戰國)시대나 진시황의 통일기로 보기도 한다.

『중용』은 현존하는 『예기(禮記)』 속의 한 편으로 전해져 왔다. 송나라시대에 들어 주자(朱子)가 『중용』 그리고 또 다른 한편인 『대학』을 꺼내어 『논어』, 『맹자』와 묶어 사서(四書) 체제를 갖추었고, 그 이후 20세기 초까지 이 책은 중국과 한국에서 과거 시험의 기초과목이자, 엘리트들의 보편 교양서가 되었다.

『중용』은 사서 가운데 가장 까다롭고 난해한 작품이다. 수많은 단절과 비약이 있는 이 잠언집에 대해, 정작 주자 자신도 난감해했고, 그래서 사서 가운데 맨 나중 볼 책으로 밀어 놓았다. 그는 이 책을 자기 나름으로 재편해 선보였는데, 여기 대해서도 논란이 분분하다.

『중용』 전체를 짜맞추어 일관된 해석을 내놓기는 거의 불가능하다. 나는 이런 점들을 감안하여, 『중용』 가운데 핵심적 사유를 담고 있는 단편에 집중하여, 다음과 같은 해설을 구성해 보았다.

01

낡고 통속적인 일상 속에서, 보상도 기대도 없이 올리는, 자신을 향한 예배
『중용(中庸)』

한형조 | 한국학중앙연구원 철학과 교수

유학이란 무엇인가

유학은 삶의 의미를 묻는다. 사람들은 유학이란 이름에서 쉽게, 인간 행동을 규율하는 세세한, 낡은 규정으로서의 예(禮)의 집적을 떠올리는데 그것은 파생이지 핵심이 아니고, 제도이지 정신이 아니다.

   유학은 "인간은 무엇으로 사는가"에 대한 존재론적 물음에 대한 한 응답이다. 현대는 이 물음을 까마득히 잊어 버렸다. 다들 자신의 욕망을 구현하기 위해 노력하고 세상의 원리에 적응하면서 살지만, 그 이상은 묻지 않으려 한다. "나는 내가 원하는 바를 알고 있고 내가 가야할 길을 알고 있다."

   그러나 그것은 시장의 우상, 혹은 집단적 환상일 수도 있다. 시대를 불문하고 개인의 욕망은 권력과 산업, 매스컴에 의해 조장되고 조정되기 때문이다. 그런 점에서 우리는 라캉의 말처럼, 타자의 욕망을 대리 욕망하며 사는지도 모른다. 우리가 상식이라고 믿고 있는 것은 실은 거대한 무지와 환상의 비현실일 수도 있다.

『중용』은 이 상식의 위험을 경고해 마지않는다. "사람들이 저마다 똑똑한 척하지만 함정과 덫에 걸리는 줄을 모른다."

유학의 강령, 『중용』

현대의 문헌 비평가들은 이 책 『중용』을 의심한다. 그들은 『중용』이 단일한 저자의 작품이 아니고 다양한 문헌들을 발췌·절충한 것이며, 그 성립 시기도 공자시대로부터 몇 백 년이 지난, 진시황 무렵에 이루어진 것이라고까지 말한다.

그러나 옛적 문헌들은 오랜 세월을 지나면서 수많은 편집과 가감을 거치기 일쑤다. 『중용』 또한 여러 불순한 단편들이 끼어 있고 순서가 뒤섞이거나 문장이 중복된 곳도 있지만, 그러나 그 핵심적 아이디어는 스승이자 할아버지 공자가 자신의 삶을 통해 드러내고자 하는 바를 순금처럼 보여 주고 있다. 옷에 묻은 몇 가지 얼룩이 사람의 가치를 평가해서는 안 되듯이, 몇 군데 의혹으로 하여 이 책 전체의 가치를 부정해서는 안 될 줄 안다.

이 책은 가히 '유학의 정신 혹은 강령'이라고 불릴 만한 것을 담고 있다. 첫 장을 열면 우리는 다음과 같은 선언적 명제를 만난다.

천명지위성(天命之謂性), 솔성지위도(率性之謂道), 수도지위교(修道之謂教).

이 짧은 구절은 유교의 기획을 하나의 명제로 선포한 강령에 해당한다. 사실, 공자의 『논어』는 공자의 행적과 교훈들을 단편적으로 모아 놓은 잠언집에 가깝다. 그 책을 다 읽고 나서도, 우리는 도대체 공자가 어떤 세상을 만들고 싶어하는지 전체적 그림을 그리기 막막하다. 『중용』 첫머리의 선언은 바로 그 산만한 교훈과 일화에 그야말로 일이관지(一以貫之), 중심과 통일성을 부여하고 있다.

인간은 동물 너머에 있다

이 수수께끼 같은 말이 전하고자 하는 뜻은 무엇인가. "하늘이 명한 것을 일러 성이라 한다" 여기서 성(性)은 동물성이나 동물성의 일부인 성적 욕구를 뜻하지 않고, 진정한 인간성을 가리키고 있다.

솔성지위도(率性之謂道)는, 인간은 자신의 의미를 자각하고, 그것이 지시하는 목표를 향해 자신의 에너지를 동원하도록 부름받았다는 뜻이다. 그런 점에서 인간은 동물 이상의 존재이다!

짐작하겠지만, 그 길에는 수많은 장애와 굴곡이 가로놓여 있다. 그것을 헤쳐나가기 위해서는 적절한 교육과 제도의 도움을 받아야 한다. 그래서 말한다. "도를 닦는 것을 가르침[敎]이라 한다." 여기 '가르침'은 좁은 의미의 교육만을 의미하지 않는다. 가정과 교회, 사회가 내면화하고 설득하는 교육뿐만 아니라, 예의와 관습을 위시한 사회적 제도, 나아가 정치와 행정의 전 조직과 기구를 포괄하는 말이다.

다시 잊지 않아야 할 것은 유교가 이 모든 제도와 교육의 최종 목적을 바로 '인간성의 실현'에 두고 있다는 것이다. 유교의 정통적 사고는 사회적 장치들이 공동선을 위해 인간의 욕망을 규율하고 억압하는 도구라고 생각하지 않는다. 그것들은 하늘이 내린 인간의 목적과 가치를 구현하기 위한 보조 장치임을 잊어서는 안 된다. 유교는 근본적으로는 인간을 신뢰하는 낙관주의적 이념이다.

의미를 위한 추구

현대의 사회심리학자인 프롬은 그 동안의 철학과 사회심리학의 폐단이 인간을 오로지 동물의 지평에서 논의해 온 관행이었다고 말한다. 그는 동물과는 다른 인간만의 욕구를 강조해 마지않는다.

그것은 인정과 배려, 존중 등의 가치 지평과 연관되어 있는데, 이 욕망은 은밀하고 미약하지만, 그것이 충족되지 않을 때, 인간은 도피와 무기력으로 저항하게 되며, 이것이 온갖 신경증과 사회적 병폐를 노정하게 된다고 경고한다. 그는 덧붙이기를, 근대 이후 산업사회, 자본주의 사회의 집단적 성격이 이런 위험을 더욱 증폭시켰다고 말하면서, 이 문제에 대한 인류의 공동 대응이 필요하다고 역설한다.

그런 점에서 '의미를 추구하는 동서양의 정신적 전통'의 연대가 필요하다. 여기에는 노장과 불교는 물론, 소크라테스 이래의 그리스적 전통과 로마의 스토아 그리고 중세 기독교의 근본 가르침이 포함된다. 자본과 소유와 탐욕의 쾌락주의를 반대한 스피노자, 칸트, 소로우와 슈바이처도 빠질 수 없을 것이다.

유교의 개인주의, "진정 나 자신을 위한 공부"

그럼에도 유교만의 독특한 사유가 있다. 유학은 자신의 힘과 가치를 구체적 관계의 일상에서 의미화하라고 권고한다. 유학은 이 일의 보상을 따지거나 계산하지 않는다. 그는 "인(仁)이 바로 자신의 존재이며 의미이기 때문에 그것을 구현하려 노력한다." 그리고 그 실현은 오로지 전적으로 '나에 의해 장악되어 있다.' 공자는 『논어』의 「술이(述而)」에서 이렇게 말한다.

> 인(仁)이 어디 멀리 있겠는가. 내가 인(仁)을 바라면 그것은 곧 나에게 있다.

그래서 그는 타인과 운명을 원망하지 않고 모든 책임을 자신에게 돌린다. 그가 추구하는 것이 재산이나 명예, 부 등의 경쟁적 가치라면 원망과 불평이 없을 수 없지만, 그가 추구하는 가치가 전적으로 자신에게 귀속되어 있기 때문에 불평할 대상이 없다. 공자는 『중용』 14장에서 이렇게 말한다.

> 화살이 과녁에 꽂히지 않으면 화살을 탓할 것인가. 과녁을 탓할 것인가. 스스로를 돌아볼 뿐이다.

이것은 영웅적 기획이다. 삶을 둘러싼 외면적 영향력을 궁극적으로 무화시키고 내면성의 자발성에 전적인 힘과 책임을 부여한 철저한 개인주의의 기획이다.

누구도 존재의 부름으로부터 도피할 수 없다

그것은 자기의 전 존재를 건 도박이다. 그리고 인간은 이 존재의 요청으로부터 자유로울 수 없다. "도(道)는 한시도 '자기'를 떠날 수 없기 때문이다." 그것은 보이지도 들리지도 않지만, 인간적 조건으로서 너무나 분명하고 또렷하게 드러나 있다. 유학은 바로 그 '자리'를 삼가고 두려워한다.

내 속에는 나도 어찌해 볼 수 없는 '자기'가 있다. 신독(愼獨), 이 자기의 입법자와 화해하지 않으면 그는 근원적 실존적 불안으로부터 해방될 수 없으니, 왜냐하면 "자신은 속일 수 없기 때문이다." 성(誠)은 그 조건을 수긍하는 자리에서 출발한다. 『중용』의 후반부는 바로 이 자기 성실을 축으로 조직되어 있다. 『중용』은 그 내면의 다이몬이 우주의 입법자이자, 자기 존재의 근거이므로, 이 목소리로부터 떠날 수 있는 기만의 장소는 어디에도 없다는 것을 강조해 마지않는다.

유교와 불교, 노장은 공히 존재의 의미를 부여하고, 그 실현을 감시하는 '자기 안의 입법자'와 화해하는 법을 가르친다. 사람들은 위인(爲人), 즉 밖을 향해 헐떡거리느라, 이 자기 안의 존재에 유의하지 않는다. 그 존재는 우리의 오랜 습성인 타자적 습관으로 인해 곧바로 선명해지지 않는다. 그래서 자신의 존재를 자각하려는 주시와 반성이 필요하다. 이 존재를 즉각적으로 깨닫는 사람도 있고, 불안으로부터의 메시지를 통해 깨달아 가는 사람도 있다. 삶의 신산스런 굴곡이나 특이한 한계 경험을 통해 이 얼굴에 마주치는 사람도 있다. 그렇지만 결과는 하나이다.

후대 주자의 격물(格物)은 이 존재와 만나기 위한 지적 탐구이고, 경(敬)은 이 존재를 지속적으로 파지하기 위한 훈련이다. 격물의 끝이 어째서 활연관통(豁然貫通)이라는 '신비적' 언술로 귀착되는지 고민해 본 사람이 있는가. 주자의 격물은 사물의 객관적 탐구가 아니라, "지금은 청동거울처럼 희미하나 그 날은 얼굴을 마주한 듯 분명해질" 바로 그 얼굴을 향한 정신의 모험이다. 공자는 이 얼굴을 나이 50에 만났다고 증거하고 있다.

자기 안의 입법자와 화해하기

그렇지만 이 얼굴은 '자기 밖의 타자'가 아니다. 유학은 인간의 의미가 기독교처럼 절대적 타자를 위한 복종에서 확인된다거나, 불교처럼 인간의 모든 관계를 절연한 절대 고독 속에서 그런 존재와 마주할 것이라거나, 노장처럼 사회와 문명을 거부하고 물질적 자연성으로 회귀함으로써 자기와 대면할 것이라고도 말하지 않는다.

"그는 내 안에 있으니", 상제(上帝)를 위해 따로 드릴 예배는 유학에는 없다. 아들을 죽여 헌납해야 할, '말씀을 통한 명령자' 또한 유교에는 없다. 하늘이 있다면 그는 오직 나의 덕(德)을 기뻐할 것이다.

중용(中庸), 그 일상의 신비주의

유교에서의 합일은 다시 말하지만 '자신과의 대화'이고, 이것의 무대는 일상의 생활 무대를 떠나지 않는다. 니이담은 도가를 일러, "과학과 모순되지 않은 유일한 신비주의"라고 찬탄한 바 있다. 그것을 패러디하자면 유학은 "사회적 존재로서의 인간과 모순되지 않은 유일한 신비주의"라고 할 수 있다.

유학의 시선에서 보면 노장과 불교, 기독교는 교각살우(矯角殺牛)의 혐이 있다. 우상을 숭배하고, 환상에 취한 인간의 집단적 병증을 치료하자고 너무 독한 약을 쓴 나머지, 그만 든든히 딛고 서야 할 '일상'의 경계를 넘어서 버리기 십상이었던 것이다.

유교는 두 극단을 피해 '중용(中庸)'을 기획했다. 의미는 오직 생활 속의 규율과 일상적 습관에 있다. 바로 그 신기할 것도 없고, 통속적인 바로 그 삶의 자잘한 현장이 의미가 구현되는 성소(聖所)이다. 거기서 보상도 기대도 없이 올리는, 자신을 향한 예배가 『중용』이 일러주는 인간의 길이다.

"중용의 도는 부부에서 출발한다." 가장 비근하고 친근한 기거와 교제, 일과 놀이를 의미로 승화시키는 것이야말로 가장 어렵다. 그래서 "높은 지위와 많은 재물을 사양할 수도 있고, 흰 칼날을 맨발로 밟기는 쉬워도 중용을 지키기는 정말 어렵다."

이쯤에서 다들 묻는다. 그런데 그 중용이란 것이 구체적으로 무엇이냐고. 유학은 공자 이래 그 핵심을 충서(忠恕), 즉 '동정'과 '배려'로 요약했다. 그에 의하면, 인간의 길은 이 상호성의 원리를 생명이 다할 때까지, '짚신이 헤어져서 더 이상 신을 수 없을 때까지' 밀고 나가는 영웅적 도정이다. 『중용』 14장이 그 원리를 이렇게 요약해서 들려 준다.

> 길은 사람을 떠나 있지 않다. 사람 너머에 있다면 그것은 길이 아니

다. 『시집』에서 말하지 않더냐. "도끼 자루를 깎을 때, 뽄이 어디 멀리 있으랴." 손에 든 도끼 자루를 흘낏 보면 얼만큼 어떻게 깎아야 할지 알 수 있는 것을…. 그런데도 사람들은 멀찌감치를 기웃거린다. 마찬가지로, 군자는 사람을 교화함에 상식을 기준으로 할 뿐, 그 이상을 요구하지 않는다.

길은 동정과 배려에 있다. 나한테 싫은 것은 남에게 지우지 마라. 군자가 완성해야 할 것이 넷 있는데, 나 공구(공자)는 그 중 하나도 철저하지 못했다. 아들한테 거는 바로 그 기대로 내 아버지를 모시지 못했고, 신하에게 거는 기대 그대로 군주를 섬기지 못했다. 동생이 내게 해 주었으면 하는 그대로 내 형을 받들지 못했고, 친구들이 내게 해 주었으면 하는 일들을 정작 나는 그들에게 해 주지 못했다.

일상의 행동과 말에서, 이 기준에 부족하다 싶으면 과감히 개선을 위해 노력하고, 벗어난다 싶으면 아차, 자제해야 한다. 말할 때는 행동을, 행동할 때는 말을 돌아다 보라. 군자는 이 일에 성심을 다해야 한다.

더 생각해볼 문제들

1. 유교는 인간의 자연적 본능을 부정하는가.

   부정하지 않는다. 유교는 금욕주의가 아니다. 식욕과 성욕도 자연으로 인정한다. 다만, 그것을 우주적 의미에 맞게 규율하고 승화시키라고 권한다.

2. 유학의 강령이 기독교의 복음과 같은 점도 있어 보이는데?

   예를 들어, "나한테 싫은 것은 남한테 지우지 말라"는 『중용』의 경구는, "네 이웃을 네 몸처럼 사랑하라"는 성경의 황금율과 같은 취지를 표명하고 있다. 이 상호성(reciprocity)은 일반적 도덕성의 원칙이다.

3. 『중용』이 설파하는 '영웅적 의무론'이 현대인들에게 설득력을 가질 수 있을까?

   그 의무가 자신의 본성에 대한 '억압'이 아니라, 오히려 '실현'이라는 점을 알게 되기까지는 글쎄, 어려울 것이다.

추천할 만한 텍스트

『대학, 중용』, 박일봉 옮김, 육문사, 1998.
『뚜웨이밍의 유학 강의』, 뚜웨이밍 지음, 정용환 옮김, 청계, 1999.
『도와 덕』, 금장태 지음, 이끌리오, 2004.

한형조(韓亨祚)

한국학중앙연구원 교수.
아시아의 전통과 새 휴머니티의 지평을 탐색하고 있다. 쓴 책으로, 조선 유학의 범형 이동을 다룬 『주희에서 정약용으로』(1996), 선(禪)의 이념과 역사, 방법을 해설한 『무문관, 혹은 너는 누구냐』(1999), 동아시아 제자백가의 초대 혹은 입문서인 『왜 동양철학인가』(2000)가 있다.

횡거(橫渠) 선생은 『정완(訂頑)』[1)]에서 이렇게 말씀하셨다.
"… 이 땅의 백성들은 내 동포이며, 자연의 생명들은 내 친구들이다.
군주는 집안의 맏이에 해당하고, 대신들은 그 맏이를 도와 주는 사람들이다.
노인을 공경하는 것이 곧 내 집 어른을 받드는 것이요, 힘없고 외로운 자를
보살피는 것이 곧 내 자식을 거두는 일이다. 위대한 자는 이 덕성이 몸에 밴 사람이요,
현자는 우리 중 뛰어난 사람이다. 천하에 고단하고 병든 사람,
부모 없고, 자식 없고, 지아비 없는 사람들, 이들 모두는 남이 아니라 내 형제이니,
넘어지고도 하소연할 데 없는 가련한 사람들 아니냐. … 이 덕성을 지켜가는 것이
아들된 도리요, 이 길을 싫어하지 않고 즐겨 따르는 자가 진정한 효자이다.
이 덕성을 돌보지 않는 것은 태만이요, 인간성을 저버리는 타락이다.
악을 저지르는 것은 곧 제 본성에 대한 배반이다."

주희 (1130~1200)

우리에게는 조선시대의 사상과 문화를 지배한 이념인 주자학(朱子學)을 창도한 사람으로 더 잘 알려져 있으며, 흔히 주자(朱子)로 부른다. 종교적 구원에 대한 열망과 이상사회에 대한 열정을 동시에 갖고 있었다. 처음의 열망이 불교를 비롯하여 당대 선배들의 문을 드나들게 했고, 나중의 열정은 황제에 대한 과감한 충고와 도학적(道學的) 정치 참여로 이어졌다. 그는 정치가 인격을 갖춘 사람들에게만 허여되어야 한다는 유교의 근본을 재천명했다. 그런 점에서 유학의 창시자 공자와 닮았다. 정치적 이력은 화려하지 못했으며, 만년에는 물러나 책을 편집하고, 제자들과 학문을 논했다. 지금 소개하는 『근사록』은 그가 편집한 작품이고, 저술에는 자신의 새 학문을 담은 사서(四書)의 새 해석이 있다. 『사서집주(四書集註)』는 원나라 시대 이후 관료 선발의 공식 교과서이자, 지식인 사회의 보편 교양으로 기능했다. 지금도 우리나라에서는 유학의 표준으로 절대적 권위를 인정받고 있다. 그 밖에 자신의 시와 글을 담은 『주문공문집(朱文公文集)』과, 제자들과의 문답을 주제별로 엮은 『주자어류(朱子語類)』가 있다. 둘 다 100권이 넘는 거작들이다.

05

살아서는 도리, 그리고 죽어서는 평화
주희(朱熹)의 『근사록(近思錄)』

한형조 | 한국학중앙연구원 철학과 교수

『근사록(近思錄)』이라는 책

『근사록』은 주자학의 입문서이다. 아니, 차라리 교과서라고 하는 것이 더 정확하겠다. 그런데도 지금 이 시대를 사는 사람들 대부분이 이 책의 이름조차 생소할 터이니, 주자학은 근 백 년 사이에 아득한 옛 이야기가 되어 버린 것이 틀림없다.

이 책은 송(宋)나라 때 성리학의 종합자이자 완성자인 주희(朱熹) — 우리에게는 존칭인 '주자'가 더 익숙하다 — 가 친구인 여조겸(呂祖謙, 1137~1181)과 함께, 자신들의 선배인 '북송의 네 선

---

1) 장횡거, 즉 장재(張載)가 지은 좌우명으로 나중에 '서명(西銘)'이라 바꾸었다.

생', 즉 주돈이(周敦頤, 1017~1073), 정호(程顥, 1032~1085)·정이(程頤, 1033~1107) 형제 그리고 장재(張載 1020~1077)의 '새로운 이야기들'을 주제별로 분류 편찬한 '선집(選集)'이다. 주희는 그 앞에 붙인 짤막한 서문에서 이렇게 말했다.

> 순희 을미년(1175년) 여름에 동래 여백공 ─ 여조겸 ─ 이 동양(東陽)을 떠나 내가 있는 한천정사(寒泉精舍)에 들러 열흘 동안 머물렀다. 그와 함께 주자(주돈이), 정자(정호, 정이), 장자(장재)의 글을 읽고, 그들의 학문이 끝없이 광대하며 굉박한 것을 감탄한 반면, 초학자들이 들어갈 곳을 모르게 될까 걱정하였다. 그래서 학문의 큰 강령과 관련이 있으면서 일상생활에 절실한 것을 선택하여 이 책을 편찬하였다.

이 지혜의 서(書)는 읽기가 매우 까다롭고 난해하다. 뽑은 경구들은 단편적이고, 그래서 맥락이 분명치 않은 경우가 많다. 특정한 행동의 지침과 교훈을 담고 있는 말들은 비교적 분명하지만, 마음의 내적 태도와 그 교정에 대해 말하고 있는 잠언들은 섬세하고 까다롭다. 퇴계는 제자들에게 "『근사록』은 『주역』의 설을 인용한 것이 많아 의미가 정밀하고 깊어 초학자들이 갑자기 이해하기 어려우므로, 배우는 자에게 먼저 가르치지 않는다"고 했을 정도이다.

그래서 이 책이 나온 이후, 그 결핍을 보충하고 모호한 것들을 걷어내 그것을 직접적 체험이라는 근사(近思)의 장으로 옮기기 위해 수많은 주석과 해석들이 생겨났다. 그 가운데 가장 본격적이고, 또한 가장 뛰어난 작품이 엽채(葉采)의 『집해(集解)』이다. 엽채는 주희의 제자인 진순(陳淳)의 제자로서 15세에 『근사록』에 뜻을 세운 이래 30년 평생을 바쳐 1248년 마침내 이 『집해』를 완성해 냈다. 이 책은 그의 술회대로, "주로 주희의 해석에 기초하고, 나머지는 스승의 문하에서 보고 들은 것들, 그리고 여러 학자들이 변론한 것들"을 참고하여 지어졌다.

그렇지만 후대가 이 엽채의 주석에만 의존한 것은 아니다. 그래서 한국, 중국, 일본에서 수많은 『근사록』 주석과 해석들이 나타났다. 한국에서는 주로 율곡 계통의 기호 학인들이 이 흐름을 주도했는데, 퇴계와 그 문하는 『근사록』보다 또 다른 주자학의 교과서인 『심경(心經)』을 더 존중했다. 왜 율곡과 그 문하가 『심경』보다 『근사록』을 더 중요시했는지는 『근사록』의 1장 「도체(道體)」편과 2장 「위학지요(爲學之要)」편을 일별하면 짐작할 수 있다.

미리 새겨 두어야 할 것은, 『근사록』에서 말하는 '학문'이란 지금 우리가 대학에서 배우는 전공과목이나 전문기술과는 전혀 다른 어떤 것이라는 사실이다. 유학에서 학문이란 언필칭 '자기 수양(self-cultivation)'이라고들 하듯이 자신을 가다듬고 덕성을 키워 나가는, 요컨대 인격을 도야하는 방법과 기술을 가리킨다. 지금의 학문이 내가 욕구하는 것을 효율적으로 획득해 나가는 외향적 기술이라면, 옛적의 학문은 내가 무엇을 욕구하고 어떻게 욕구하는 것이 적절한지를 훈련하는 내면적 도야임을 잊지 말자.

우주의 의미에 대한 물음
이 책의 분류와 전체 구조를 설명해 줄 필요가 있다. 관건은 맨 첫 장에 있다. 이곳은 『근사록』뿐만 아니라 주자학이라는 '새로운 유학(Neo-Confucianis)'의 두뇌처(頭腦處)에 해당한다.

1장 「도체(道體)」편, 즉 '도의 근본'은 주돈이의 그 신비한 어구로 시작한다. "무극(無極)이면서 태극(太極)이다. 그 태극이 움직여 최초의 움직임을 낳았다."

이 어구는 우주의 창조와 영원한 박동을 말하고 있다. 기독교처럼 저 너머에 한 초월적 인격이 있어, 그 의지대로 이 세상을 만들었다고 생각하지는 않았지만, 그럼에도 우주의 질서와 과정에 어떤 중심 혹은 원리가 있다는 것은 틀림없이 믿었다. 이것이 그야말로 도체(道體), 즉 "인간의 길을 정초하는 기반 혹은 근본 조건"이다. 주자학은 다만, 그것이 인격이라고는 말하지 않을 뿐이다.

이 원리는 이해하기 쉽지 않다. 주자도 그것을 알고 있었다. 그것은 오랜 성찰과 사색 그리고 자기를 넘어서는 훈련 끝에 열리는 최후의 소식이다. 그러나 이 기원 혹은 토대에 대한 믿음이 없다면 인간의 공부는 목표와 방향을 잃게 될 것이다. 편집을 같이한 여조겸이 서문에서, "우주의 근본 비밀은 초학자가 접근할 수 있는 것이 아니지만, 배우는 자들이 지금 어디로 가고 있는지는 알아야 할 것이 아니냐"고 특기한 것도 같은 맥락이다.

퇴계 또한 같은 취지에서 자신의 필생의 역저 『성학십도(聖學十圖)』 맨 첫머리에 이 「태극도설」을 실었고, 어리둥절한 제자들에게 이것부터 가르쳤다고 한다.

사람들은 멈추어 서서 묻는다. "대체 자연이, 그 과정이 왜 인간의 길에 그토록 중요한가?" 여기 설명이 필요하다.

주자학은 인간을 독립된 개인으로 보지 않고, 자연의 파생으로 본다. 그 자연 안에서 개인들은 타자와, 혹은 가족으로 혹은 공동체로 서로 연관되어 있다. 개인은 그런 점에서 사적 욕망의 주체가 아니라 우주 전체의 과정에 협력하는 존재로 이해되었다. 첫머리에 인용한 장재의 『서명』이 그 구상을 집약적으로 보여 주고 있다.

그에 따르면, 인간의 길은 우선 '자신의 우주적 의미〔理〕'를 자각하는 데서 출발한다. 일상 속에서 그것은 두꺼운 먼지를 덮어쓰고 있고, 그 가능성〔性〕 또한 심각하게 녹슬어 있다. 우리는 더 이상 우리 존재에 대해서 묻지 않게 되었다. 하이데거가 인간의 '존재'가 일상적 인간으로서의 '다스 만(das man)'의 소음과 타율 속에 '망각'되었다고 말할 때, 나는 단박에 주자학을 떠올렸다.

소외의 극복

소외(疎外)된 기(氣)는 외부의 자극을 받아들이지 못하고 그에 적절히 대응하지 못하여 둔감하고 무감각해진다. 곤경에 처한 사람도 돌아보지 않고 지나쳐가고, 다른 사람의 기쁘고 슬픈 일에도 동참하지 않는다. 표정이 없고 얼굴이 굳어 있으며, 자신 속에 골몰하고 있는 사람은 자신의 본성으로부터 멀어진 사람이라고 생각하면 틀림없다.

이 오래된 습관을 고쳐야 하지 않을까? 그리하여 본래의 감응(感應)의 자발성과 자연성을 되찾아야 하지 않을까? 주자학은 그 목표를 위해 다양한 훈련 프로그램을 제시하고 있다. 핵심은 자기 위주의 욕망과 왜곡된 습관 등을 고치고, 아울러 세계와 인간에 대한 전체적 전망을 확장해 나가는 것이다.

처음에는 쉽지 않다. 또 사람에 따른 차이도 있다. 요순(堯舜)처럼 타고난 조건이 좋을 수도 있고 인간백정 도척처럼 도무지 대책 없는 유형도 있다. 보통은 자신의 노력만큼 이런저런 장애물이 줄어들게 되어, 가려지고 묻혀졌던 본래의 자연이 기지개를 켜기 시작한다. 가령, 어른들이 지나가면 공경하는 마음이 들 것이고, 어린아이가 우물에 들어갈라치면 달려가서 구할 것이다.

그 궁극에서 인간은 자연이 된다. 이것은 전형적인 인간-자연 동형론적(anthrpo-cosmic) 사고이다. 자연과 합일된 인격은 성인(聖人)으로서, "하늘과 땅의 덕성에 참여하고, 그들의 지혜는 일월(日月)과 같으며 행동은 계절의 운행처럼 자연스러웠고, 신들의 행복과 불행에 동참했다."

진정 나를 위한 학문, 위기지학(爲己之學)

『근사록』은 이 목표를 달성하기 위한 제반 공부라고 알면 틀림없다. 여조겸의 말대로 2장부터는, "매일 매일의 공부와 강학에서 지침이 될 만한 것"들의 집성이다. 북송(北宋)의 중요 선배들이 준 잠언들을 주제에 맞게 선별해서 배열했다.

여기서 각각의 격언들을 일일이 살펴볼 수는 없고, 그 얼개를 간략하게 소개해 주기로 한다. 먼저 '학문의 커다란 요체'를 말하는 제2장 「위학지요(爲學之要)」는 위에 적은 것처럼 학문의 목표가 '외부'에 있지 않고 '내부'에 있다는 것을 천명한다. 공부란 사회적 성공이나 출세를 위한 것이 아니라, 자기 내부의 장애물을 걷고, 우주적 자아로 거듭나기 위한 것임을 다시 확인하는 것이다.

'사물에 나아가 이치를 궁구하라'는 제3장「격물궁리(格物窮理)」는 사물에 대한 탐구와 이해를 위한 조언들이다. 이 장은 좀 기이해 보일 수도 있다. "목표가 자기 안의 자연성의 회복이라면서, 굳이 남이 쓴 경전을 학습하고 바깥의 사물을 탐구해야 하느냐?" 주자학은 지식이 해방이라는 소크라테스에 동의했다. 거기 불교와의 차별의식도 한몫 했다. '지식'에 대한 강조는 당대의 육상산으로부터 신랄한 비판을 받았다. 나중에 양명학은 본성에 대한 절대적 믿음과, 그에 대한 '직각'을 기치로 내걸었다.

'보존하여 기른다'는 뜻의 제4장「존양(存養)」은, 앞에서 적은 대로 내면의 각성을 유지하고 심화시켜가기 위한 방법들이다. 촛불처럼 외적 유혹에 흔들리고, 산만한 생각들로 어지럽혀지는 그 빛을 지켜나가기는 결코 쉽지 않다. 여기 적힌 방법들 가운데 상당수는 불교의 수련법에서 빌려오거나 자극을 받은 것들이다.

'잘못을 고치고 선을 따르며, 자신을 이기고 예로 돌아간다'는 내용의 제5장은 「개과천선(改過遷善), 극기복례(克己復禮)」이다. 이 장은 대체로 알기 쉽다. 우리네 일상은 자신의 본성을 배반하는 잘못들로 가득한데, 행동과 판단에서의 그 잘못된 습관을 어떻게 고칠 것이냐, 고쳐서 어떻게 예(禮), 즉 객관적 행위의 표준으로 나아갈 것이냐 하는 것들을 다루고 있다.

여기까지가 수신(修身), 즉 자기 수양에 해당한다. 다음부터는 이를 기반으로 사회적 교제와 참여에로 나아가는 것, 즉 제가치국평천하(齊家治國平天下)에 대해 적었다. 여기서『근사록』이『대학』

의 체제를 그대로 따르고 있다는 것을 알 것이다.

'집을 가지런하게 하는 방법'인 제6장 「제가지도(齊家之道)」, '나가고 물러나며 사퇴하고 지키는 의리'를 말하는 제7장 「출처진퇴사수지의(出處進退辭守之義)」, '나라를 다스리고 천하를 공평하게 하는 방법'을 담고 있는 제8장 「치국평천하지도(治國平天下之道)」 등이 있다.

그 다음은 실제 실무에 있어서의 조언들이다. 제9장 「제도(制度)」는 제도를 만들고 운용하는 노하우를, '군자의 일을 처리하는 방법'을 말하는 제10장 「군자처사지방(君子處事之方)」은 이름 그대로 군자의 일 처리를, 제11장 「교학지도(敎學之道)」는 실제 교육에서의 현장 지침들을 적고 있다. '잘못을 고치는 것과 사람 마음의 병통'이라는 내용의 제12장 「개과급인심자병(改過及人心疵病)」은 대체로 적절한 실무를 방해하는 마음의 편견과 고집 등의 병폐들을 지적하고, 그 교정법을 적고 있다.

지금까지 『근사록』에 담긴 주자학의 근거와 목표, 태도와 방법을 살펴보았다. 그럼으로써 할 얘기를 다한 것 같은데, 아직 이야기가 남아 있다. 주자는 이 새로운 학문 구상을 '정당화'할 필요가 있었던 것이다. 주자학은 지금과는 달리, 태동기에는 미약한 주변의 학문이었던 것을 염두에 두어야 한다.

'이단의 학문'에 대해 말하는 제13장 「이단지학(異端之學)」은 전통적 이단인 양주와 묵적보다 중국을 천 년 동안 지배한 불교를 타겟으로 삼고 있다. "불교의 초세간주의가 유행하면서 지식인사회는 약화되었고, 사회적 책임은 느슨해졌다. 반대편에는 불교 집단이 사회적 자원을 독점하고 낭비를 조장하고 있다"는 각성들이 유교의 재발흥을 꿈꾸었고, 주자는 그 운동을 집약하여 강령과 체계를 세우는 데 헌신했다. 이 장은 바로 그 불교 비판과 새 유교 정당화의 논거들로 제시된 것들이다.

제14장「성현기상(聖賢氣象)」은 자신의 새 유교에 걸맞는 사람들을 다시 라인업할 필요가 있었다. 요순(堯舜)과 탕무(湯武) 등이 앞자리에 서고, 공자와 안회가 그 뒤를 이었다. 증자와 자사를 후계자로 한 것까지는 자연스러운데, 맹자와 순자 가운데 주자는 맹자를 선택하고 순자를 버렸다. 성악설을 주장한 것이 큰 이유였다.

그러나 그 이후 한(漢)나라 시대에 유교를 국교로 한 일등공신 동중서는 큰 인정을 받지 못했고, 이후 천 년은 유교의 암흑기에 해당한다. 당나라시대 말기의 한유가 꺼진 유교의 새 불씨를 지폈고, 북송의 네 선배들이 유교 르네상스의 햇불을 확고히 들었다.

지금 이 책『근사록』은 바로 그 네 선배들의 잠언들을 모아 엮은 것임을 기억하자. 주자는 이 계열의 끝에서 그들을 종합, 즉 집대성(集大成)했다는 것을 자부했다.

판본과 번역본

나는 ① 미려한 옛 활자본인 내각장판(학민문화사 영인)을 주로 읽는다. 그와 함께 ② Wing-tsit Chan의 영문 번역 Reflections on Things at Hand (Columbia University Press, 1967)과, ③ 그 중국어 대역본에 해당하는『近思錄詳註集評』(臺北 學生書局, 1992)을 편람하고 있다. 내각장판은 일본의『漢文大系』본처럼 엽채의『집

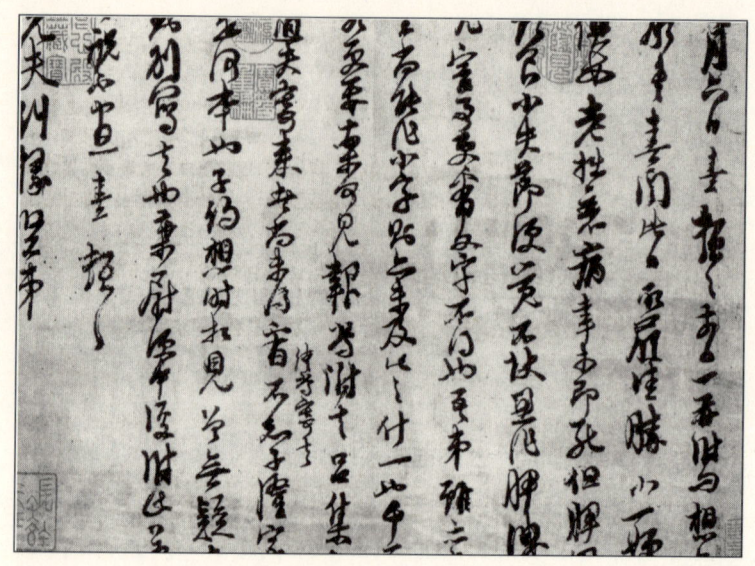

주희(朱熹)의 글씨

주』를 저본으로 하고 있는데 비해, 진영첩은 『근사록』에 관한 고금의 주석들을 나름의 안목으로 취사선택하여 새로운 판본을 만들고, 그것을 영역했다.

내가 살펴본 번역본은 ① 성원경의 『신완역 근사록』, ② 성백효의 『역주 근사록집해』 그리고 ③ 이기동의 『근사록』과 ④ 이광호의 『근사록집해』 등이다. 이 가운데 ①은 주석이 없는 직역으로, 익숙한 전문가가 아니면 읽기 어렵겠다 싶고, ②는 현토식 직역에 철저하면서 다양한 주석을 보충해 놓아 텍스트로 두고 강독하기에는 좋다. ③은 현대적 번역투에, 독자적 해설이 붙어 있어 원문 없이 읽기로는 그 중 나아 보인다. ④는 엽채의 집해까지를 함께 번역해 두고 있어 원전과 주석을 두고 연구하고 공부하는 데 적합하다고 생각한다.

더 생각해볼 문제들

1. 악의 문제에 대해서 주자학은 기독교와 견해를 달리하는 것 같습니다만….

    주자학은 인간 각자의 정신적 자질과 성향은 서로 다르다고 말합니다. 기본은 타고나는 것이라고 말했지요. 물론 후천적 환경이나 교육, 그리고 자기노력에 따라 얼마든지 성장과 개선에 열려 있습니다. 지적 훈련이나 도덕 함양이나 마찬가지입니다. 그런 점에서 원죄는 없다고 말합니다.

2. 주자학과 불교의 관계를 요약할 수 있을까요?

    비유하자면, 주자는 불교가 옹달샘이 맑은 것은 보았는데, 그 속에 손을 넣으면 차갑다는 것은 몰랐다고 했습니다. 풀이하자면 인간의 우주적 본성이 완전하다는 것은 알았으되, 그것이 일상의 삶과 사회적 관계에서 도덕적으로, 즉 의무와 책임으로 발양되는 것을 몰랐다고 안타까워합니다. 어떻게 생각하십니까?

3. 주자학의 이념과 방법이 현대사회에서도 여전히 적용가능하거나 바람직하다고 보십니까?

    어려운 질문입니다. 첫째, 역설적으로 주자학이 자랑하는 바로 그 의무와 책임이 문제일 수도 있습니다. 의무는 숭고하지만 한편으로는 페미니즘이 비판하듯, 가부장적 차별과 억압으로 미끌어질 수 있고, 책임 또한 귀한 덕목이지만, 인간의 현실적 욕구를 배반한 무기력과 비효율로 떨어질 수도 있습니다. 둘째, 그럼에도 나는 인간의 우주적 의미에 대한 자각이 삶의 기본 축이며 사회적 정의와 공정성을 위해서도 주자학적 훈련이 큰 기여를 할 것이라고 생각합니다.

추천할 만한 텍스트

『신완역 근사록』, 주희 지음, 성원경 옮김, 명문당.
『역주 근사록집해』, 성백효 옮김, 전통문화연구회.
『근사록』, 주희 지음, 이기동 옮김, 홍익출판사.
『근사록집해』, 이광호 옮김, 아카넷.

한형조(韓亨祚)
한국학중앙연구원 교수.
아시아의 전통과 새 휴머니티의 지평을 탐색하고 있다. 쓴 책으로, 1) 조선유학의 범형 이동을 다룬『주희에서 정약용으로(1996 세계사)』, 2) 선(禪)의 이념과 역사, 방법을 해설한『무문관, 혹은 너는 누구냐(1999 여시아문)』, 그리고 3) 동아시아 제자백가의 초대 혹은 입문서인『왜 동양철학인가(2000, 문학동네)』가 있다.

III 자유와 비판의 지성

01 장주, 『장자(莊子)』
02 왕충, 『논형(論衡)』
03 왕수인, 『전습록(傳習綠)』
04 이지, 『분서(焚書)』
05 석도, 『고과화상화어록(苦瓜和尙畫語錄)』

장자가 혜자(惠子)에게 말했다.
"공자는 육십 년을 살면서 육십 번을 바꾸었습니다. 처음에 옳다고
여겼던 것을 죽으면서 그릇되다고 하였으니, 지금 옳다고 하는 것도
지난 오십구 년 동안에는 그르다고 했던 게 아닐지 모릅니다."
혜자가 말했다. "공자가 온통 지혜를 배우는 데 몰두해서 그럴 것입니다."
장자가 말했다. "공자는 그런 것을 버렸습니다. … 공자가 말하기를,
'가장 큰 뿌리에서 재주를 받고 신령함을 회복함으로써 살아갈 때 노래 부르면
가락에 맞고 말하면 법도에 맞는 것이다. 이익과 의(義)가 앞에
펼쳐져 있을 때는 좋다, 나쁘다, 옳다, 그르다 하는 게 다만 사람이 입으로만
그러는 것이다. 사람이 마음으로 복종하되 감히 맞서지 않게 해야
천하의 도리를 정하게 된다'고 했습니다.
됐습니다, 됐어! 나 또한 공자에게는 미치지 못합니다."

장주 (B.C. 369~B.C. 286)

장자(莊子)는 고대 중국 송(宋)나라 몽(蒙) 출신으로 이름은 주(周)이다. 몽 지방에서 옻나무밭 관리라는 낮은 벼슬을 지냈으며, 전국(戰國)시대의 유명한 군주 양(梁)의 혜왕(惠王) 및 제(齊) 선왕(宣王)과 동시대인이라 한다. 위(魏)나라의 재상이자 유명한 사상가였던 혜시와 벗하였고, 『장자』의 이야기를 통해 보면 부인과 자식이 있었던 것으로 추정된다. 그 밖에 그의 이름을 딴 『장자』의 저자라는 것 이외에는 알려진 바가 거의 없다. 흔히 노자(老子)와 더불어 도가(道家)의 쌍벽으로 일컬어지는데, 특히 위진(魏晉)시대와 북송(北宋) 이후의 문인(文士)들에게 커다란 영향을 미쳤다.

01

마음은 천하(天下)에 있으되
몸은 강호(江湖)에 살다!
장주(莊周)의 『장자(莊子)』

김시천 | 숭실대학교 철학과 강사

뱁새가 황새의 뜻을 어찌 알랴!
『장자(莊子)』를 읽지 않았더라도 누구나 다 아는 이야기가 있다. 저 먼 북쪽 깊고 어두운 바다에 곤(鯤)이라는 커다란 물고기가 사는데, 이 물고기가 새로 변하여 하늘로 솟구쳐 날아오르면 대붕(大鵬)이라는 새가 된다고 한다. 이 물고기와 새는 너무나 커서 그 크기가 수천 리고, 대붕이 되어 날아오르는 높이만 해도 구만 리나 된다고 한다. 참 크기도 하고 또 높이도 날아오른다. 대붕의 비상(飛上)이 정신의 자유를 의미하는 것이든 세상의 성공을 뜻하는 것이든 이 이야기에 가슴 시원해지지 않을 사람은 아마도 없을 것이다.

사람들은 『장자』「소요유」에 나오는 곤(鯤)과 붕(鵬)의 이야기를 읽으며, 대개는 곤과 붕에 자기 스스로를 동일시한다. 그리고 바로

「장자몽접도(莊子夢蝶圖)」

뒤에서 참새와 비둘기가 대붕을 보고 비웃는 이야기를 읽으며 "뱁새가 황새의 뜻을 어찌 알랴!"는 속담을 떠올리곤 할 것이다. 그런데 과연 장자의 모습은 대붕에 가까웠을까 아니면 참새나 비둘기에 가까웠을까? 아니 이 곤과 붕의 이야기를 읽고 참새와 비둘기를 조소해 온 전통 지식인들이나, 또 지금의 우리는 대붕에 가까울까 아니면 참새나 비둘기에 가까울까?

『장자』, 아Q의 노예근성과 정신적 자유의 사이에서
북경의 거리에 차가운 바람이 휘감던 1921년 12월에서 이듬해 2월 사이, 오히려 미친 사람이야말로 진정한 계몽주의자라고 풍자하였던 중국의 문인 루쉰(魯迅)은 중국인의 정신세계를 힐난한 작품 『아Q정전』을 발표한다. 순진하고 어리숙한 까닭에 늘 주변 사람들에게 몰매를 맞지만 스스로는 늘 독특한 정신적 승리법으로 의기양양한 아Q를 통해, 루쉰은 기울어가는 중국의 운명을 방관만 하는 중국인들을 비난하였다. 루쉰에게 아Q는 중국의 어디에서나 만날 수 있는 중국인의 얼굴이자, 중국 지식인의 비애였던 것이다.

그리고 수십 년이 지난 후 중국의 철학자 관봉(關鋒)[1]은 중국인의 패배주의 정신의 근원이자 아Q의 모습이 『장자』로부터 비롯되었다고 맹렬히 비판하였다. 그런데 얄궂게도 관봉이 자신의 주장을 위해 사용한 근거의 대부분은 전통 지식인들이 밝혀 놓은 것이었다. 『장자』는 전체가 33편으로 이루어져 있으나, 오늘날 대개의 학자들이 믿고 있듯이 장자 자신이 직접 지은 것은 '내편(內篇)' 7편이고 나머지는 후학의 저술이라고 보는 게 일반적이다. 관봉은 바로 이러한 주장을 가장 체계적으로 논증한 학자이다.

관봉에 따르면, 춘추(春秋)시대 공자의 사상이 당시 몰락해 가는 노예 소유주 계급의 이데올로기였다면, 전국(戰國) 시대의 장자는 이미 몰락해 버린 옛 이데올로기에 대한 향수에 젖은 시대착오적 인물이다. 그래서 현실로부터 동떨어진 정신적 자유만을 추구하였고, 그런 비현실성이 급기야 중국인의 패배주의 정신, 즉 아Q정신의 근원이라는 것이다. 물론 관봉의 비판은 풍우란(馮友蘭)[2]과 같

---

1) 본명은 주옥봉(周玉鋒)으로 공산당원이자 철학자이다. 50년대 이후 대륙 중국에서 철학사 연구를 이끌었다. 특히 그의 『장자』 연구는 영국의 그레이엄(A. C. Graham)에게 이어져 『장자』의 유파별 이해에 관해 획기적인 이론적 기초를 마련하였다.

2) 현대 중국의 대표적인 철학사가이자 신리학(新理學)을 통해 나름의 철학적 사유를 전개하기도 했다. 현대 신유가의 한 사람으로서, 그의 철학사 저술은 우리나라에도 거의 소개되어 있을 정도로 세계적인 중국 철학사가이다.

이 중국 문화의 위대한 전통을 계승하자는 주장에 골몰했던 문화 보수주의자들을 겨냥한 것이었다.

하지만 관봉의 이와 같은 격렬한 비판에 대해 대륙 중국 학계의 반응은 다소 냉담하였다. 사회주의 중국 건설 이후 사상적으로 자유롭지 못했던 지식인들에게 『장자』는 거의 유일하게 뼈아픈 현실에서 벗어나 정신의 왕국을 건설하고, 심리적으로나마 위로받을 수 있는 도피처였기 때문이다. 그래서 『장자』는 정치적 담론의 영역에서보다 예술, 신화, 문학에서 또 예술가와 시인(詩人)으로서 더 부각되었다. 이것이 20세기 대륙 중국에서 『장자』를 읽는 경향이었다.

하지만 이런 이야기들은 우리에게는 낯설거나 황당한 말로 비쳐질 것이다. 『장자』를 한 번 펼쳐보라. 처음부터 『장자』에는 거대한 물고기 곤이 커다란 붕새로 변화하는, 이른바 인간 정신의 고원한 승화를 은유적인 언어로 웅장하게 그리고 있지 않은가! 아마도 대륙 중국의 『장자』 해석과 비판은 자유로운 토론이 불가능한 닫힌 사회였기 때문이라고 우리는 넘겨버리기 쉽다. 우리에게 관봉의 해석은 그렇게 터무니없어 보인다.

그러나 대륙 중국의 『장자』 해석만큼이나 20세기 한국 사회에서의 『장자』 해석 또한 역사적이었다. 우리의 기억 속에 아로 새겨진 『장자』는 무엇보다 다석(多夕) 유영모나 씨올 함석헌의 이야기가 크게 작용하고 있기 때문이다. 특히 함석헌의 『노자』와 『장자』 해석은, 박정희 정권의 서슬 퍼런 유신 체제 아래에서 "칼로 흥한 자 칼로 망한다"거나 "제발 건드리지 말라!"는 비판이자 자유를 향한 외침이었다. 그에게 『장자』는 자유와 해방의 철학이었던 것이다. 물론 함석헌의 이러한 해석은 역사적으로 오랜 전통을 가진 것이기도 하다. 『장자』의 「추수(秋水)」편에는 다음과 같은 유명한 이야기가 실려 있다. 장자가 복수(濮水)라는 강가에서 낚시를 하고 있는데, 초(楚)나라의 왕이 보낸 두 대부(大夫)가 찾아와서 왕의 뜻을 전하였다.

"부디 초나라의 정치를 맡기고자 하옵니다."

장자는 낚싯대를 쥔 채 돌아보지도 않고서 이렇게 말했다.

"내가 듣기에 초나라에는 신령한 거북이 있는데 죽은 지 3천 년이나 되었다고 하더군요. 왕께서는 그것을 헝겊에 싸서 묘당(廟堂) 위에다가 소중히 간직하고 있다지만, 그 거북은 죽어서 뼈를 남긴 채 소중하게 받들어지기를 바랬을까요? 아니면 차라리 살아서 진흙 속에 꼬리를 끌며 다니기를 바랬을까요?"

두 대부가 대답했다.

"그야 당연히 살아서 진흙 속에 꼬리를 끌며 다니기를 바랬을 테지요."

그러자 장자가 말했다.

"어서 돌아가시오. 나도 진흙 속에서 꼬리를 끌며 다닐 것이오."

장자는 왜 모든 지식인들이 꿈에도 그리던 재상의 자리를 마다한 것일까? 저 인륜과 도덕의 수호성인이라는 공자조차도, 반역을 꾀한 양호(陽虎)의 부름에 갈까 말까 망설이다 충직한 제자 자로(子路)의 핀잔을 사지 않았던가! 장자의 가슴속에 응어리진 지난 세월의 비애가 더 컸던 것일까, 아니면 정말 흔히 말하듯 무정한 정치의 세계에서 살아남으려는 비정한 몸부림이 싫어서였을까? 유자(儒者)이자 민족주의자이며 기독교인이었던 유영모나 함석헌에게 장자의 이야기는 더러운 권력에 대한 조소로 비쳐졌던 것이다.

불운하지만 재상을 마다한 지식인, 장주

장자가 살던 전국시대는 전란과 정치적 소용돌이가 끊이지 않았다. 하지만 전란의 회오리가 요동치는 시대는 뜻이 있으나 때를 얻지 못하던 사람들에게는 절호의 기회가 되는 그런 시대이기도 하다. 난세는 영웅을 기다린다는 말도 있지 않던가. 그러나 장자에게는 그런 커다란 야망조차 없었던가 보다. 『사기(史記)』에 따르면 장자는, 초나라의 왕이 보낸 두 대부에게 이렇게 말했다고 한다.

> 그대들은 빨리 돌아가 나를 더 이상 욕되게 하지 마시오. 차라리 시궁창에서 뒹굴며 즐거워할지언정 나라를 가진 제후(諸侯)들에게 구속당하지는 않을 것이오. 죽을 때까지 벼슬하지 않아 나의 마음을 즐겁게 하고자 하오.

그뿐이었다. 거의 같은 시대를 살았으면서도 수많은 제자들을 거느리고 천하를 주유(周遊)하며 제후들에게 유세하였던 맹자(孟子)와는 전혀 다른 모습을 보여준다.

『장자』에서는 이 이야기가 두 차례에 걸쳐 등장하는데, 『사기』는 오로지 장자에 대해 이 일화만을 소개한다. 그 이외의 사항은 아주 간단한 사항들에 지나지 않는다. 즉, 장자는 몽(蒙) 지방 사람으로 이름은 주(周)이고 칠원(漆園)이라는 고을에서 관리를 지냈는데, 양(梁)나라의 혜왕(惠王), 제(齊)나라의 선왕(宣王)과 같은 시대 사람이었다. 그는 매우 박학하여 통달하지 않은 것이 없었으며, 10만여 자나 되는 글을 지었고「어부(漁父)」,「도척(盜跖)」,「거협(胠篋)」 등을 지어 공자의 무리를 비방하고 노자의 학설을 천명하였다는 게 거의 전부이다.

하지만 우리는 『장자』에 기록된 일화들을 통해 그가 어떤 '인간'이었던가에 대해 조금은 가늠해 볼 수 있다. 그는 생전에 노(魯)나라의 애공(哀公)과 만났으며, 위(魏)나라의 혜왕(惠王)과도 만난 적이 있고, 특히 위나라의 정치가이자 사상가였던 혜시(惠施)와는 막역한 친구 사이였던 것으로 보인다. 또한 부인의 상을 당해 슬퍼하기는커녕 춤추며 노래하였다는 기이한 행적이 기록된 것으로 보아 장자는 결혼했고 몇 명의 자식이 있었던 듯하다.

『장자』에서 증언하는 인간 장자는 아주 가난하고 고달픈 삶을 살았던 것 같다.「외물(外物)」에는 장자가 집이 가난하여 감하후(監河侯)에게 곡식을 빌리러 갔다가 불쾌한 대접만 받았다는 이야기가 기록되어 있다. 또「열어구(列禦寇)」에는, 송(宋)나라 왕을 위해 진(秦)나라에 사신으로 가서 성공하고 돌아온 조상(曹商)의 입을 통해 장자가 얼마나 곤궁한 처지에서 살았는가를 알려주는 대목이 나온다. 임무를 성공적으로 마치고 돌아 온 조상은 장자를 만나, "대체 이렇게 곤궁한 마을 뒷골목에 살면서 궁색하게 짚신이나 엮으며 목덜미는 그렇게 여위고 낯짝은 누렇게 떠 있다니, 나라면 이렇게는 살지 못할 거요" 하고 거들먹거리듯이 말하고 있는 것이다. 이런 기록들은 하나같이 장자가 무척 곤궁한 처지에서 살았다는 점을 부정하기 어렵게 한다.

장자가 누더기처럼 기운 옷을 입고 삼끈으로 얽어 맨 신발을 신고서 위나라 혜왕의 곁을 지나간 적이 있었다. 그때 혜왕이 말했다.

"선생은 어째서 이렇게 지친 것이오?"

이 말을 들은 장자가 이렇게 말했다.

"가난한 것이지 지친 것이 아니오이다. 선비가 도와 덕을 지니고 있으면서도 이를 행하지 못했을 때 지쳤다고 하는 것입니다. 옷이 해지고 신발에 구멍이 난 것은 가난한 것일 뿐 지친 것이 아니오이다. 이는 곧 때를 만나지 못했음을 말하는 것일 뿐입니다. … 지금처럼 군주가 어리석고 신하들이 혼란스러운 시대에 지치지 않으려 한다고 해서 어찌 그럴 수가 있겠습니까? 저 비간(比干)[3]과 같은 충신이 심장을 도려내는 일을 당한 것을 보면 분명하지 않습니까!"

혜왕의 눈에 비친 장자의 모습은 가난에 찌든 비천한 몰골이었던 모양이지만, 자신을 충신 비간에 비유하면서 은연중에 장자는 자신이 도와 덕을 속에 품고 있어 천하를 구제할 만한 그릇이지만 아직 때를 만나지 못한 사람임을 강조하고 있다. 외모가 아닌 가슴속의 웅지를 보고서 사람을 쓸 것을 종용한 듯하다. 아무리 좋은 활이라도 명궁의 손에 쥐어져야 그 활의 본색이 드러나는 것이며, 물고기는 물을 만나야 자유롭게 헤엄칠 수 있는 법이다. 당시처럼 부패와

---

[3] 고대 중국 은(殷)나라의 유명한 현인(賢人)으로 폭군 주(紂)에게 간언하다가 심장을 도려내는 벌을 받고 죽는다. 공자가 뜻을 굽히지 않은 인물로 꼽은 것으로 유명하다.

혼란이 극심한 시대에는 뛰어난 인재일수록 초라하고 볼 품 없이 살아간다는 것을 장자는 은연중에 꼬집은 것이다.

비록 가난하였지만 장자는 값싼 동정에 몸을 팔거나 절개를 버려가면서까지 세상이나 권력자에 아부하는 것에 대해서는 극심한 반감을 갖고 있었다. 그는 자기를 비웃은 조상에게도 호된 비판을 한다.

> 진(秦)나라의 왕은 병이 나서 의사를 부르면 종기를 터뜨려 고름을 빼는 자에게는 수레 한 대를 주고 치질을 핥아서 고치는 자에게는 수레 다섯 대를 준다고 하더이다. 치료하는 데가 아래로 내려갈수록 수레를 더 많이 준다고 하는데 당신도 그 치질을 고쳐준 것이오? 수레를 많이도 얻으셨군요! 자, 어서 가버리시오.

혹 장자는 혜시의 문인(門人)이 아니었을까?
장자의 시대는 떠돌이 사인(士人)의 시대였다. 당시 중국에서 사인이란 오로지 벼슬에 나아가 제후를 도와서 천하를 다스리는 일에 종사하는 신분이었다. 하지만 국가간의 전쟁이 끊이지 않았던 시대여서 작고 약한 나라들은 점차 강력한 소수의 열강에 병합되어갔고, 그렇게 해서 나라를 잃은 사인들은 새로운 군주를 찾아 나서지 않을 수 없었다. 그리하여 수많은 떠돌이 사인이 대거 출현했는데, 이들은 부상하는 신흥 군주에게 호감을 얻기 위해 이른바 유세(遊說)를 하게 된다.

그런 면에서 장자와 혜시의 만남은 유독 우리의 눈길을 끈다. 왜냐하면 혜시는 당시 강대국으로 떠오르는 두 나라, 곧 서쪽의 진(秦)나라와 동쪽의 제(齊)나라가 강력하게 부상하기 시작하던 무렵에 중원의 한복판에서 기울어가던 위(魏)나라가 찬란하게 중흥하던 시절의 재상이었기 때문이다. 아마도 장자는 아무런 기대조차 할 수 없었던 자신의 조국 송(宋)나라에 대한 미련을 접고 새로운 개혁의 기운이 가득했던 희망의 나라 위에서 자신의 뜻을 펼치고 싶었던 것은 아닌가 싶다.

혜시는 늘 장자에게 "당신의 말은 쓸모가 없소이다" 하고 핀잔하였던 모양이다. 이 때문인지 「추수」편에는 장자가 위나라에 갔을 때 혜시는 그에게 재상의 자리를 빼앗길까봐 두려워하였다는 이야기가 실려 있다. 하지만 이 이야기는 후대에 장자의 후학들이 지어낸 이야기로 보인다. 오히려 「서무귀(徐無鬼)」편에서 장자가 혜시를 애도하며 하는 이야기는, 장자와 혜시와의 관계가 어떠하였는가를 잘 보여준다. 장자가 장례식에 참석하기 위해 길을 가다 혜시의 묘 앞을 지나게 되자 자신을 따르던 시종에게 이렇게 말한다.

> 초나라의 서울인 영(郢)에 거주하던 한 사람이 자기 코끝에 하얀 흙을 파리 날개처럼 얇게 바르고 장석(匠石)에게 이것을 깎아 내게 하였다. 장석은 바람소리가 날 정도로 도끼를 휘둘렀으나 그는 가만히 움직이지 않고 있었다. 하얀 흙이 전부 다 깎여 나갔지만 코는 조금도 다치지 않았고 그 또한 미동조차 하지 않았다. 이 이야기를 들은 송(宋)의 원군(元君)이 장석을 불러들여 자기에게도 보여 달라고 했다. 그러자 장석은 예전에는 할 수 있었지만 지금은 그 사람이 죽어

서 할 수가 없다고 했다. 나도 그 장석이란 사람과 마찬가지로 혜시
가 죽은 뒤로는 함께 이야기할 사람이 없어졌구나!

　적어도 이 이야기에 따르면, 장자에게 혜시는 단순히 자신의 이
야기를 들어주는 사람에 지나지 않는 것이 아니라 장자 자신을 가
장 잘 이해하였던 지기(知己)로 보인다. 비록 그가 사인(士人)의 신
분이었다 하더라도 일국의 재상이었던 혜시와 수없이 많은 대화를
나눈 사이라는 것을 알 수 있기 때문이다. 그렇다면 혜시와 장자는
실제 어떻게 만날 수 있었던 것일까? 우리는 여기서 아주 상식적인
추론을 해 보는 수밖에 다른 도리가 없다. 그것은 혜시와 장자의 관
계를 후원자와 문객(門客)[4]으로 이해하는 것이다.

　당시의 군주들은 훌륭한 인재를 모으기 위해 큰 노력을 기울였
다. 제나라의 위왕(威王)과 선왕(宣王), 위나라의 혜왕(惠王) 등은
모두 인재 육성에 가장 열심이던 군주들이다. 맹자가 이들을 만나
유세하였던 것은 바로 이와 같은 현실에서 비롯된 것이었다. 아마
도 이것은 장자에게도 그대로 해당되는 것이 아니었을까? 그 역시
위나라의 혜왕, 송나라의 태재(太宰) 탕(蕩), 노(魯)나라의 애공(哀
公)을 만나기도 했기 때문이다.『장자』에 나오는 이런 이야기들 또
한 장자가 여러 유력자들에게 유세하였던 이야기로 생각할 수 있
다. 「설검(說劍)」의 이야기는 자못 맹자를 떠올리게 할 정도이다.

---

4) 식객(食客)으로도 불리며 후원자로부터 경제적인 도움을 받는 대신 자신의 학문이나 재주로
　그에 대해 일정하게 봉사하던 처지에 있는 사람을 가리키는 말이다.

『장자』「설검(說劍)」편에서 그는 조(趙)나라의 문왕(文王)에게, 진정한 천자의 검이란 "한 번 휘두르면 제후의 행동을 바로잡고 온 천하가 복종하게 된다"고 말한다. 이와 달리 제후의 검은 "한 나라 안의 사람들이 모두 복종하고 군주의 명령을 따르지 않는 자가 없게 된다"고 한다. 하지만 서인(庶人)의 검이란 "위로 목을 베고 아래로는 간(肝)이나 폐(肺)를 찌르는 것으로서 마치 투계를 하는 것과 다를 바가 없다"고 하였다. 문왕의 칼싸움 좋아하는 취향을 비난하여, 천자의 자리에 있으면서 서인의 검을 좋아하는 것은 경멸할 만한 일이라고 했던 것이다. 이 때문에 문왕 근처에 모여들었던 수많은 검사들은 일자리를 잃어 자살하였다고 한다.

「설검」에 묘사된 이야기는 제나라 선왕이나 위나라 혜왕을 만나 거침없이 왕도(王道) 정치를 시행할 것을 요구한 맹자의 기개와 다를 바 없다. 다만 장자는 그 거침없는 말투와 과장된 논조로 인하여 주변 사람들로부터 더 커다란 시기와 조소를 받았던 것은 아닐까 하고 추측될 뿐이다. 『장자』에서 처세(處世)에 대한 이야기가 많은 것은 어쩌면 처세에 능하지 못했던 그 자신의 신세를 한탄하는 자조였는지도 모른다.

『장자』, 과거에서 미래로 가는 길목에서

『장자』가 늘 동아시아 지식인들에게 사랑받기만 했던 것은 아니고 그에 대한 평가가 늘 호의적이었던 것도 아니다. 더욱 중요한 사실은 비록 그가 전국 시대의 인물이지만, 『장자』는 당대에서는 거의 알려지지 않은 책이었다. 파란만장한 영웅 소설 『삼국지(三國志)』

의 시대가 끝이 날 무렵 등장하는 죽림칠현(竹林七賢)[5]의 시대에 이르러 『장자』는 지식인들 사이에 유행하기 시작한다. 오늘날 우리가 읽는 『장자』는 이 시대에 편집된 책이다.

전통 지식인들의 『장자』에 대한 평가 또한 다양하다. 동진(東晉) 시대의 왕탄지(王坦之)[6]는 없애버려야 할 책이라 했고, 신유학이 성립되는 송·명(宋明) 시대 이후에는 늘 이단의 책으로 취급되었다. 『장자』의 「어부(漁父)」나 「도척(盜跖)」편에서 유학을 비판한 내용이 신유학자[7]들의 심기를 건드렸던 탓이다. 하지만 역사의 아이러니라 할까. 오히려 『장자』가 사랑받은 것 또한 도가에 배척적이었던 송·명 시대부터였다. 한유(韓愈), 소식(蘇軾), 왕안석(王安石) 등에게서 장자는 맹자와 다른 계열의 공자의 문인(門人)으로 여겨졌다. 그리고 무엇보다 『장자』는 부조리한 현실에 대한 비판, 비운의 운명을 살아가는 절망한 지식인들의 위안, 예술적 해방의 정신, 도교적 양생의 선구였다.

지난 20세기 한국에서 『장자』는 그동안 강력한 사회 비판과 해방

---

5) 위진(魏晉) 시대의 인물인 완적(阮籍)·혜강(嵇康)·산도(山濤)·향수(向秀)·유영(劉伶)·완함(阮咸)·왕융(王戎) 7명을 가리킨다. 이들이 정치계를 떠나 서로 교유하면서 대나무숲에서 술마시고 음악을 즐기며 세상을 조소하면서 기이한 행적을 남겼다고 한다.

6) 위진(魏晉) 시대의 학자로서 『장자』를 세상에서 없애야 한다는 격한 주장을 담은 「폐장론(廢莊論)」이란 글로 유명하다.

5) 신유학(新儒學)이란 말은 풍우란이 공자·맹자·순자로 대표되는 선진(先秦) 시대의 유학과 당송(唐宋) 이후의 유학을 구분하기 위해 사용한 신조어이다. 철학사에서 신유학이란 대개 송명(宋明) 시대의 이학(理學) 사조를 말한다.

의 철학, 자유와 평등의 옹호자, 미신적 세계관으로부터 벗어난 합리적 자연관의 대명사였다. 특히 이데올로기화된 권위주의적 사상에 대한 비판 철학으로『장자』는 커다란 가치를 부여받았다. 마치『장자』에 나오는 갖가지 비유적 이야기들이 전통 문인의 작품 창작에서 중요한 소재가 되었듯이, 독재와 참혹한 현실에 찌든 사람에게『장자』는 마음의 위안이자 지혜의 보고였다. 수많은 얼굴로 이해되었던『장자』가 21세기에는 또 어떻게 비쳐질까? 아마도 그 또한 우리의 얼굴이지 않을까?

더 생각해볼 문제들

1. 『노자』와『장자』를 실제로 비교하면서 읽어보면, 서로 같은 '도가'로 묶는 것이 자연스러울지 생각해 보자.

   최근에는 노자와 장자는 서로 구분되는 전통으로서 각각 노학(老學), 장학(莊學)이라 부르기도 한다. 송·명 시대 이후에는 주로 노장이라 부르지만 석로(釋老)나 노불(老佛)처럼 이단으로서의 도교와 불교 전통을 지칭하는 용어는 자주 보여도 노장(老莊)이라고 같이 부르면서 비판하는 경우는 드물었다.

2. 『장자』는 과연 반유가적 사상의 대명사라 할 수 있는지 생각해 보자.

   『장자』는 역대 수많은 학자들에 의해 "공자를 비판하는 척하지만 실제로는 도왔다"는 소식의 평가처럼, 공자를 대변인으로 이용하여 자신의 학설을 드러낸 경우가 많다. 사실상『장자』철학의 핵심들은 공자의 입을 통해 말해지는 경우가 많으며, 유학자들이 공자를 부를 때 쓰는 무관의 제왕이란 뜻의 소왕(素王)이란 말은『장자』에 처음 나오는 말이다. 이런 점 때문에『장자』

를 막연히 반유가적이라 볼 수는 없는데 북송 이후의 유학자들이 대개 그러하였다.

3. 『장자』는 문학적인 면이 강할까, 아니면 철학적인 면이 강할까?

오늘날 『장자』는 신화, 예술, 철학, 문학 등 다양한 영역에서 연구와 해석이 제시되고 있다. 따라서 어느 한 영역이나 분야의 소유물이 아니라 다양한 해석과 이해가 가능한 텍스트로 보는 것이 가장 적절할 것이다.

추천할 만한 텍스트
『장자』, 장주 지음, 안동림 옮김, 현암사, 1993.

김시천(金是天)
숭실대학교 철학과를 졸업하고 동 대학교에서 『노자의 양생론적 해석과 의리론적 해석』으로 박사 학위를 받았다. 한국철학사상연구회와 동의과학연구소에서 기(氣) 철학, 도가 철학, 한의학적 사유에 관해 공부한 것을 바탕으로 전통 동아시아 담론을 '몸의 현상학'이라는 화두를 통해 해명하는 작업과, 전통 철학 고전을 현대적 사유로 풀어내는 데 관심을 쏟고 있다.
숭실대학교, 추계예술대학교, 철학아카데미 등에서 강의하면서 『철학에서 이야기로―우리 시대의 노장 읽기』(2004)를 썼고, 『기학의 모험 1·2』(2004)을 공동 기획으로 출간했다.

『논형』의 핵심을 한마디로 논하면 "거짓을 미워함"이다.
가짜가 진실한 것보다 잘난 체하고 진짜가 거짓에 의해
난도질을 당하는데도 사람들이 깨닫지 못하니
옳고 그름이 바로 잡히지 않는다. 이는 자주색과 붉은 색을 뒤섞는 것이요
기왓장과 보옥을 한데 쌓아놓는 것이다. 사물의 경중을 가려 서술하고
참과 거짓의 표준을 세우기 위하여 『논형』을 쓴다.

왕충 (27~100)

동한(東漢) 사람으로 자는 중임(仲任)이며 회계군 상우현에서 태어났다. 왕충은 어려서 고아가 되었는데 훗날 경사(京師)에 가서 태학(太學)에서 공부하며 반표(班彪)에게 사사하였다. 빈한하여 집안에 책이 없어서 항상 낙양의 서점가를 돌아다니며 책을 읽었는데 한번 읽으면 바로 암기하여 마침내 백가의 학설을 두루 통달하였다. 왕충은 논설을 좋아하였는데 처음 들으면 괴이한 듯 하나 끝내 이치가 담겨 있었다. 소인배 유학자들이 글자에만 집착하여 진실을 잃었다고 여겼다. 이에 문을 닫아걸고 은거하며 생각에 깊이 잠겼다. 경조사에 참석치 않고 창문이고 벽이고 할 것 없이 집안 곳곳에 붓과 먹을 준비하여 두고 『논형』 85편 이십만 여 글자를 지어 사물의 같은 점과 다른 점을 서술하면서 세속의 의심스러운 부분을 교정하였다. 자사(刺史) 벼슬을 하던 이에게 발탁되어 치중(治中) 벼슬을 맡았지만 사양하고 고향으로 돌아왔다. 친구 견이오가 상소를 올려 왕충이 재능과 학식이 출중하다고 추천하니 숙종(肅宗)이 특별히 가마를 내려 초빙하였으나 병이 들어 가지 못하였다. 나이 칠십에 이르러 기력이 쇠퇴하니 『양성서(養性書)』 16편을 지으면서 욕심을 절제하고 정신을 배양하여 스스로를 지켰다. 영원(永元)년에 병으로 집에서 숨을 거두었다.

02

이성의 왕국에서 시시비비를 가려 참과 거짓의 표준을 세우다
왕충(王充)의 『논형(論衡)』

김종미 | 경희대학교 국제교육원 교수

독창을 금지한 시대에 너무나 독창적이었던 왕충
옛날 중국에 왕충(王充)이라는 한 지식인이 있었다. 백년이나 이백 년 전 쯤 옛날 말고 이천 년 전 한(漢)나라 때의 일이었다. "태양 아래 새로운 것은 없다"는 솔로몬의 말처럼 이천 년 전의 그도 이 넓은 우주에 우연히 던져진 인간 존재로서 자신의 현실에 분노하여 묻고 또 묻고 해법을 모색하면서 세상과 담을 쌓고 오로지 책 쓰기에만 매달렸던 인물이다.

'논형(論衡)'이라는 제목은 논의하여 저울질한다거나 저울질하여 논의한다는 뜻이다. 그는 당시 세상 사람들이 가지고 있던 믿음, 생각, 소문, 관습으로부터 정치 철학, 역사 인식을 거쳐 우주의 탄생원리, 인간의 존재 가치에 이르기까지 그의 사고가 미치는 전 영역을 장장 85편에 걸쳐 현대적인 삼단논법에 가까운 태도로 질문하고 비판하고 추론함으로써 객관적이고 상식적인 대답을 얻어내려고 했던 것이다.

왕충이 살았던 한나라는 경학(經學)이 지배하는 세상이었다. 경학은 유교사상이 담긴 책을 유일한 진리이자 '경전(經典)'으로 숭배하였다. 공자(孔子)의 '술이부작(述而不作)'의 정신을 이어받아 유교 경전을 더 잘 이해할 수 있도록 보충·설명 할 수는 있을지언정 자기의 견해를 피력하는 새로운 글을 창작할 수 없다는 태도를 굳건히 견지하고 있었다. 따라서 유교 경전에 해박한 경학박사들의 견해를 달달 외워서 학파를 만들고 당파를 만들어 그 속의 일원으로 소속되어야만 비로소 사(士)로서 벼슬 한 자리를 얻을 수 있는 세상이었다.

이렇듯 독창을 금지한 시대에 왕충의 글쓰기는 너무나 독창적이었다. 왕충은 세상의 요구에 자신을 맞출 수가 없었다. 유교경전을 신봉하기는커녕 「공자에게 묻는다(問孔篇)」, 「맹자를 비판한다(刺孟篇)」는 글을 통해 공자와 맹자에게까지 비판의 붓끝을 들이대는 그의 냉철한 이성은 독창적인 재기발랄함으로 넘쳐난다. 그의 붓끝은 현실에 대한 좌절과 분노를 담아 따지고 비판하고 조롱하다가 급기야는 자신의 존재에 대한 신뢰와 우주의 질서에 대한 성찰로 깊어지고 넓어진다.

우주는 무위(無爲)이며

인간은 기(氣)를 받아 탄생한 우연한 존재이다

고대 중국 사상사에는 두 차례의 인간의 각성 시기가 존재한다. 춘추전국시대와 위진시대가 그것이다. 춘추전국시대는 하(夏), 은(殷), 주(周)시대의 원시적 무술(巫術) 관념을 탈피하고 이성적, 합리적 사유를 중시하면서 인간의 주체성에 대해 자각하기 시작한 시대이다. 그러나 춘추전국시대의 인문화 과정은 지속적으로 발전하지 못하고 굴절되고 마는데 이는 한나라 때에 통일 제국의 건립이라는 시대적 요구에 부응하여 황제의 권위를 신성화할 수 있는 사상 체계가 필요했기 때문이다. 따라서 인문주의적 성격의 유교가 천인감응설(天人感應說), 참위설(讖緯說)과 결합한 신비주의 유교로 변모하였다.

오늘날에도 점을 보러 다니는 사람은 많이 있다. 동아시아 사회에서 오늘날과 같은 점의 형태는 한나라 때에 완성되었다고 보아도 무방하다. 우선 점을 보려면 음양오행의 기(氣)의 관념이 생겨야 한다. 음, 양, 목, 화, 토, 금, 수의 기가 모여 우주의 질서가 형성되며 인간 역시 음양오행의 기를 타고 남으로써 상생(相生)과 상승(相勝)의 원리에 의해 우주의 질서와 교감한다는 것이 점의 원리이다. 그러나 한나라의 음양오행사상은 인간의 운명을 결정할 뿐만 아니라 인간에게 상하귀천의 차별을 당연시하도록 요구하였다. 양이 존귀하고 음이 비천하다는 것이다. 황제, 높은 가문의 남자, 아버지, 남편, 아들은 양의 자리에 오르고 신하, 낮은 신분의 남자, 자식, 아내, 딸은 음의 자리에서 양을 섬겨야 하는 의무가 주어졌다.

한나라의 천신(天神)사상도 오늘날의 종교적 신과는 거리가 있다. 정치권력과 철저히 동화되었기 때문이다. 한나라 사람들은 황제를 천자(天子), 즉 천신의 아들이므로 하늘을 섬기고 어버이를 섬기듯 황제에게 충성해야 한다고 생각했다. 그리하여 충효(忠孝)를 동일시하는 국가 이데올로기가 출현하였던 것이다. 하늘이 황제를 버리지 않는 한 황제는 하늘만큼 존귀하다.

유교가 국가 공인의 유일한 학문인 경학이 되고, 경학이 천인감응설 및 참위신학과 결합하여 정권을 옹호하는 것으로 변질된 상황에서, 경학의 세계와 우주에 대한 해석을 전면 거부하고 무위자연(無爲自然)을 외치는 왕충의 사상은 '혁명적'이라고 밖에 달리 표현할 길이 없다.

> 천도(天道)는 자연이고 무위(無爲)이다. 무엇으로써 하늘이 자연임을 알 수 있는가? 하늘은 입과 눈이 없기 때문이다. 생각건대 의도적인 행위를 하는 자는 눈이나 입과 같은 감각기관이 있어야 한다. 입은 먹고자 하고 눈은 보고자 하므로 인간의 내면에 욕망이 싹트고 이것이 밖으로 표출되어 진다. 입과 눈을 통해 먹을 것과 입을 것을 추구하게 되고 이를 얻어야 만족하게 되는 것이 욕망의 작용이다. 이제 입과 눈의 욕망이 없으며 만물에 대하여 추구하는 것도 없으니, 하늘이 어떻게 의도적인 행위를 할 수 있겠는가?

왕충의 성향은 세계에 깊숙이 관여하고 시시비비를 교정할 뜻을 품었다는 점에서 노자, 장자의 계열이라기보다는 오히려 유교에 가깝다. 그럼에도 불구하고 그가 노장(老莊)의 자연무위설을 받아들여 천도(天道)를 자연이며 무위라고 하는 것은 종교적 권위와 정치권력으로부터 학문의 자유, 사색의 자유를 모색하였기 때문이다. 왕충은 "의도적인 행위는 감각기관의 욕망으로부터 시작된다 → 하늘은 감각기관의 욕망이 없다 → 따라서 하늘은 의도적인 행위를 할 수 없다"는 삼단논법을 구사하여 하늘이 신이 아님을 증명하였다. 왕충의 삼단논법은 경험론과 합리론을 결합한 조화주의적 사유를 바탕으로 전개된 것이다. "하늘과 땅은 기를 함유한 자연물이다"거나 "원기(元氣)를 받아 태어나는데 어떤 것은 사람이 되고 어떤 것은 동물이 된다"고 하며 "사람은 우주 속에서 우연히 태어났다. 사람은 행위를 통해 하늘을 감동시킬 수 없고 하늘 또한 인간의 행위에 응답을 내릴 수 없다"는 말에서 그러한 사상을 알 수 있다.

하늘은 유목적적(有目的的)으로 생명을 탄생시킬 수 없다. 하늘 역시 자연물이기 때문이다. 다만 하늘과 땅은 기를 품수(稟受)함으로써 하늘과 땅의 기가 교합됨에 따라 만물이 무목적적으로 탄생한다. 왕충은 세계를 구성하는 근본원리를 기(氣) 또는 원기(元氣)로 보았다. 원기는 기가 천차만별의 모습으로 다양하게 전개되기 이전의 최초의 기이다. 천지자연과 인간, 만물을 탄생시키는 원기는 어떠한 의지나 목적 또는 도덕적인 속성을 지니지 않는다. 왕충에게서 천(天)은 도덕적, 신적인 속성을 지니지 않는 단순한 기의 결합체에 다름 아니다. 나아가 인간은 무위자연의 우주에 우연히 던져진 존재로서 천신(天神)으로부터의 어떠한 구속도 받지 않는다. 하늘은 인간에게 화와 복을 내릴 수도 감응할 수도 없다. 천인감응설은 한나라 사상을 가능케 한 초석이었기 때문에 왕충의 이에 대한 비판은 한나라 문화 전반을 비판하고 새 시대의 도래를 예고하는 선각자적인 의의를 지닌다.

현실에서 성공한다는 것과
그 사람이 훌륭하다는 것은 전혀 별개의 일이다
중국 사상사에서 인간의 주체성에 대한 탐색은 춘추전국 시대부터 비롯하였다. 공자와 맹자는 인간을 도덕적인 존재로 규명하고 "진인사대천명(盡人事待天命)"이라고 하여 천명과 인간의 후천적 노력 사이의 조화를 꾀하였다. 순자는 인간을, 자연을 이용하고 개조하는 존재로 파악하고 인위(人爲)를 크게 중시하였다. 이에 반해 한나라는 중국 최초의 통일 제국의 성립이라는 시대적 요구에 부응하여 인간에 대한 이해가 전국시대 이전, 즉 하·은·주시대의 천신(天神)의 종속적인 존재로 복귀하는 경향을 띠었다. 즉 인간의 선한 행위에는 하늘의 상이, 악한 행위에는 하늘의 벌이 대가로 주어진다는 천인감응설은 일차적으로는 선악을 실천하는 인간의 자유의지를 강조하는 것으로 보이지만, 현재의 부귀와 빈천의 원인을 당사자의 선과 악의 문제로 전환시킨다. 즉, 왕공·귀족과 고관대작이 부귀한 것은 그들의 선의 대가이고 서족(庶族)과 일반 백성이 빈천한 것은 그들의 악의 결과라는 논리를 형성함으로써 신분차별을 당연시하고 고착화하는 결과를 초래했던 것이다. 이에 대해 왕충은 다음과 같이 비판하였다.

행실이 반듯한 현자(賢者)라고 해서 벼슬길에서 늘 출세하는 것은 아니다. 행실이 반듯한가 아닌가는 재덕(才德)에 관련된 문제이고 출세하느냐 못하느냐는 시운(時運)에 관련된 문제이다. 재능이 훌륭하고 행동이 깨끗하다고 해서 사회적으로 존귀하게 되리란 법이 없고 재능이 없고 행실이 지저분하다고 해서 비천하게 되리라는 보장도 없다. 어떤 이는 재능과 덕행을 지녔으면서도 때를 만나지 못해 하급관리로 물러나고 어떤 이는 얕은 재주와 더러운 행실을 지녔으면서도 때를 잘 만나 만인의 윗자리에 앉는다.

신분 차별이 고착화된 시기에 미천한 신분으로 태어난 유능한 자를 불우(不遇)하다고 한다. 불우하다는 것은 자신의 재능을 펼칠 세상을 만나지 못했다는 뜻이다. 부모는 농업과 잠업에 종사하였으며 자신은 아주 낮은 관직을 잠깐 역임한 적이 있었던 왕충은 책을 살 돈이 없어서 서점가를 돌며 제자백가의 학설을 독파하였고, 한 번 읽으면 그 자리에서 외운다는 신동이었다. 유난히 생각하고 질문하고 추론하기를 좋아했던 왕충에게 천인감응설, 참위설과 결합한 세상의 기준은 너무 하잘 것 없는 것이었다. 훗날 왕충이 지나친 자신감과 자기비하를 오갔던 인물이라고 평했던 사람이 있는데, 지나친 자신감이란 경험과 합리성에 입각한 자신의 사유를 너무나 확신하였기에 붙여진 이름이다. 그리고 자기비하란 자신에 대한 확신이 현실에서 받아들여지지 않을 때의 좌절감을 일컬은 것인데 왕충을 자기비하라고 표현한 것은 그야말로 너무나 비하적인 발언이다.
『논형』을 읽다보면 때로 지나치게 시시콜콜 따져 묻는 태도 때문에 "지나침은 모자람만 못하다"는 동아시아적 덕목에 위배되어 시대마다 왕충을 매우 좋아하거나 왕충을 매우 싫어하는 사람들이 병존하였다. 그러나 이십만 여 글자로 쏟아지는 그의 독백, 당시에 환영받지 못할 것을 알고 있었으므로 필경 독백이었을 그의 글을 따라가다보면 처음엔 신기함이었다가 무릎을 치게 만들기도 하고, 지나쳐서 피곤함이었다가 설득당하면서 끝내는 이천 년의 시공을 넘어 한 인간으로서의 그를 이해하고 감동하는 지점을 만나게 된다. 30년 동안 두문불출하고 쏟아낸 방대한 저작은 그가 자신에게 바치는 헌사(獻辭)이자 자신의 운명에 대한 카타르시스였던 것이다.

옳은 것을 옳다고 하고 틀린 것을 틀리다고
분별하는 자만이 훌륭한 지식인이다

고대 중국인의 사유는 순환론적 시간관을 바탕으로 전개되기 때문에 중국인의 유토피아는 늘 미래가 아닌 과거, 현재가 아닌 요순 시대로 환원하는 복고주의적 경향을 띤다. 더욱이 한나라는 유교의 영향으로 유교 경전만이 진리로 받들어졌기 때문에 일반 지식인은 자신의 견해를 피력할 자유를 박탈당하였다. 반면 왕충의 글쓰기는 내용이나 형식면에서 선현의 글과 너무나 달랐기 때문에 사람들로부터 상당한 의구심을 자아내게 하였다. "문장이 옛사람과 흡사하지 않은데 어찌 좋은 명성을 얻을 수 있겠는가" 하고 비판을 받았던 것이다. 이에 대해 왕충은 개인의 개성을 살린 독창적인 글쓰기가 얼마나 중요한가에 대해서 다음과 같이 피력한다.

작가들은 각각 잘하는 바가 있다. 아름다운 문장으로 글을 예쁘게 쓰기를 잘하는 사람도 있고 시비, 진위를 판별하여 일의 증상을 논하기를 잘 하는 사람도 있다.
미인은 생김새가 다르나 각각 자기의 아름다움이 있고 애수에 젖은 음악은 각기 곡조가 다르나 듣는 이의 귀를 즐겁게 한다. 막걸리와 고량주는 기운이 다르지만 마시면 같이 취하고, 오곡은 맛이 다르나 먹으면 모두 배부르다. 그러나 글쓰기에 있어서만은 반드시 옛 사람의 글과 똑같이 써야 한다고 하니 이는 순임금과 우임금이 생김새조차 똑같았어야 한다는 말과 무엇이 다른가.

작가들마다 개성이 다르고 특기가 다르다면 왕충의 특기는 이성에 비추어 질문하고 경험에 비추어 논증함으로써 옳고 그름을 가려 참과 거짓의 표준을 세우는 일이었다. 왕충이 자신 있어 하는 글쓰기는 바로 『논형』의 창작 의도와 정확히 일치한다.

『논형』의 핵심을 한마디로 논하면 "거짓을 미워함"이다. 가짜가 진실한 것보다 잘난 체 하고 진짜가 거짓에 의해 난도질을 당하는데도 사람들이 깨닫지 못하니 옳고 그름이 바로 잡히지 않는다. 이는 자주색과 붉은 색을 뒤섞는 것이요 기왓장과 보옥을 한데 쌓아놓는 것이다. 사물의 경중을 가려 서술하고 참과 거짓의 표준을 세우기 위하여 『논형』을 쓴다.

한나라의 주요 사상이 미신이라고 할 수 밖에 없는 참위설, 천인

감응설 등과 결합하여 인간을 억압한 시대이고 보면 왕충이 왜 그토록 옳고 그름의 분별에 집착했는지를 이해할 수 있게 되며 그 사상의 혁명적 의의를 확인할 수 있게 된다. 왕충은, 아닌 것을 아니라고 말할 수 있는 용기, 비록 핍박을 받을지라도 옳은 것을 옳다고 할 수 있는 시비 판별의 능력을 지식인이 갖추어야 할 최고의 도덕적 덕목이라 생각했던 것이다.

> 현자를 판별하고자 한다면 그의 선심(善心)을 관찰해야 한다. 선한 마음이 없는 자는 흑백을 분간하지 못하고 선악을 혼동하여 정치를 혼란하게 한다. 마음이 선한 자는 시비(是非)를 분별할 수 있다.

천지자연의 기를 받아 우연히 세상에 던져진 존재로서 시비, 선악을 판별할 수 있는 지식인이 되기 위해서 인간은 어떤 조건을 갖추어야 하는가? 널리 배우고 의심스러운 부분에 대해 질문하며 참되기 위해 끊임없이 노력하는 후천적 인위(人爲)가 보태져야 한다.

> 바다가 수많은 강물을 받아들이지 않으면 어떻게 거대하다는 명칭을 얻을 수 있겠는가? 사람으로서 광범위하게 다양한 논의들을 섭렵하는 것은 바다가 수많은 강물의 흐름을 포용하는 것과 같다.

> 학문하는 방법은 재주가 있느냐 없느냐에 달린 것이 아니라 스승에게 질문하고 도리를 확실히 궁구하여 옳고 그름을 확정하는 데 있다. 공자의 말씀도 비판할 것은 비판하고 이해할 수 없는 부분은 반

박하여야 한다.

공자가 사물의 미세함을 살피고 생각이 통달하고 지혜가 출중한 것은 힘써 노력하고 게을리 하지 않은 결과이다.
도(道)에는 진실로 그런 것과 인위적으로 그런 것이 있다. 진실로 그런 것은 자연의 도와 저절로 부합하는 것이고 인위적인 것은 사람이 지혜와 노력을 가하여 자연의 도와 부합하게 되는 것이다. 양자는 차이가 없다.

왕충의 우주에 대한 이해는 무위자연관으로 노장사상의 영향을 받았다면 인위(人爲)를 높이 평가하는 것은 순자의 설을 받아들인 것이다. 시비선악을 판별하여 세상을 구제할 뜻을 품은 것은 선진유교의 영향이며 공자를 끊임없이 질문하고 노력한 지식인으로 존경했다는 점에서 왕충은 공자의 후계자라 할 수도 있다. 이렇듯 왕충 이야말로 제자백가의 학설을 자유롭게 취사선택하고 재창조하여 동시대의 고쳐야 할 부분을 용감하게 비판하고 개성과 독창성으로 후세를 선도한 참된 지식인이라고 할 만 하다.

중국의 르네상스를 선도한 숨은 공로자
동시대인에 비해 너무나 앞섰기에 동시대인들로부터 인정을 받을 수 없었던 왕충은 한나라가 멸망하고 위진시대가 도래하면서 지식인들 사이에서 존중을 받기 시작하였다. 어느 선비가 갑자기 언변이 너무 풍부하고 날카로워져서 친구들이 이상하게 여겨 몰래 그의 서재를 뒤져보니 『논형』이 숨겨져 있었고 이로부터 유행하게 되었다는 이야기도 전해진다.

중국 사상사에서 세계에 대한 객관적인 인식과 인간의 주체적 가치지향이 급속한 발달을 보이게 되는 것은 신비적 우주 관념과 신화적 가치 체계가 퇴조하고 '인간'이 제반 문화의 중심으로 부상한 위진 시대에 비로소 가능해졌다. 중국 미학자 이택후(李澤厚)는 위진 시대를 춘추전국시대를 잇는 제2차 사회 구조의 대변혁기라고 설명하고 이와 같은 변혁의 시초를 백여 년 동안 묻혀 있던 『논형』이 중시되고 유행하기 시작한 것에서 찾고 있다. 조조의 아들이자 위나라 왕이었으며 문학에 조예가 깊었던 조비(曹丕), 『포박자』를 지은 갈홍(葛洪), 『문심조룡』을 지은 유협(劉勰) 등 위진 육조시대의 기라성 같은 작가들이 모두 『논형』의 애독자였다는 것은 왕충 사상의 선도적인 위치를 확인케 한다.

그러나 사실, 왕충의 사상은 전통 사회라는 시대적 배경 하에서는 너무나 혁신적인 것이었기에 『논형』이 진정 사회 전반적인 평가를 받게 된 것은 중국에서 봉건 시대가 종식되고 근대화의 문턱에 들어선 청나라 말기에 가능해졌다고 보는 것이 타당하다. 또한 1천 9백여 년이 지난 어느 날 중국의 문화혁명 시기에는 고대 사상 최초의 유물론자로서 공자보다 왕충을 높이 부각시키는 열풍을 불러 일으키기도 하였다.

옳은 것과 그른 것, 허망한 것과 참된 것을 분별하기 위해 왕충은 『논형』을 썼다고 한다. 그러나 과연 세상에 온전히 희기만 하거나 온전히 검기만 한, 온전히 옳기만 하거나 온전히 그르기만 한 것이 존재할 수 있을 것인가? 또한 인간의 이성적 사유가 도달할 수 없는 어떤 영역 혹은 때로는 이성보다는 감정이 더 진실일 수도 있는 상황은 없는 것인가?

"나는 생각한다, 고로 존재한다"라는 데카르트의 발언은 근대의 이성중심주의, 인간중심주의를 표현하는 선언적인 명제이다. 서구에서 중세의 신학적 사고체계가 신 → 왕·사제 → 인간의 수직적 질서를 구축하였던 것에 반해 근대적 이성주의는 인간을 세계의 중심에 놓으며, 인간이 경험하고 추리·사유할 수 있는 한도 안에서 세계가 존재한다고 생각하였다. 신학적 사고에 반대하여 인간을 중심에 놓고 이성적 사유를 통해 선/악을 이분법으로 나눌 수 있다고 생각했다는 면에서 왕충의 사상은 근대적 이성중심주의와 닮아 있다. 왕충에 대한 비판도 바로 이 지점에서 출발한다.

선과 악, 옳음과 그름이 서로를 유보하며 선은 악으로 악은 선으로 끊임없이 변화할 수도 있다. 따라서 이성적 사유보다는 신화적 사유, 감정, 광기와 같은 것이 인간 존재를 더욱 진실하게 대변한다고 하는 것이 포스트모더니즘이다. '도가도(道可道), 비상도(非常道)'라고 하여 언어/비언어, 유/무, 선/악의 시계추 운동을 역설하는 노장사상이나 불교사상이 포스트모더니즘과 접목하는 것도 바로 이 지점이다. 전통사회에서 노장이나 불교의 세례를 받아 구도(求道)하는 지식인들이 경험에 집착하여 시시콜콜 시비를 따지는 왕충을 소인배로 여긴 까닭도 바로 이 때문이다. 그러나 정녕 뜨면 감기고 감으면 떠지는 눈꺼풀처럼, 좌우를 반복하는 시계추처럼 선과 악, 옳음과 그름, 이성과 감성이 끊임없이 상호 교차하는 것이라면 그것이 제기된 시대적 환경과의 상관적인 이해 속에서 비로소 시/비, 선/악에 대한 이분법적 태도와 유보적인 태도가 지니는 참다운 가치를 평가할 수 있을 것이다.

더 생각해볼 문제들

1. 정치적 권력과 종교적 권위로부터 학문이 자유로울 수 있는가?

    인간이 자신의 시대적 상황을 벗어날 수 없듯이 아무리 순수 학문이라 해도 그 시대의 권력으로부터 자유로울 수 없다. 한나라의 경학이 이를 반증한다. 학문 역시 권력지향적임을 인정하고 객관적이고자 끊임없이 노력하는 것이 학문하는 자의 태도이다.

2. 옳고 그름, 선과 악의 객관적인 표준을 설정할 수 있는가?

    객관적인 표준을 설정할 수 있다고 보는 것이 왕충의 이성주의이고 설정할 수 없다고 보는 것이 불교와 도교사상이다. 근대적 이성중심주의와 포스트모더니즘을 대입해 보자.

3. 무위(無爲)와 인위(人爲)는 상반된 개념인가?

    우주자연의 질서는 무위이며, 인간이 자연을 본받는다고 할 때의 무위는 아무 것도 하지 말라는 의미가 아니라 인위의 극치에 도달하여 인위의 흔적이 없는 경지를 일컫는다.

추천할 만한 텍스트

『천(天), 인(人)과 왕충(王充)의 문학사상』, 김종미 지음, 중국사회과학원 문헌출판사, 1994.
『논형』, 왕충 지음, 소나무출판사, 1996.

김종미(金鍾美)

경희대학교 국제교육원 한·중 미래지도자 양성과정 주임교수.
이화여자대학교를 졸업하고 서울대학교 대학원 중어중문학과에서 석·박사 학위를 취득했으며, 한국학중앙연구원 포스트닥터과정을 마쳤다. 그리고 베이징 대학교 최초 한국인 전임교수를 역임했다.
『천(天), 인(人)과 왕충의 문학사상』(1994), 『유교와 페미니즘』(공저, 2001), 『동아시아 여성의 유형학』(공저, 2003), 「유(遊)의 정신과 동아시아 미학」(2001), 「인디언을 중국인이라 우기는 중화제국주의」(2004) 등의 논저가 있으며 중국 전문잡지 『CHINA21』에 한·중 고대 미학을 비교하는 "아름다움에 길을 묻다" 코너를 연재 중이다.

무릇 사람이란 천지의 마음이다. 천지만물은 본래 나와 한 몸이니,
백성들의 곤궁함과 고통이 어느 것인들 내 몸의 절실한 아픔이 아니겠는가?
내 몸의 아픔을 모른다면 시비지심(是非之心)이 없는 사람이다.
시비지심은 생각하지 않고도 알고, 배우지 않고도 할 수 있는 것으로서
이른바 양지(良知)이다. 양지가 사람 마음에 있음은 성인과
어리석은 자의 구분이 없으며, 천하 고금이 다 같다.
세상의 군자가 오직 양지를 실현하는 데 힘쓰기만 한다면
저절로 시비를 공유하고, 호오를 함께하며, 남을 자기와 같이 보고,
나라를 한 집안과 같이 보아서 천지만물을 한 몸으로 여길 수 있을 것이다.
그러면 천하가 다스려지지 않기를 바랄지라도 불가능하다.

왕수인 (1472~1528)

자는 백안(伯安)이고, 호는 양명(陽明)이며, 절강성(浙江省) 소흥부(紹興府) 여요(餘姚) 출신이다. 그의 집안은 진나라의 종이품 벼슬에 해당하는 광록대부(光祿大夫)를 지낸 왕람(王覽, 206~278)에게서 시작되었다. 붓글씨로 유명한 왕희지(王羲之, 307~365)도 그의 선조이다.

왕양명은 28세에 진사시에 합격하였으며, 형부주사(刑部主事)·낭중(郎中)·남경태복시소경(南京太僕寺少卿)·홍려시경(鴻臚寺卿) 등을 지냈다. 대규모 농민 폭동을 진압하고, 번왕(藩王)의 난을 평정한 공적을 인정받아 남경병부상서(南京兵部尙書)가 되고 신건백(新建伯)에 봉해졌다.

그는 어려서부터 성인이 되는 공부에 뜻을 두었으며, 성인이 되고자 하는 방법을 탐구하는 과정에서 주자학을 비판하고 '마음의 양지'를 중심으로 한 새로운 학문체계, 즉 양명학을 세웠다. 양명학은 명나라시대 학술의 주류를 형성하였으며, 동아시아 지성사에 심대한 영향을 끼친 바 있다. 저술로는 『전습록』과 『왕양명전집』이 있으며, 시호는 문성(文成)이다.

03

실천적 삶을 위한 지침서
왕수인(王守仁)의 『전습록(傳習錄)』

한정길 | 연세대학교 국학연구원 교수

광명한 마음이 빚어낸 삶의 자취

양명학의 창시자인 왕양명은 세상을 떠나면서 "내 마음이 환하게 밝은데 또 다시 무엇을 말하겠는가?"라는 말을 남긴다. '마음이 환하게 밝다'는 이 한마디에는 그의 삶의 태도가 응축되어 있다. 그는 자기 내면에서 환하게 빛나는 마음을 발견하였고, 그 마음의 빛을 항상 밝힘으로써 어지러운 세상을 바로잡고자 하였던 것이다.

왕양명이 살았던 시대는 명나라 중기로서 안으로는 환관(宦官)에 의한 부패정치가 횡행하고 농민들의 봉기가 빈번했으며, 밖으로는 주변 이민족의 침입이 끊이지 않았다. 사상사적으로는 주자학이 점차 그 현실적 효용성을 상실해 갔고, 마음의 자각을 중시하는 학문 풍토가 형성되고 있었다. 당시 대부분의 학자들처럼 왕양명 역시 시문을 짓는 일에 관심을 가졌고, 불교와 노장(老莊) 사상 등을 두루 섭렵하였다. 그러나 그의 주된 학문적 관심사는 지혜와 덕성이 뛰어난 사람, 즉 성인(聖人)이 되는 것이었다. 그는 성인이 되는 방법을 주자학에서 찾고자 하였으며, 주자학에서 제시하는 가르침에 대한 불만으로 주자학을 비판하고 새로운 방법을 탐구하게 된다.

성인이 될 수 있는 새로운 방법의 토대가 마련된 것은 양명이 귀양을 갔던 귀주(貴州) 용장(龍場)에서의 깨침을 통해서이다. 양명은 용장의 어려운 생활 속에서 마음이 바로 모든 일과 모든 이치의 근원임을 자각하게 된다. 그리고 이 깨침을 통하여 심즉리(心卽理)[1], 지행합일(知行合一)[2], 사상마련(事上磨煉)[3], 치양지(致良知)[4], 만물일체(萬物一體)[5] 등의 이론을 제시한다. 양명은 문관과

---

1) '마음이 곧 이(理)'라는 뜻이다. 이때의 리(理)는 사욕에 물들지 않은 순수한 도덕원리를 의미한다. 따라서 '심즉리'라는 것은 내 마음을 일체 도덕적 행위의 근원이 되는 도덕원리로 보는 것이다. 효제충신(孝悌忠信) 등의 유가적 윤리규범들은 모두 이 마음이 드러난 것이다.

2) '앎과 행위가 합일되어 있다'는 뜻으로 양명학의 지행관의 특징을 잘 보여주는 말이다. 양명학에서 '지(知)'는 대상 인식의 결과물로서의 지식이 아니라, 의식·의념·의욕 등을 포함하는 의식 주체의 지각 작용이며, '행(行)'은 의식 주체가 지닌 지각 능력을 현실화하는 것이다. 왕양명이 말하는 지행합일은 단순히 앎을 행동으로 옮겨져야 한다는 점을 강조한 것이 아니라, 앎과 행이 본래적으로 분리될 수 없는 하나임을 주장한 것이다.

3) 양지를 실현하는 공부가 주자학과 같은 이치를 탐구하는 학문이나 고요하게 앉아서 마음을 가다듬는 방법에 의해서가 아니라, 실제의 일에 대처해 나가는 구체적인 일상생활 가운데서 이루어져야 한다는 주장이다.

4) '양지(良知)를 실현한다'는 뜻이다. 양지는 시비선악을 판단하고, 의리를 실천할 수 있는 도덕적 자각과 실천 능력이며, 만물을 살려내는 의지를 그 본질로 하는 조화(造化)의 근원적인 힘이다. '치양지'란 바로 이 양지를 완전하게 실현하는 것이다.

무관으로 복무하는 중에도 학문에 관한 연구를 게을리 하지 않았으며, 곳곳에 학교를 세우고 후진 교육에도 힘써서 많은 제자들을 길러냈다. 이러한 그의 삶의 자취는 그가 자각적으로 터득한 광명한 마음이 빚어낸 실천의 산물이라고 할 수 있다. 왕양명의 실천적 삶과 그 사상이 담겨 있는 책이 바로 『전습록(傳習錄)』이다.

『전습록(傳習錄)』의 구성
『전습록』은 왕양명의 제자들이 선생의 학술에 대한 말씀과 학문을 논한 편지글들을 모아서 엮은 책으로 상·중·하 3권으로 되어있다. '전습(傳習)'이라는 말은 『논어(論語)』「학이편」의 "전한 것을 익히지 않았는가(傳不習乎)?"에서 나온 말로 왕양명의 제자인 서애(徐愛)가 선생의 평소 강의 내용을 기록하고, 그것을 실천하고자 하는 뜻에서 '전습록'이라는 제목을 처음 붙였다.[6]

---

5) "천지만물이 본래 나와 분리되지 않는 하나의 몸이다"는 주장이다. 천지만물이 본래 나와 더불어 하나의 몸인데, 하나의 몸이 되지 못하는 것은 집착과 사욕으로 인하여 간격이 생겼기 때문이다. 집착과 사욕을 제거하고 양지를 실현하게 되면 천지만물을 하나의 몸으로 생각하는 경지가 열리게 된다.

6) 그 후 설간(薛侃)이 양명의 어록을 엮어서 출간할 때 책의 제목을 『전습록』이라고 하였으니, 그것이 지금의 『전습록(傳習錄)』 상권이다. 가정 초기에 남대길(南大吉)이 다시, 왕양명이 학문을 논한 글들을 모아 간행하고는 『속각전습록(續刻傳習錄)』이라고 하였는데, 그것이 지금의 『전습록』 중권이다. 왕양명의 사후에 전덕홍 등이 나머지 기록들을 모으고 『전습속록(傳習續錄)』이라고 이름 붙이니, 이것이 지금의 『전습록』 하권이다. 『전습록』 상권은 정덕 무인년(1518)에 간행되었고, 가정 병진년(1556)에는 상·중·하 3권이 전부 간행되었고 융경(隆慶) 6년(1572)에는 사정걸(謝廷杰)에 의해 『왕문성공전서(王文成公全書)』가 간행되었으며, 청초에 이르러서는 『전습록』의 판본이 수십 종을 넘어섰다.

『전습록』 상권은 왕양명의 가르침을 서애(徐愛)·육징(陸澄)·설간(薛侃)이 기록한 것으로, 모두 129조목의 어록으로 이루어져 있다. 서애의 기록은 『대학』의 근본취지에 관한 내용을 적은 것이며 육징의 기록은 마음 공부법, '마음과 이', '마음과 사물', '마음과 성'의 관계에 관한 논의 내용 등을 담고 있다. 그리고 설간(薛侃)의 기록은 '조존(操存)공부', '성인의 의미 규정', '거경과 궁리의 관계', '성의와 정심의 관계', '계신공구와 신독의 관계', '마음과 몸의 관계' 등이 다루어지고 있다.

왕양명의 사상은 흔히 양명이 49세에 치양지설(致良知說)을 제출한 것을 기준으로 해서 그 이전과 이후를 각각 전기와 후기로 나누어서 언급한다. 이 『전습록』 상권은 양명의 전기 사상을 살펴보는 데 가장 좋은 자료이다. 그리고 『전습록』 중권[7]은 주로 서간문으로 이루어져 있는데 양명이 49세에 집필한 「답나정암소재서」를 제외하고 모두 50대에 쓰여진 것으로 그의 후기 사상이 잘 나타나 있다. 상권이나 하권과는 달리 서간문으로 이루어져 있어서 양명의 사상이 조리정연하게 표현되어 있다는 점이 특징적이다. 끝으로 『전습록』 하권은 주로 왕양명의 후기의 어록을 진구천(陳九川)·황이방(黃以方)·황민숙(黃敏叔)·황면지(黃勉之)·황이방(黃以方)이

---

7) 중권의 구성은 『답인론학서(答人論學書)』, 『계문도통서(啓問道通書)』, 『답육원정서(答陸元靜書)』 2편, 『답구양숭일(答區陽崇一)』, 『답나정암소재서(答羅整菴少宰書)』, 『답섭문울(答聶文蔚)』, 『답섭문울(答聶文蔚)』(二), 『훈몽대의시교독유백송(訓蒙大意示敎讀劉伯頌)』, 『교약(敎約)』으로 되어 있다.

기록한 것으로 모두 142조목으로 이루어져 있다.

 양명은 정치적으로는 영왕(寧王) 신호(宸濠)의 반란을 평정하고, 학술적으로는 나정암 등과의 토론을 거치면서 더욱 자기 학설에 확신을 갖게 된다. 거기에는 백번의 죽을 고비와 천번의 난관이라는 삶의 구체적인 체험이 있었다. 특히 하권에는 실질적인 체험이 뒷받침된 원숙한 경지에서 나오는 양명의 가르침이 기록되어 있다. 이 때문에 양명사상의 진수를 이해하기 위해서는 반드시 하권을 읽어야 한다.

양명학의 정신

『전습록』에는 왕양명의 실천적 삶의 정신이 잘 나타나 있다. 그렇다면 양명학의 참된 정신은 무엇인가?

 첫째로, 본심(本心)의 감통(感通)과 생명 정신을 들 수 있다. 왕양명은 자신을 "모든 사람들이 기뻐하며 희희덕거리는 가운데 홀로 눈물을 흘리면서 탄식하고, 온 세상이 태연하게 잘못된 길로 달려갈 때 홀로 머리 아파하고 이맛살을 찡그리며 근심을 하는 … 가슴 속에 큰 고통을 지닌 자"라고 서술한 바 있다.

 이러한 양명의 근심과 고통은 천하가 제대로 다스려지지 못한 데서 온 것이다. 그의 눈에 비친 당시의 현실은 공리(功利)의 독성이 사람들의 가슴 속 깊이 스며들어 마치 "병이 깊어져 죽음을 눈앞에 둔 때와 다름이 없는" 위기상황이었다. 사회의 각 구성원들은 계층을 가릴 것 없이 사적인 이익을 위하여 편협한 견해와 교활하고 음험한 수단을 써서 서로 대립하고 갈등을 일으키며, 서로를 능멸하고 해치는 싸움을 벌이고 있었던 때였다. 이 대립과 갈등의 현실을 방치한다면 결국은 사회 전체의 질서가 파괴되고 개인의 생존조차 위협받게 될 것이었다. 양명은 이러한 위기 상황을 구제할 수 있는 방법을 천지만물을 일체로 파악할 수 있는 '본심 양지의 감통(感通)'에서 찾으려 했다.

양명학은, "본심은 바로 생명의 의지를 그 본질로 하고 있다"는 직관에서 출발한다. 인간의 본심이 바로 "천지가 만물을 길러내는 마음"과 상통한다고 본 것이다. '본심의 감통'은 바로 너와 나 사이에 간격이 없이 서로 소통하여 하나가 되는 것으로서 내 안의 '생명의 의지'를 드러내어 내 마음이 접하는 일체의 것들을 '살려내는 것'을 의미한다. 왕양명은 사람의 일체 행위, 즉 우리들의 생각·말·글·행동은 본심의 감통능력에 근거하여 자신 만이 아니라 다른 존재물의 생명까지도 실현시켜주어야 한다고 본 것이다.

'파산중적(破山中敵)'으로 대변되는 양명의 사공의 업적이나 '파심중적(破心中敵)'으로 대변되는 그의 학술은 모두 본심의 감통을 실현하여 천하를 구제하기 위한 것이었다. 이것은 다름 아닌 자기의 덕성을 밝히고 타인을 사랑하는 길을 의미한다. 그는 인간의 도덕적 본심을 각성시키고 실현하여 사회구성원들이 서로 편안하게 대하고 길러주는 대동 사회를 만들고자 했던 것이다. 본심의 감통에 근거한 생명의 실현이 양명학이 지닌 가장 근본적인 정신이라고 할 수 있다.

둘째로, 의리의 인식과 실천적 정신을 들 수 있다. 양명학의 근본 취지는 바로 '치양지(致良知)'다. 양지는 시비와 선악을 판단하고,

의리를 실천할 수 있는 도덕적 자각과 실천 능력으로서 사람이면 누구나 다 지니고 있는 것이다. 그것은 일상 생활 속에서 드러나는 내 마음 작용에 깃든 시비와 선악을 있는 그대로 인식한다. 따라서 양지를 속이지 않고 착실하게 그것에 의거하여 행하기만 한다면 선은 보존되고 악은 곧 제거될 수 있다. 양지를 속이지 않고 착실하게 양지대로 사는 것, 그것이 바로 치양지이다.

양지대로 산다는 것이 쉬운 일은 아니다. 사욕이 양지를 가리고 있기 때문이다. 사욕은 스스로를 사적 존재로 간주하여 자기의 욕구만을 추구하고자 한다. 사회의 온갖 부정·부패와 갈등 및 투쟁이 모두 여기에서 비롯된다. 사회의 정의를 실현하고 갈등을 해소하기 위해서는 사욕의 뿌리를 뽑고 그 원천을 막아버려야 한다. 그런데 사욕을 제거한다는 것이 쉽지 않다. 그동안 동양의 많은 철인들이 사욕을 제거하는 방법을 탐구하고 제시하는 데 힘을 기울여 왔다. 그 가운데 양명이 제시한 방법이 바로 양지를 실현하는 '치양지'다.

아무리 악한 마음을 지니고 있다 할지라도 때때로 사사로운 욕심이나 습관적인 마음을 뚫고 드러나는 양심의 소리, 즉 양지의 울림은 있다. 양지는 끊임없이 스스로를 드러내는 역량을 지니고 있기 때문에 그것에 귀를 기울이기만 한다면 누구든지 쉽게 그 울림을 들을 수 있는 것이다. 양지대로 살기 위해서는 무엇보다 먼저 양지의 울림을 자각하고, 그것을 실제로 자기 행위의 주체로 삼을 수 있어야 한다. 양지를 참된 주체로 삼아 양지가 밝게 깨달은 대로 살기 위해서 어떤 경우에는 자신의 목숨까지도 내놓아야 할 때가 있는데, 의로움을 위하여 개인의 목숨을 버린 수많은 이들이 바로 양지의 깨달음을 저버릴 수 없었던 사람들이다. 자기 생명을 내놓는다는 것은 누구라도 원치 않는 일이지만, 그보다 더 원치 않는 것은 양지를 속이는 일이라는 것이다. 이처럼 양지대로 산다는 것은 "그만두고자 해도 스스로 그만두지 못하는 길"을 가는 것이다. 양명은 양지대로 사는 데에 인생의 참된 즐거움이 있다고 말한다.

셋째로, 개인의 해방과 자유 정신을 들 수 있다. 전통적으로 동양에서는 육경(六經)·사서(四書)[8]의 경전이나 성현들의 가르침에 많은 권위를 부여해왔다. 그런데 경전이나 성현의 가르침이 절대적인 진리 체계로 굳어지면 그것은 자칫 개인의 의식이나 생활을 구속할 우려가 있다. 실제로 주자의 가르침을 절대적인 진리로 간주한 조선의 성리학자들 대부분이 그로부터 자유로울 수 없었던 것이 그 단적인 사례이다.

양명학이 지닌 매력 가운데 하나는 바로 개인을 그 어떤 외재적인 권위나 속박으로부터 벗어나게 한다는 점이다. 양명학은 각 개인들이 지니고 있는 양지를 모든 판단과 행위의 근거로 삼는다. 올바른 생각과 행위를 하기 위해서는 외재적인 권위나 규범에 더 이상 의지할 필요가 없고 오로지 내 마음의 양지에 따라 살기만 하면 된다. 공자나 주자와 같은 옛 성현들의 가르침이라도 내 마음에 돌이켜 살펴보아서 옳다고 인정되어야만 의미가 있다. 이처럼 양명학은 자기 마음속의 양지를 판단과 행위의 기준이 되는 보편적인 원

---

[8] 육경은 『시경』, 『서경』, 『주역』, 『춘추』, 『예기』, 『악경(樂經)』이고, 사서는 『논어』, 『맹자』, 『중용』, 『대학』이다.

리로 삼음으로써 과거의 전통이 지니고 있는 무거운 짐을 내려놓을 수 있게 되었다.

전통적인 권위로부터 개인을 해방시킨 양명학의 정신은 또 새롭게 변화하는 현실에 능동적으로 대응하는 데 탁월한 힘을 발휘할 수 있다. 내 마음의 양지가 느끼는 대로 변화에 응하기만 하면 되기 때문이다. 무인(武人)이기도 한 왕양명은 양지의 이 역량을 실제 전투에서 활용한 바 있다. 어려운 상황에서도 흔들리지 않고 늘 양지의 판단에 따르고자 한 것이 변화에 대응하는 오묘한 작용을 가지고 온 것이다. 그리고 양명학의 이러한 정신은 동아시아 지식인들이 서양의 이질적인 문화를 받아들이는 데 어느 정도의 긍정적인 역할을 하였다. 양지에 비추어서 필요한 것이라면 그것이 이질적인 것이라도 수용할 수 있었기 때문이다. 어떤 외적 권위로부터도 자유로울 수 있는 비판정신을 가지는 동시에 어떤 이질적인 것과도 어울릴 수 있는 방법을 우리는 양명의 가르침을 통하여 익힐 수 있다.

양명학의 사상사적 의의와 역할

주자학에 대한 일정 정도의 반성적 비판을 통하여 성립된 양명학은 주자학과 함께 신유학의 양대 사조를 형성하였으며, 15세기 이후 동북아시아의 사상과 문화를 이끌어 왔다.

양명학은 주자학에서 시작된 내면주의의 완성으로 이해될 수 있다. 말하자면 양명학에서는 '내'가 모든 권위를 갖게 된 것이다. 이러한 내면주의의 결과로 주자학에서는 생각지도 못한 일이 생겨났다. '형이상학적 본질보다 개체의 실존과 주체성 중시', '인간의 욕망에 대한 적극적 긍정', '냉철한 이성보다 따뜻한 정감의 중시', '전통적 권위에 대한 비판과 부정', '개성 중시의 문화 형성', '수직적 인간 관계보다 수평적 인간 관계의 형성', '외재적인 격식보다 실질의 중시', '실질에 반대되는 거짓에 대한 규탄' 등이 그것이다. 이러한 특징으로 인해 양명학은 기존의 전통 사상과 문화를 비판적으로 반성하고, 새로운 사상과 문화를 주체적으로 수용할 수 있는 사상적 기반이 될 수 있었다.

양명학이 한국 사상사에 끼친 영향도 적지 않다. 주자학을 유일한 도학(道學)으로 간주하여 양명학을 이단으로 비판하였던 조선의 현실에서 양명학을 드러내놓고 연구하기는 어려웠다. 이 때문에 한국 사상사에 등장하는 인물 가운데 양명학자로 분류될 수 있는 사람은 그렇게 많지 않다. 그러나 실심(實心)에 입각하여 실사(實事)에서 실행(實行)을 추구하는 양명학의 정신은 끊이지 않고 나타났다. 특히 하곡(霞谷) 정제두(鄭齊斗, 1649~1736)에 이르러서는 조선 양명학의 독자적인 철학이 수립됨으로써 한국 사상사에 새로운 생명을 불어넣을 수 있게 되었다. 뿐만 아니라 양명학은 양난(兩亂) 이후 혼란한 사회상을 극복하기 위한 하나의 사상 체계로 기능하였으며, 근대에는 유교를 개혁하고 대중화함으로써 국권 회복이라는 민족의 시대적 과제를 해결하는 데 기여하기도 하였다.

더 생각해볼 문제들

1. 양명학에서 '심즉리'의 마음은 사욕에 물들지 않은 순수한 도덕 원리로 이해된다. 그런데 그 마음은 바로 '나의 마음'이며, '나의 마음'은 내 몸이 지니는 감각적 욕구 본능과 분리되어 있지 않다. 이 때문에 마음의 자율성을 강조하는 양명학은 자칫 사적인 감정과 욕망을 따르게 될 위험이 있다. 양명학이 지닌 이러한 문제점은 어떻게 극복될 수 있을까?

   조선의 대표적인 양명학자인 하곡(霞谷) 정제두(鄭齊斗)도 "양명학에는 감정에 맡기고 욕망을 따르게 될 근심이 있다"고 하여 깊은 우려를 표명한 바 있다. 내 마음의 작용이 사적인 감정과 욕망으로 흐르지 않기 위해서는 무엇보다 먼저 마음의 본모습에 대한 자각이 요구된다. 내 마음의 본심인 양지가 사욕에 물들지 않은 순수한 도덕 원리임을 깊이 이해하는 것이다. 그리고 구체적인 일상사 가운데서 양지가 지닌 자기 주재 능력을 충분히 발휘할 수 있도록 끊임없이 연마해야 한다.

2. 양명학에는 그 어떤 외적 권위에도 예속되지 않으려는 정신이 있다. 양명학의 이러한 자유정신은 왕양명의 본래 의도와는 무관하게 삼강오륜으로 대변되는 유교의 전통적인 예법에 관한 가르침으로부터도 벗어날 수 있는 가능성을 지니고 있다. 양명학의 예법에 관한 가르침을 구현하려는 정신과 그 자유정신이 어떻게 조화를 이룰 수 있을까?

   양명학은 사람의 마음을 도덕규범의 근원으로 이해하고, 그에 근거하여 유가의 도덕적 가치가 실현되는 세계를 세우고자 한다. 그런데 스스로 규범을 만들어 낼 수 있는 마음의 창조적 능력은 늘 시대 상황을 고려하여 그에 적합한 규범이 무엇인가를 찾아낸다. 유교의 예법이 필요한 시대에 임해서는 그 시대에 적합한 도덕 규범을 창출해내며, 자유와 평등이 요구되는 시대에 임해서는 그 시대에 적합한 도덕 규범을 창출해낸다. 시대 상황에 따라 창출해내는 도덕 규범은 다를지라도, 그 근원인 마음은 그 어떤 외적 권위에도 예속되지 않은 순수한 도덕심이라는 점에서는 동일하다.

3. 만물일체의 경지를 지향하는 양명학은 자기와 타자간의 대립과 구별을 긍정하지 않는다. 그런데 오늘날 우리는 자신의 생명을 실현하기 위해서는 대상에 대한 지적 탐구와 타인과의 생존 경쟁을 하지 않을 수 없다. 이것들은 모두 자기와 타자 사이의 구분을 전제로 해서 이루어진다. 이러한 시기에 자기와 타자 사이의 소통을 중시하는 양명학은 어떤 의의를 지닐 수 있는가?

대상에 대한 지적 탐구와 타인과의 자유로운 경쟁은 그 나름대로 장단점을 지니고 있다. 대상에 대한 지적 탐구는 인간의 앎의 영역을 확대시키고 자연에 대한 지배 역량을 강화시킴으로써 인류의 생활을 보다 풍요롭고 편리하게 만들었다. 그러나 자연을 대상화하고 개발하는 과정에서 자연 환경을 파괴하는 현상이 나타났으며, 이제는 도리어 사람이 그 피해를 입는 상황에까지 이르렀다. 한편 타인과의 자유로운 경쟁은 인간의 삶을 질적으로 승화시키는데 많은 공헌을 한 바 있다. 그러나 그 경쟁이 지나쳐 개인·민족·국가들 사이의 반목과 갈등이 인류의 생존을 위협하는 지경에까지 이르렀다. 이러한 때 자기와 타자간의 소통을 중시하는 양명학은 개인과 개인, 민족과 민족, 국가와 국가, 인간과 자연 사이의 화해를 도모하는데 긍정적인 역할을 할 수 있을 것이다.

추천할 만한 텍스트

『전습록』, 왕수인 지음, 정인재·한정길 역, 청계출판사, 2001.
『내 마음이 등불이다』, 최재목, 이학사, 2003.
『왕양명철학』, 채인하(蔡仁厚) 지음·황갑연 옮김, 서광사, 1996.
『양명철학』, 진래(陳來) 지음·전병욱 옮김, 예문서원, 2003.

한정길(韓正吉)
연세대학교 국학연구원 교수

무릇 동심이란 거짓을 끊어 버린 순진함으로 사람이
태어나서 가장 처음 갖게 되는 본심을 말한다.
동심을 잃게 되면 진심이 없어지게 되고, 진심이 없어지면
진실한 인간성도 잃어버리게 된다. …대저 최초의 마음이
어찌하여 없어질 수 있는 것이랴! 그러나 동심은 왜 느닷없이 사라지고 마는 것일까?
원래 그 시초는 듣고 보는 것이 귀와 눈으로부터 들어와
안에서 사람을 주재하게 되면 동심이 없어지는 데서 발단한다.
자라서 도리(道理)가 견문(見聞)으로부터 들어와 사람의 내면을 주관하게 되면
어느덧 동심도 사라지고 마는 것이다.

이지 (1527~1602)

원래 이름은 재지(載贄)이고 호는 탁오(卓吾)이며 이름 바꾸기를 즐겨 생전에 무려 47가지에 달하는 호를 사용했다. 복건성 천주 출신으로 조상 중에는 이슬람 문화와 긴밀하게 교류한 이도 있었지만, 이지 본인은 중국의 전통문화 안에서 성장했다. 훗날 주자학과 양명학은 물론 노장(老莊)과 선종(禪宗), 제자백가며 기독교, 회교까지 두루 섭렵한 이력으로 인해 그의 사상은 중국 근대 남방문화의 결정체로 설명된다.

26세 때 거인(擧人)에 합격하여 하남·남경·북경 등지에서 줄곧 하급 관료생활을 하다가 54세 되던 해 운남의 요안지부를 끝으로 퇴직했다. 40세 전후 왕양명과 왕용계의 저작을 처음 접한 뒤 심학(心學)에 몰두했지만 나이 들어서는 불교에 심취해 62세에 정식으로 출가하고 절에서 기거하였다. 유가의 정통사관에 도전하는 『장서』를 집필했고, 성현이 아닌 자신의 기준으로 경전을 해설한 『사서평』을 출간했으며, 선진 이래 줄곧 관심 밖이었던 『묵자』의 가치를 새롭게 조명하기도 했다. 스스로 이단을 자처하며 유가의 말기적 폐단을 공격하고 송명이학의 위선을 폭로한 그에게 세인은 양쪽으로 갈려 성인과 요물이란 극단적인 평가를 부여했다. 결국 혹세무민의 죄를 뒤집어쓰고 감옥에 갇혀있던 중 76세에 자살로 생을 마감했다. 그의 저작들은 명·청대의 가장 유명한 금서였지만 대부분은 지금까지 전해지고 있으며, 그의 이름을 빌린 수많은 위작 또한 횡행하고 있다.

04

역설과 독설의 미학
이지(李贄)의 『분서(焚書)』

김혜경 | 한밭대학교 중국어전공 교수

불사를 수 없는 책 『분서』

『분서(焚書)』라는 제목이 시사하듯 이 책은 태워 없어져야 할 운명을 예감하며 세상에 나왔다. 그리고 저자 생전과 사후에 걸쳐 몇 번의 금훼(禁燬)를 겪었으나 끝내 사라지지 않고 지상에 남았다. 지금에 이르러선 고전이란 대접을 받으며 이런 교양서의 목록에까지 올랐으니, 책도 생전엔 빛을 못 보다가 죽어서야 영웅이 되는 그런 운명을 타고나는 경우가 있는가보다.

『분서』의 저자 이지(李贄)는 자신의 책과 엇비슷한 운명을 살았다. 그는 평생 한 곳에 정주하지 않은 채 인생의 진체(眞諦), 즉 인생의 가장 진실한 의미를 밝히기 위해 분투했고, 그 결과 동시대의 많은 사람들로부터 사랑과 미움을 한 몸에 받았다. 도(道)[1]를 향한 열정으로 점철된 그의 일생은 자부심 강하고 꼿꼿한 성품과 맞물려 가장 개성적이면서도 진보적 색채가 강한 사상을 산출해냈으며, 명나라 말기의 사상계와 문단에 지대한 영향을 끼쳤다고 평가된다.

하지만 그가 말한 만민의 평등은 아직 때가 일렀고 게다가 언동까지 거침없는 바람에 떨어지는 핍박은 피할 수 없는 일이 되었다. 몇 차례 탄압을 받으며 각처를 떠돌던 이지는 결국 혹세무민(惑世誣民)의 죄를 뒤집어쓰고 76세의 고령으로 감옥에서 자살로 생을 마감하게 되는데, 죽어서도 그에 대한 평가는 양극화되어 식자들 사이에 논란을 촉발시키곤 하였다.

이지는 책의 서문에서 "당시 사람들의 폐단을 자못 절실하게 언급했고 그들의 고질병을 정면에서 꼬집는 바람에 그들의 미움을 사게 되어 그 때문에 불태우지 않을 수 없다"면서 '분서'라는 제목은 그래서 붙여졌다고 설명한다. 하지만 그가 정말 책의 분훼를 걱정한 것 같지는 않다. 그는 다만 이렇게 말하고 싶었는지도 모른다. 누군가 읽고 나면 반드시 나를 죽이고 싶을 정도로 독설이 넘치지만, 그래서 일시 불태워질 수도 있겠지만 이 책은 그 때문에 더한층 확산되고 유명해질 거라고 말이다. 『분서』라는 제목은 책의 내용과 출판 당시의 상황을 교묘하고도 선명하게 부각시킨다. 그래서 매우

---

1) 인간이 가야할 바른 길, 혹은 천도(天道)를 나타내는 철학 용어이다. 유가에서는 인간의 행위에 주목해 도덕적 개념으로 설명하는 반면, 도가에서는 인간의 영역을 초월한 형이상학적 의미를 지닌 근본 개념으로 설명한다. 응용 범위가 대단히 광범위해서 사상가마다 제각기 다른 분야의 본원을 설명할 때 이 용어를 동원하는 경우가 많다.

역설적이다.

　이지는 살아생전 엄청난 분량의 저작을 남겼지만 그 사상의 핵심은 대체로 『분서』의 범위를 넘어서지 않는다. 이 책은 저자의 선언대로 독설과 역설이 도처에 흘러넘친다. 그는 거침없이 말하지만 그것은 정교하게 구성된 문장에 얹혀져 있어 비단 그 철학적 사유를 따라가는 즐거움뿐만 아니라 읽는 맛 또한 쏠쏠하게 제공한다. 이 책은 한 시대의 선각자가 온 생애를 걸고 추구한 모든 것을 담아놓은 육성의 기록이다. 그는 엄격한 선비 혹은 투사의 외양을 지녔지만 내면의 세계는 결코 편면적이거나 대립적이지 않고 오히려 풍부한 감성과 유머가 넘쳐난다. 그에게는 당대의 모든 인문적 사조를 통합하려는 경향이 보이는데, 여기에 대해선 약간의 배경설명이 필요할 듯하다.

　호가 탁오(卓吾)인 까닭에 혼히 이탁오라 일컬어지는 이지는 복건성 천주(泉州) 출신이었다. 이 도시는 원래 송이나 원나라 시절 해상 실크로드의 출발지로 알려진 해상 무역의 중심지였다. 옛 이름은 자동(刺桐), 서양에는 아랍어로 올리브라는 뜻의 자이툰(Zaitun)이란 명칭으로 알려졌는데, 마르코 폴로보다 먼저 중국에 왔다는 이탈리아의 유태계 상인 야콥 단코나(Jacob D'Ancona)가 '빛의 도시'(The City of Light)로 묘사하며 책으로 유럽에 소개한 바 있는 중세의 무역항이었다. 명나라 시대에 이르러선 오랜 봉쇄정책의 영향으로 예전에 비해 큰 번영을 누리진 못했지만 그래도 중국 남방문화의 중심지로 거론되기에 손색없는 도시였다. 지금도 시가지 중심에는 이슬람 사원이며 오래된 불교 사찰, 기독교와 천주교 교당, 공자의 사당인 문묘, 관제묘나 도교 사원 등이 서로 이웃한 상태로 조화롭게 배치되어 있는데, 이처럼 다양한 종교와 문화가 공존하는 중국의 남방문화는 이지 사상의 기본적 토양이 되었다. 유일과 절대를 혐오하는 그의 성격 역시 어렸을 때 접했던 고향의 자유로운 분위기로부터 영향 받았을 것이라는 추론이 가능하다.

『분서』의 내용과 체제는 천주라는 도시의 분위기처럼 자유분방하다. 다채롭고 파격적인 사고로 우리를 이끄는 문장이 넘쳐나지만 그러면서도 정연하고 논리적이어서 고문(古文)이 도달할 수 있는 최고의 경지를 구가한다고 평가된다. 이 기발한 책은 모두 7권으로 구성되어 있다. 첫째와 둘째 권은 친구들과 주고받은 편지글인 서답(書答)인데, 그의 철학적 사고와 주장이 벗들과의 논쟁이나 교류를 통해 명료하게 서술된다. 셋째와 넷째 권은 잡술(雜術)로서 철학·종교·문학적 주제에 대한 에세이들과 동시대 다른 인물들의 책에 써준 서문, 그리고 자신의 스승과 벗들을 추도하며 지은 고유문을 포함한다. 다섯째 권은 독사(讀史), 즉 역사 평론에 해당한다. 사서에 보이는 인물과 그들의 문학 작품에 대해 이지 나름의 독특한 사관으로 평가하고 해석한 흥미로운 문장들이다. 여섯째 권은 시가(詩歌)편으로 오랜 연찬의 세월 동안 간간이 창작했던 시가 모음집이다. 두보(杜甫)를 연상시키는 그의 시들은 때론 평담하고 때론 호방한 풍격으로 표현되어 그 내면세계의 고독과 격정을 여과 없이 보여준다. 마지막 권은 앞에 미처 수록하지 못했던 편지글 모음으로 증보(增補)편에 해당한다.

이지 비판철학의 배경

중국의 역사는 대체로 3단계의 발전론을 지향한다.[2] 혼란기가 지나면 약간 평안한 시대가 되고 그 다음에는 태평성대가 오지만 이때는 또 다른 난세의 시작이라는 물극필반(物極必反)[3]의 원리를 역사에 적용해 설명하는 것이다. 고단한 삶을 견뎌야 하는 당사자에게는 난세 아닌 시절이 없을 테지만, 객관적으로 평가할 때 역사에는 분명 난세라고 지목할 만한 시대가 있었다. 그리고 우리는 중국의 난세로 춘추(春秋)·전국(戰國) 시대나 위진남북조(魏晉南北朝)를 거론하는데, 주목할 만한 사실은 중국 고전의 정수라고 하는 책들은 거의 이 시대의 산물이란 점이다. 유별나게 살기 힘든 시절에 인간은 더 많이 고뇌했을 터이고, 그 결과물들은 인류의 지혜를 밝혀주는 고전으로 남게 된 것이다.

이지가 살았던 명나라 말기 역시 태평성대라고는 결코 이를 수 없는 위험하고 위태한 시기였다. 정치는 부패로 말미암아 엉망이었고, 이미 상당히 발전한 상태에 있던 민간의 상업 경제는 건전한 자본주의로 도약할 수 있는 출구를 찾지 못해 헤매는 중이었다. 지속되는 혼란을 극복하지 못한 명나라는 결국 잇단 농민 반란과 유목민족의 침입으로 일거에 무너지고 마는데, 이렇듯 어지러운 상황은

---

2) 『춘추공양전(春秋公羊傳)』은 역사를 쇠란세(衰亂世)·승평세(升平世)·태평세(太平世)로 나누었고, 『예기(禮記)』 「예운편(禮運篇)」에서는 비슷한 내용을 명칭만 달리하여 거란세(據亂世)·소강세(小康世)·대동세(大同世)로 분류한다.

3) 사물이 극한으로까지 발전하면 반드시 그 반대 방향으로 전환하게 된다는 뜻이다.

역으로 지식인들을 각성시켜 그들의 사유 활동을 촉진시켰을 뿐 아니라 각자의 배타성을 허물어뜨리는 데도 일조한 측면이 없지 않았다. 이지는 이러한 시대를 배경으로 활동했던 일군의 지식인 집단 가운데 가장 대표적인 인물이었다.

명나라 시대의 관학은 주자학[4]이었다. 주자학의 일원론[5]은 황제의 제국이 존립할 수 있는 사상적 토대를 제공해주었다. 주희(朱熹)를 비롯한 송나라 시대의 유학자들은 태극(太極)과 음양(陰陽)은 한 가지 사물의 진화일 뿐 두 사물의 교합은 아니라고 주장한다. 주희는 "음양을 말하면 태극은 그 안에 있고, 태극을 말하면 음양은 그 안에 있게 된다. 하나는 둘이 되고 둘은 하나가 된다"고 하며 태극에서 양의(兩儀)[6]가 발생한다고 정의하였다. 이렇듯 주희는 음양을 말하더라도 그 대등함은 인정하지 않았기 때문에 절대적인 존재를 상정하는 일원론으로 발전하게 되고, 그로부터 만물은 평등하지 않을 수 있다는 가설이 성립하게 된다. 여기서 이분화된 세계가

---

4) 송대의 성리학(性理學)은 주희가 주돈이, 정호·정이 형제, 장재 등을 이어 집대성한 학문인 까닭에 주자학이라 부른다. 명대에 유행한 양명학과 함께 신유학의 양대 축이 된다.

5) 세계의 본원은 단지 하나일 뿐이라고 인식하는 철학론이다. 성리학에서는 이(理)가 우주만물의 단 하나 본원이며, 이것이 인간과 자연의 수많은 현상으로 갈라진다는 '이일분수(理一分殊)'론을 주장한다. 이는 정치적으로 인간세의 황제가 유일무이한 존재로 정점에 서 있는 상황에 비유되었다.

6) 천지(天地), 음양(陰陽), 남녀 같은 대칭적 위치에 있는 구체적 사물을 뜻한다. 『주역』은 태극이라는 추상적 이(理)에서 양의가 발생한다고 했고, 송대의 이학가들은 이에 근거해 사물의 발생과 이치를 설명하였다.

파생되고 절대적이며 유일한 것에 대한 환상은 존재의 근거를 획득하게 되는 것이다.

송나라의 신유학은 이렇게 해서 피라미드 구조의 계급 질서를 뒷받침하는 정치 논리로 발전하게 되고, 이는 보다 안정적이고 견고한 사회 시스템의 구축에 활용되었다. 하지만 이런 확고부동한 구조는 사회의 변화에 대해 무지하고 무감각할 수밖에 없었다. 명나라 때에 이르러 인구가 급속히 증가하고 계급이나 사회 질서가 변화하게 되자 성리학은 시대의 변화에 효율적으로 대처하지 못하게 된다. 성(性)과 이(理)를 심(心)으로 통합하는 왕양명의 심학은 바로 이런 환경의 산물이었다. 주체성을 강조하는 주관적 관념론인 심학(心學)은 객관적 실체를 강조하는 주자학을 비판하는 체계로 성립해 실천 중시의 치양지(致良知)와 지행합일(知行合一)로 귀결되는데, 이는 고스란히 이지 사상의 바탕으로 흡수되었다.

주자학 비판과 상대주의 철학

철학과 그것의 정치적 응용은 기실 별개의 문제일 것이다. 위정자의 필요에 의해 조작된 사상은 근본적으로 독단적이고 허구적일 수밖에 없다. 이는 본래 바람직하지 못한 현실의 반영인 것인데, 시절마저 부패했다면 불에 기름을 붓는 격으로 사상의 내함(內含) ─ 그 안에 포함된 내용 ─ 이 저절로 왜곡되기 마련이었다.

명나라는 도덕을 나라의 근간으로 내세운 국가였다. 하지만 주자학의 이중적 세계관과 논리 아래 근신과 부화뇌동은 지식인들에게 고상한 교양이 되고, 허위와 사기는 관료 생활에서 분리할 수 없는 필수성분으로 인식되었다. 이렇듯 실제와 명분이 분리되어 겉도는 사회에서는 건강한 활기가 상실되어 융통성이 발휘될 여지가 없었다. 송나라의 유학자들은 유학을 고도의 사변 철학[7]으로 발전시켰지만 명나라에 이르러 그것은 사회 분위기를 영도하거나 이미 움트기 시작한 근대적 계몽의 싹을 북돋는 데는 전혀 도움이 되지 못했던 것이다. 시비의 기준을 마음에 둔다는 심학(心學)[8]은 바로 이학(理學)의 이런 측면과 대립하며 명나라시대에 비약적으로 성장하게 된다. 이지의 『장서(藏書)』라는 책에는 양명학의 심즉리(心卽理)[9]에서 좀더 나아가 이를 상대주의 철학으로 발전시킨 내용이 나온다.

    지선(至善)이란 선함도 없고 선하지 않음도 없음을 말한다. 선하지도 않고, 선하지 않은 것도 아니어야 비로소 지선이 되며, 가능함도 없고 불가능함도 없어야 비로소 당가(當可)가 될 수 있다. 만약 일

---

[7] 송대의 유학은 선종(禪宗)과 노장 사상을 비판하기 위한 대응 논리로서 구상되었기 때문에 실천 중심의 원시 유가에 비해 사변적 성격이 십분 강화된 신유학으로 발전하였다.

[8] 심학은 '마음(心)'을 기본관념으로 하여 성립된 철학 체계이다. 맹자로부터 비롯되었지만 불교 선종의 영향을 받아 송, 명나라시대에 크게 발흥하였고, 육상산(陸象山)과 왕양명(王陽明)에 의해 체계화되었다. '주관적 유심론'으로 일컬어지며 '이(理)'가 중심이 되는 정주이학(程朱理學)의 '객관적 유심론'과 구별된다.

[9] '심즉리'는 육상산이 말하고 왕양명이 발전시킨 철학용어이다. 모든 외적 권위로부터 자유로운 마음이 천리(天理)를 체현하는 근거가 된다는 점에서 주희의 '성즉리(性卽理)'와 대비가 된다. 성인과 경전 등 절대 권위를 인정하지 않았기 때문에 전통적 가치관을 무시한다는 비난도 받았으나 시대적 요구를 반영한 새로운 사상과 문화의 이론적 배경이 되었다.

정한 논리에 집착하여 죽은 책을 정리하고 간행하여 세상과 후세에 전하려 한다면, 이것은 바로 집일(執一)이다. 그리고 집일은 도(道)를 망친다.

세상에 변하지 않는 것은 존재하지 않는다. 마찬가지로 가치에 대한 판단 역시 절대적인 기준이란 그릇된 환상일 뿐이며, 상황과 시세에 따라 달라져야 한다. 그러나 현실에 집착하는 체제의 수호자들은 자신들의 의도가 시절과 맞아떨어지지 않게 되면 극단적인 원리주의를 강조하며 이분법적인 흑백논리로서 가치 판단의 절대적인 기준을 삼는다. 이지가 보기에 그러한 절대주의는 현실을 호도하고 진실을 가리는 거짓의 다른 이름이었다. 그는 진실은 단수가 아니라 복수일 수도 있다는 입장, 다시 말해 유일하고 절대 불변의 도리는 있을 수 없으며 다양한 실재는 제각기 진실성을 갖는다는 상대주의적 입장을 평생에 걸쳐 견지하였다. 모든 것이 상대적이란 말은 사실 모든 것이 다 가치가 있으며, 어느 관점이나 근거가 있다는 개방된 사고를 의미하는 것이다.

이로부터 그는 유불선(儒佛禪)의 취지가 동일하다고 인식했고, 치술(治術)의 도로서 법가의 우월성을 긍정했으며, 줄곧 폄하되기만 하던 소설과 희곡 같은 통속문학의 가치를 인정하여 허다한 작품에 비점(批點)[10]을 가하는 평론 활동을 펼치게 된다. 그는 또 유

---

10) 고전 문학 작품에 행해지던 비평 형식의 하나이다.

가의 정통 관념에 도전하여 공자의 시비(是非)가 아닌, 자신의 기준으로 역사와 사서, 경전들을 해설하고 아직 시대적 변화에 부응하지 못하는 이학의 위선을 공격했다. 덕분에 받게 된 박해는 당시 사회 분위기로선 매우 자연스러운 현상이었고, 그 역시 예상한 것이었다. 어쨌든 그는 자신의 곤경에 좌절하지 않았고 물러서지도 않았다. 그는 문장과 시에서 풍자적으로 때론 유머러스하게 자신이 처한 진퇴양난의 어려움을 표현했는데, 거기서 보여주는 그의 개성적인 시문이 확보한 문학성은 괄목할 만한 것이었다. 그는 역설적인 표현들을 구사하며 동시대의 위선자들을 신랄하게 비판한다. 그의 주된 후원자이자 벗이었던 경정향(耿定向)에게 보냈던 편지의 일단을 보자.

공의 행사를 살펴볼라치면 다른 사람과 조금도 다른 바가 없습니다. 사람들이 모두 그러하다면, 나 또한 그러하고, 공 역시 그렇습니다. … 갖가지 일상사가 모두 자신과 가족을 위한 계획뿐이고 터럭만큼도 남을 위해 도모한 바가 없습니다. 입을 열어 학문을 논했다 하면 "너는 자신밖에 모른다" 하고 "나는 다른 사람을 위한다"고 하며, "너는 이기적이지만 나는 이타적이다"고 말해왔습니다. … 이렇게 보면 말로 표현했다고 해서 그것이 반드시 공의 행하는 바일 리도 없고, 행하는 바는 또 공이 말하지 않은 것일 수도 있으니, "말은 행동을 돌아보고 행동은 말한 바를 고려한다"는 공자님 말씀과 어찌 그리도 다르단 말입니까? 이를 두고 성인 공자의 교훈이라 일컬어도 괜찮은 것입니까? 이런 등등을 뒤집어 생각하면 차라리 시정의 소인배만도 못하니, 그들은 직접 몸으로 때우는 일과 입으로 말하는 바가 일치합니다. 장사치는 다만 장사에 대해서만 말하고, 농사꾼은 오직 밭가는 일만을 이야기합니다. 그들의 말은 확실히 음미할 만하고 진정코 덕이 담긴 내용이라 듣는 사람으로 하여금 권태를 잊게 합니다.

이지는 분명 윤리적인 인간이었다. 그의 전기를 쓴 원중도(袁中道)는 이지의 생활 태도야말로 더 이상 엄숙하고 정결할 수 없는 것이었다고 증언한다. 그러나 현실은 지극히 비윤리적인 것, 예컨대 거짓과 부화뇌동으로 점철된 삶을 가리켜 '바른 길'이라 하고 또 그것을 포장해서 남들 위에 군림하도록 그에게 요구하고 있었다. 그는 윤리적인 삶을 지선(至善)의 삶으로 긍정했고 거기에 대해 애정을 갖고 있었지만 허위와 위선으로 똘똘 뭉친 동시대 도학군자(道學君子)[11]들의 역겨운 삶을 자신의 것과 동일시되도록 내버려둘 수는 없었다. 경정향처럼 말과 행동이 일치하지 않는 인물에 대해선 앞뒤 가리지 않고 독설을 퍼부었던 것도 그 때문이었다. 하지만 위의 글에 나타나 있듯이, 자신조차도 남들과 똑같은 위선의 굴레 밑에서 허우적대고 있다는 고백은 한편으로 미처 다독이지 못한 그의 내면적 갈등을 여과 없이 드러낸다. 그는 윤리적인 삶이 선하고 아름다운 삶의 다른 표현이며, 이러한 삶에 대한 관심이 자신을 위

---

11) 원래는 이학가(理學家)를 일컫는 호칭이지만, 그들 대부분은 예법(禮法)에만 매달리는 고루하고 진부한 인사였던 까닭에 흔히 경멸적인 의미로 쓰인다.

이지의 글씨

시한 양명학자들이 주장하는 양지[12]를 실현하는 길, 즉 '치양지(致良知)'임을 충분히 알고 있었다. 하지만 그 배움의 내용을 삶으로 보여주지 않는 한 그 배움은 도로(徒勞)에 지나지 않는다는 사실

---

12) 양지는 사람이 선천적으로 갖추고 있는 도덕의식이라고 맹자가 가장 먼저 설명한 바 있다. 왕양명은 이에 근거해 사람이 치지격물(致知格物)하면 양지가 사물에 도달한다는 치양지(致良知)를 주창했고 이를 천리(天理)로까지 확대하였다. 즉 내 마음의 양지가 사물에 도달하면 그 사람은 이(理)를 획득한 거라고 해석한 것이다.

또한 너무나 잘 알았다. 그는 자신의 명철한 인식에 대해 절망했고, 이는 자신을 위시한 동시대의 도학가들에 대한 독설로 표현되기에 이른 것이다.

진정(眞情)의 미학 동심설(童心說)

위의 글에서 이지는 일상적인 삶 자체에 진리가 존재한다고 말한다. 말로만 진리를 외치는 군자의 삶보다 땀 흘려 노동으로 하루하루를 살아가는 필부필부의 생활이 진정한 삶이라고 역설한다. 이러한 관점은 그가 인간의 생래적 본능과 욕망을 주자학자들과는 다르게 파악한 데서 비롯된다. 그는 인간의 실재가 욕망으로부터 출발하고 있음을 인식했고, 더 나아가 욕망을 긍정하고 거기서 인간 본연의 삶의 자세를 확립하는 것이 긴요하다고 보았다. 양명학에서 중시하는 지행합일(知行合一), 즉 앎과 삶을 일체화시키는 것이 이 사회의 기강을 확립하고 성현의 도리를 구현하는 길이라고 생각했던 것이다. 하지만 그런 삶의 모습은 오직 몸으로 살아가는 시정의 소인배에서나 볼 수 있을 뿐, 상층부의 지식인 계층일수록 남에게 보여주기 위한 가식적인 삶으로 일관하는 것이 현실이었다. 그는 이런 현상을 두고 사람들이 동심을 잃어버린 때문이라고 해석하였다. 그리고 동심이란 어떠한 도리나 지식에 물들기 이전, 인간 본연의 순수함이 그대로 보존된 모습이라고 설파한다.

> 대저 동심이란 진실한 마음이다. 만약 동심으로 돌아갈 수 없다면, 이는 진실한 마음을 가질 수 없다는 말이 된다. 무릇 동심이란 거짓

을 끊어버린 순진함으로 사람이 태어나서 가장 처음 갖게 되는 본심을 말한다. 동심을 잃게 되면 진심이 없어지게 되고, 진심이 없어지면 진실한 인간성도 잃어버리게 된다. 사람이 진실하지 않으면 최초의 마음을 다시는 회복할 수 없는 것이다. 어린아이는 사람의 처음 모습이요, 동심은 마음의 처음 모습이다. 대저 최초의 마음이 어찌하여 없어질 수 있는 것이랴! 그러나 동심은 왜 느닷없이 사라지고 마는 것일까? 원래 그 시초는 듣고 보는 것이 귀와 눈으로부터 들어와 안에서 사람을 주재하게 되면 동심이 없어지는 데서 발단한다. 자라서 도리(道理)가 견문(見聞)으로부터 들어와 사람의 내면을 주관하게 되면 어느덧 동심도 사라지고 마는 것이다.

어린아이는 실제적인 이유에서 행동하는 어른들과는 달리 유용성과 이해관계를 떠나서 움직인다. 그들은 도리와 견문의 습득이라는 사회화 과정이 아직 이뤄지지 않은 상태에 머무는데, 인간의 진실은 그런 상태에서나 보존된다고 하였다. 즉, 우리 안의 거짓은 성장하면서 사회로부터 획득한 앎의 결과라고 설명한 것이다. 인간은 원래 순수한 상태로 태어나지만 현실과 사회라는 비인격적 공간 안에서 자신의 이기심을 정당화하는 방법을 익히게 되고, 그것은 비록 진리의 너울을 쓰고 있더라도 기실은 자신의 욕망을 보다 그럴듯하게 포장하는 명분에 지나지 않는다. 때문에 현실의 '나'는 추구해야 할 진실과 벗겨내야 할 거짓의 양자 가운데 존재하게 된다. 그리고 그러한 모순적 갈등 사이에 존재하는 내가 추구해야 할 것은 다만 가장 원초적인 자신의 모습이 되는 것이다. 그러한 '동심'의 상태라야만 본연의 자아를 인식하고 진실이 삶 안에 보존된다는 것이 이지의 철학이었다.

삶과 죽음에 대한 인식
이지는 또 죽음에 대해 확고한 인식을 갖고 있었다. 그에게 있어 삶과 죽음은 둘이 아니어서 삶이란 언제나 죽음과 맞닿아 있는 것이었다. 영원한 삶이란 근원으로 돌아가는 것에 다름 아니라는 인식, 그러한 노력이 부수되어야만 그 삶의 모습이 온전하고도 바르게 된다고 보았다. 이러한 생각은 만년의 그가 출가하는 직접적인 동인이 되었는데, 그가 만약 '유·불·도'라고 하는 삼교(三敎)의 유사성에 대한 확신을 갖고 있지 않았더라면 정통 사대부로서 승려가 되는 이단적 파격은 감행하지 않았을 것이다. 출가한 구도자로서 삶과 죽음에 대한 그의 자세는 더 이상 진지할 수가 없는 것이었다. 죽음을 의식해야만 삶에 의미를 더할 수 있다고 말하는 그는 삶을 찬양하지도 경시하지도 않는다. 가야할 길에 대한 그의 깨달음은 그대로 한 편 노래가 되어 다음과 같이 펼쳐진다.

> 삶에 죽음이 필연으로 뒤따름은 낮이 지나면 밤이 되는 것과 마찬가지의 이치이다. 죽으면 다시 살아날 수 없는 것도 시간이 흘러가면 되돌리지 못함과 매한가지이고. 살고 싶지 않은 사람은 없지만 그 누구도 원하는 만큼 오랫동안 살 수는 없다. 죽음이 서럽지 않은 사람은 없으련만, 그렇다 해서 시간을 붙들어 매 흘러가지 못하게 할 수도 없는 노릇이구나. 기왕에 오랜 세월 살 수가 없다면 삶에 욕심

이지(李贄)의 묘

부릴 필요가 없어진다. 또 흐르는 시간을 잡아둘 수 없다면 스러진다 해서 슬퍼할 일도 아닌 것이다. 그러므로 나는 다만 죽음이 꼭 슬픈 일만은 아니라고 말하련다. 오직 삶만이 서러울 따름이니까. 스러지는 것을 애도하지 말고 바라건대 삶을 슬퍼하라!

역설적이게도 삶에 대한 확고한 인식은 죽음을 확실히 껴안고 난 다음에야 찾아온다. 인간의 깨달음은 앎에 대한 집착을 완전히 내버리는 그 순간에 발생하듯이, 삶 역시 죽음의 행로와 맞닿아 있음을 인식해야 비로소 그것이 주는 속박에서 벗어나게 된다. 죽음과 삶이 밀접하게 맞닿아 있는 하나의 길임을 깨닫게 되면 저절로 살아갈 힘이 생겨나고 그리하여 죽음조차 피하지 않고 직시할 수 있게 된다. 이지의 글은 그러한 역설의 확인에 불과하다. 그리고 이는 다시 삶에 대한 의무를 파악하도록 우리를 유도한다. 지극한 삶을 살려고 노력하는 것만이 인간이 죽음을 극복하는 유일한 길로 낙착되는 것이다. 이지의 철학은 이렇듯 현학적 이론에 집착하지 않고 삶의 실천을 강조하는 것이었다. 그의 지향은 오직 '여기 지금'이라는 시공간일 뿐이었다.

  이상으로 이지의 사상을 간략하게 소개했지만, 위의 서술은 그 사상의 극히 일부분에 지나지 않는다. 광대무변으로 밖엔 형용할 수 없는 그 사상의 넓이와 깊이는 다만 책을 읽는 체험으로 경험함이 옳다고 하겠다. 마무리하면서『분서』의 역자로서 하고 싶은 말은 그저 한 마디로 정리된다. 이지의 책 어디를 펼치든 간에 그 당장 접하게 되는 그의 절절한 육성은 인간의 존재의미가 시대마다 다른 것은 아니란 평범한 진리의 새삼스런 확인일 뿐이라고 말이다. 우리가『분서』를 읽어야 할 가장 큰 이유는 그와 내가 각자 살아간 시대와 사회, 그리고 개인의 삶에 대한 고민을 공유하고 있다는, 그래서 나 자신의 의식을 일깨우고 내가 바른 삶의 자세를 견지해 나가는 데 너무나 많은 도움을 받게 된다는 절실한 이유에 다름 아닐 것이다.

더 생각해볼 문제들

1. 시대와 사상, 개인은 어떻게 연결되는 것인지 생각해보자.

    사상은 한 사회가 변화하는 와중에 개인의 인식이 차곡차곡 쌓여 자연스럽게 형성되는 결과물이다. 즉, 시대의 변화와 개인 인식의 추이에 따라 전개되는 역사의 장면들이 모이고 모여 사상사를 이루게 된다고 말할 수 있겠다.

2. 이지가 동심을 강조한 이유는 무엇인가?

    이지는, 인간은 사회화하는 과정 중에 본연의 진실한 마음을 대부분 상실하게 된다고 파악한 다. 그래서 사회가 건강하려면 개개인의 진실이 최대한 보존될 필요가 있다고 여겨 동심의 회복을 강조하게 된 것이다.

3. 삶과 죽음을 별개로 생각할 수 없는 이유는?

    인간의 삶은 죽음과 늘 맞닿아 있다. 누구나 무서워하는 죽음을 극복하는 유일한 길은 곧, 지극한 삶을 꾸려나가는 실천 안에 있다는 것이 이지의 메시지라 할 수 있겠다.

추천할 만한 텍스트

『분서』, 이지 지음, 김혜경 옮김, 한길사, 2004.

김혜경(金惠經)

국립한밭대학교 외국어학부 중국어전공 교수.
이화여자대학교 중어중문학과를 졸업하고 국립 타이완 사범대학교 국문연구소에서 석사 및 박사 학위를 취득했다.
다수의 논문과 『요재지이』(전 6권), 이지(李贄)의 『분서(焚書)』(전 2권) 등의 역서가 있다.

먼 옛날 태고 시절에는 무법(無法)이었다.

태고에는 순박함이 흩어져 있지 않다가, 한번 흩어짐에 법(法)이 생겼다.

법은 어떻게 세워졌는가? 일획(一劃)에서 비롯되었다.

일획이란 온 무리의 밑바탕이요, 만 가지 형상의 뿌리이다.

그 작용이 신에게만 드러나고 인간에게는 숨겨지니,

사람들은 그것을 알지 못한다. 일획의 법은 자기 스스로 세워진 것이다.

일획의 법이 세워짐으로써 무법이 유법(有法)을 낳고,

유법이 많은 법과 통하게 된다. 무릇 획이란 마음에 따르는 것이다.

석도 (1642~1707)

명나라의 태조 주원장(朱元璋)의 종손 주수겸(朱守謙)의 11대손으로 이름이 주약극(朱若極)이었고, 주도제(朱道濟)라 개명하기도 했다. 석도(石濤)는 자(字)인데, 이름보다 자가 더 널리 알려졌다. 아호는 크게 씻는 사람이라는 뜻의 대척자(大滌子)이고, 쓰디쓴 오이 같은 승려라는 의미로 고과화상(苦瓜和尙)이라고도 하였다.

만주족에게 북경이 함락된 직후, 석도의 아버지 주형가(朱亨嘉)는 계림(桂林)에서 명나라 황실에 반기를 들었다가 실패했다. 아버지가 세상을 떠난 뒤, 석도는 무창(武昌)에 도피하여 청년 시절까지 승려 생활을 하며 지냈다. 어려서부터 서화에 관심을 쏟았고, 폭넓은 독서를 통하여 불교보다는 노장 사상에 심취하였다고 한다. 또 바위산으로 천하의 절경으로 꼽히는 안휘성 황산(黃山)을 통하여 자연경에 눈을 떴다고 한다. 그 이후 남경(南京)이나 양주(楊州) 등지의 강남 풍경과 벗하면서 산수화가로서 대성하였고, 일획론(一劃論)을 완성하였다.

05

화가는 첫 붓에 예술혼을 적신다
석도(石濤)의
『고과화상화어록(苦瓜和尙畵語錄)』

이태호 | 명지대학교 미술사학과 교수 및 박물관장

『고과화상화어록(苦瓜和尙畵語錄)』의 일획론(一劃論)

우리가 '그림' 하면 삶의 여백이나 여가의 즐거움쯤으로 생각하기 쉽다. 더구나 '동양의 그림' 하면, 먼저 문인들의 여기(餘技)나 풍류(風流) 생활과 멋을 연상하기 십상이다. 그러나 명(明)나라와 청(淸)나라의 교체기인 석도의 시대와 생애를 염두에 두면, 석도의 그림과 이론을 그렇게 인식할 수만은 없다. 석도는 나라를 잃고 방황하던 자기 현실에서 생존을 위한 몸부림으로 그림을 대했을 것이기 때문이다. 즉, '태고의 무법에서 찾은 일획론'도 그 절박한 역사 환경에서 탄생한 것이다. 석도가 한 획을 그음에 얼마나 긴장하였는지, 붓 끝이 화면에 닿는 순간은 얼마나 통쾌했을지, 마지막 붓을 놓으며 얼마나 큰 안도의 한숨을 내쉬었을지 짐작이 간다.

특히 석도의 생애에 비추어, 일획론의 한 획 그음은 붓끝의 움직임이라기보다 살을 에일 듯한 날카로운 칼끝으로 다가온다. 석도는 그러면서도 단순히 시대적 갈등이나 개인적 아픔에 머물지 않았다. 자신의 시대를 겪으며 쌓은 체험을 사상적으로 승화시켜 편향되지 않은 이론을 폈다. 다시 말해서 '일획론'을 어느 시대 누구에게나 공감하는 보편타당의 예술론을 체계화해낸 것이다.

5,000여 자 18장으로 구성된 『고과화상화어록』
석도 화론은 언제 지은 것인지 밝혀져 있지 않다. 다만 석도의 사후에 제작된 여러 판본이 전해오는데, 1728년 장완(張浣)이 출판한 『고과화상화어록(苦瓜和尙畵語錄)』(이하 『화어록』으로 표기)과 1710년 호기(胡琪)의 서문이 딸린 상해박물관 소장 『석도화보(石濤畵譜)』두 종류를 정본으로 꼽는다. 이 문헌들은 모두 석도가 세상을 떠난 뒤 후배들이 그 어록(語錄)을 정리하였을 것으로 추정된다. 이 중 『석도화보』는 근자에 발견되어 주목을 끌었고 한때 석도 화론의 가장 원본에 가까울 것으로 평가받았으나, 대체로 진품이 아닌 위본(僞本)으로 보는 견해가 우세하다. 제작 시기와 제작자가 불분명하고 오자나 탈자가 많기 때문이다.

5천여 자로 쓰여진 총 18장의 『화어록』은 일획론으로 일관되게 전개된다.[1] 일획론이라는 회화 사상을 집약한 첫 장에서부터 시작하여, "한 획에 밝으면 화법에 장애받지 않고 거리낌 없이 마음에 따른다"는 제2장, "먹과 붓이 합하여 이룬 기(氣) 일획으로 혼돈을 개벽시킨다"는 제7장, "나는 한 획으로 산천의 신기를 꿰뚫을 수 있다"는 제8장, "그림은 누구나 그릴 수 있지만 정미(精微)한 경지의 한 획은 이루기 쉽지 않다"는 제15장, 그림과 글씨 서화일체론(書畵一體論)을 편 제17장, 산천을 그리면서 필묵의 즐거움을 이룬 선인들에게서 수신(修身)의 덕목을 찾은 제18장 등에 잘 피력되어 있다. 나머지 장들은 이 일획론에 근거하여 구체적으로 회화의 창작방식과 기교론을 펼친 내용으로서 주로 자연 풍광을 어떻게 잘 그릴 것인가에 대한 산수화론(山水畵論)이 그 중심을 이룬다.

우리나라에서도 석도의 화론에 대한 연구가 일찍부터 진행되었고, 중국 미술사 가운데 가장 많은 관심을 쏟아 왔다.『석도화보』를 번역한 김종태의『석도화론』이 1981년에 첫 출간되었고, 1980년대에 권덕주, 백윤수, 허영환 등이 석도 화론에 관한 연구논문을 냈다. 이어서 1990년대에 도올 김용옥의『석도화론-스타오 그림이야기』가 출간되어 석도의 생애와 정확한 판본 고증은 물론, 어려운 용어나 표현에 친절한 해설을 곁들여 석도를 쉽게 이해시키고 대중화하는 데 기여하였다. 근래에는 박선규의『석도는 그림을 이렇게 그리라 하였다』(2001)가 출간되었고, 한서대학교 부설 동양고전연구소에서 국역총서로 번역 발간한『중국역대화론 II』(2004)에 조남권·김대원이 역주를 붙인「석도 화론」이 실려 있다.

---

1) 전체 구성은 제1장 일획(一劃), 제2장 요법(了法) 제3장 변화(變化), 제4장 존수(尊受), 제5장 필묵(筆墨), 제6장 운완(運腕), 제7장 일온(氤氳), 제8장 산천(山川), 제9장 준법(皴法), 제10장 경계(境界), 제11장 혜경(蹊徑), 제12장 임목(林木), 제13장 해도(海濤), 제14장 사시(四時), 제15장 원진(遠塵), 제16장 탈속(脫俗), 제17장 겸자(兼字), 제18장 자임(資任)이다.

태고에는 법이 없었다

먼 옛날 태고 시절에는 무법(無法)이었다. 태고에는 순박함이 흩어져 있지 않다가, 한번 흩어짐에 법(法)이 생겼다. 법은 어떻게 세워졌는가? 일획(一劃)에서 비롯되었다. 일획이란 온 무리의 밑바탕이요, 만 가지 형상의 뿌리이다. 그 작용이 신에게만 드러나고 인간에게는 숨겨지니, 사람들은 그것을 알지 못한다. 일획의 법은 자기 스스로 세워진 것이다. 일획의 법이 세워짐으로써 무법이 유법(有法)을 낳고, 유법이 많은 법과 통하게 된다. 무릇 획이란 마음에 따르는 것이다.

석도(石濤)의 화론서(畵論書)인 『화어록』은 이렇게 시작한다. 총 18장으로 구성된 『화어록』에서 석도의 회화 사상이 응축되어 있는 제1장의 첫 문단이다. 화론의 첫 문장을 "태고에는 법이 없었다"로 시작한 점부터 예사롭지 않다. 그리고 '태고무법(太古無法)'에서 일획(一劃)의 법(法)을 끌어내었기에, 석도의 화론을 '일획론'이라 일컫는다.

여기에서 일획론의 '긋는다'는 획(劃)은 '그린다'는 화(畵)와 어원이 같다. '畵'자를 '그림 화'라 읽기도 하지만 '그을 획'으로도 읽는 것만 보아도 그러하다. 석도도 획과 화를 구분 없이 모두 '畵'로 썼다. 획(劃)자는 '畵'자에 '칼 도(刀)'변을 더하여, 자르거나 긋는다는 의미를 강조한 글자이다. '畵'의 본 글자로 상형문자에서 딴 전서체는 '画'이다. '밭 전(田)'의 사방에 획을 그어 만든 글자인

석도(石濤)의 그림 「산수도(山水圖)」, 메트로폴리탄 미술관 소장

셈이다. 이를 볼 때 '그림 화'자나 '그을 획'자는 농경문화에서 밭을 일구는 일과 그 밭의 소유를 나타내는 경계 표시에서 비롯되었음을 알 수 있다.

그런데 석도의 화론은 전반적으로 쉽지가 않다. 석도가 자기 생각을 압축한 표현에서는 의미도 잘 파악되지 않는 부분이 많아 우리말로 번역하기란 더욱 어렵다. 마치 선승(禪僧)이나 고사(高士) 혹은 도인(道人)이 화두(話頭)를 던지는 것 같은 느낌을 준다.

석도는 명(明)나라 말에 태어나 청(淸)나라 초기에 활약한 화가이다. 따라서 석도의 화론은 철저히 화가로서 체험을 바탕으로 쓴 것이다. 허나 체험론에만 그치지 않았다. 오히려 철학적으로 심오하고 우주론적인 세계를 포괄했다는 평가를 받는다. 역대 선배 화가들의 화론은 물론이려니와 중국 역사에서 전통적으로 이어온 유교·불교·도교의 고전 철학과 사상을 섭렵하여 창출한 것이기 때문이다.

마음 따라 긋는 한 획, 한 획

그러면 석도가 『화어록』의 서두에 제시한 '일획론'이란 무엇일까? 화가가 그림을 그리는 제작과정을 통해서 일획론의 의미를 짚어보자.

화가가 그림을 그리기 이전에는, '법이 없이 태고의 흩어지지 않은 순박한 상태'인 셈이다. 그리고 무엇을 그릴까 하는 생각을 떠올린 순간이 태고의 순박함이 한 번 흩어지는 상태일 것이다. 석도는 그 시점에 바로 '무법에서 유법으로' 법(法)이 발생한다는 주장이다. 예컨대 산이면 산, 나무면 나무 등 그릴 대상을 확정했다든지 눈앞의 현실에서가 아닌 추상적이거나 관념의 세계를 떠올리는 순간에 '어떻게 그릴 것인가'하는 법, 곧 그림의 '화법'이 결정된다는 논지인 셈이다.

그 다음 작가가 붓으로 먹물을 찍어 화면에 첫 점을 대고 선을 긋는 순간이 바로 '일획'이다. 화가로서 석도가 이 순간을 얼마나 중요하게 여겼는지, "태고의 무법이 일획에 의해 유법으로 전환된다"는 것을 화론의 첫 대목으로 삼았던 것이다.

일획론 중에서 무엇보다도 첫 획이 가장 중요하다. 작품의 성공 여부가 첫 번째 내리는 한 획 그음에서 결정 나기 때문이다. 따라서 화가는 어느 때보다 첫 획에 혼신을 다하고 정신적으로 가장 집중해야 함이 마땅하다. 무법에서 법이 탄생하는, 극적 반전과 법열(法悅)이 이는 순간이니 그야말로 붓에 자신의 예술혼을 적셔 한 획을 그어야 하지 않을까?

텅 빈 무법의 빈 공간에 긴장이 가득 찬 일획으로 법이 탄생한 이후, 한 점과 한 선의 '여러 법'이 보태지고 마지막 일획으로 붓을 놓는다. 이때 비로소 예술 작품으로서 그림이 완성되는 것이다. 이 대장정의 시작인 첫 붓부터 마무리까지 일획이 쌓여 이루어진다는 것 또한 석도의 화론인 일획론의 주요 근간이다.

석도의 일획론은 화(畵), 곧 그림이란 붓과 먹으로 천지만물의 형상을 묘사한다는 데서 출발한다. 이는 동아시아 회화가 모필(毛筆)과 수묵(水墨)으로 그려지는 특성과도 무관하지 않을 듯하다. 특히 동서양의 회화를 비교할 때 그 특징이 잘 드러난다. 서양의 유화(油

畵)가 딱딱한 붓에 유성물감을 묻혀 그리는 데 비하여, 동아시아의 수묵화(水墨畵)[2]는 부드러운 모필에다 수성물감을 사용한다. 동양화의 모필은 평소에는 힘이 느껴지지 않을 정도로 부드럽다가, 수묵을 적시면 낭창낭창한 탄력이 살아난다. 여기에 의도하지 않아도 우연의 효과를 보는 단색조의 번짐이나 농담(濃淡) 변화가 큰 특징 때문에, 수묵과 모필은 대상 묘사의 도구이자 동시에 작가의 정신성이나 사상을 드러내기에 적합한 재료로 인식해 옴직하다.

서양의 유화는 차분히 따복따복 오랜 시간을 갖고 그릴 수 있는 장점을 지닌다. 이에 비하여 수묵 모필화는 속도감을 요하고, 매순간의 흥(興)이 곧 바로 붓끝에 실려 화면에 전달된다. 이런 기법의 전통이 오랫동안 쌓이면서 동양회화는 화구의 물질성보다 작가의 정신세계가 더욱 강조돼 왔음은 잘 알려진 사실이다. 문인화론(文人畵論)[3]에서 마음 속 생각을 표출한다는 뜻의 '사의(寫意)'나 마음으로 우려낸 그림이라는 '심화(心畵)'를 중시하고, 화가의 인격

---

2) 수묵화는 말 그대로 물과 먹으로 그린 단색조의 그림으로 연한 담채를 함께 쓰기도 한다. 중국 당(唐)나라 때 발생하여 송(宋)나라 이후 크게 성장하였다. 산수화의 발달과 함께 하였으며, 수묵산수화는 동양적인 회화로 주목받는 영역이다. 당나라 이전에는 채색화가 회화의 중심을 이루었는데, 당·송시대 이후 수묵화 시대에도 채색화가 함께 병존하였다.

3) 동아시아 회화는 크게 문인(文人)들의 그림과 직업 화가인 화원(畵員)들의 그림으로 나뉘는데 화원 그림은 사실적으로 대상을 묘사하는 형사(形似)를 중시하고, 문인화는 사실묘사보다 대상에서 느낀 감명을 표현하는 사의(寫意)를 중시했다. 명(明)나라 때 문인화가인 동기창(董其昌)은 문인화를 남종화로, 화원그림을 북종화라고 분류하여 남북종화론(南北宗畵論)을 폈다.

이나 인품이 그림 평가의 주요한 자리를 차지하고 있는 이유도 그 때문이라 할 수 있다.

여기에서 한 걸음 더 나아가 석도는 그림의 일획론을 통하여 천하의 삼라만상의 이치를 깨닫게 하고 있다. 그러면서 전통의 법보다 '지금의 나'의 개성을 강력히 주장하였다. 자신의 그림에 "나는 스스로 나의 법을 쓴다"고 화제(畵題)를 쓸 정도로 기개가 넘쳤다. 이 점이 미래에도 변치 않을 석도 화론의 미덕이다.

> 일획은 그 가운데 만물을 포함하는 것이다. 획은 먹을 받아들이고 먹은 붓을 받아들이며, 붓은 팔을 받아들이고 팔은 마음을 받아들인다.

이와 같이 『화어록』의 제4장에서 다룬 심화(心畵)내지 심획(心劃) 이론은 "필묵은 곧 성정을 표출하는 것"이라는 입장을 취하고 있다. 이 또한 지금이나 미래의 화가들에게 던지는 주옥같은 메시지이며, 석도의 화론이 지니는 영원성이라 할 수 있겠다.

또한 석도의 일획론에는 고대부터 전하는 중국의 전통 화론과 철학사상이 녹아 있다. 일획론은 유교의 주역(周易) 사상과 불교의 화엄이나 선종(禪宗) 사상 그리고 도교의 노자(老子)와 장자(莊子) 사상에서 그 연원을 찾는다. 그러하기에 화가로서 자신의 직접적인 체험과 중국역사에 쌓여온 철학 사상을 통합한 석도를 중국 회화론의 위대한 성자(聖者)로 꼽는 데 누구도 주저하지 않는다.

혼란기 개성주의 회화사조와 일획론

혼돈스런 난세(亂世)가 성인이나 위대한 인물을 낳는다고 했던가. 석도는 그러한 시대를 한껏 풍미했다. 1642년에 명나라 왕실의 후손으로 태어나 1707년에 세상을 떠났으니 명(明)나라에서 청(淸)나라로 왕조가 교체되던 시절, 오랑캐라 인식하던 만주족의 지배를 받게 되면서 한족의 자존심이 무너진 때였다. 이처럼 어려운 현실에서 석도는 당대를 대표하는 화가 겸 이론가의 거장으로 우뚝 선 것이다.

석도 화론이 '먼 옛날 태고에 법이 없었다'는 말로 시작하는 것으로 보아, 석도는 정말 통이 크고 속 깊은 사람이었던 것 같다. 그런데다 한 순간에 점획을 찍고 긋는 데서 출발한 '일획론'은 어떤 절대성을 연상시킨다. 한편 나라 잃은 망국의 시기에 황실의 후예면서 집안까지 역적으로 내몰린 탓에 유랑 화가처럼 살았던 점을 떠올리면, 석도의 그림과 화론이 새롭게 읽혀진다.

우리가 '그림' 하면 삶의 여백이나 여가의 즐거움쯤으로 생각하기 쉽다. 더구나 '동양의 그림' 하면, 먼저 문인들의 여기(餘技)나 풍류(風流) 생활과 멋을 연상하기 십상이다. 그러나 명(明)나라와 청(淸)나라의 교체기인 석도의 시대와 생애를 염두에 두면, 석도의 그림과 이론을 그렇게 인식할 수만은 없다. 명나라 왕실의 후예였던 석도는 나라를 잃고 방황하던 자기 현실에서 생존을 위한 몸부림으로 그림을 대했을 것이기 때문이다. 석도가 머리 속에 그린 '아주 먼 옛날 태고의 무법에서 찾은 일획론'도 그 절박한 역사 환경에서 탄생한 것이다. 석도가 한 획을 그음에 얼마나 긴장하였는지, 붓 끝이 화면에 닿는 순간은 얼마나 통쾌했을지, 그리고 마지막 붓을 놓으며 얼마나 큰 안도의 한숨을 내쉬었을지 짐작이 간다.

특히 석도의 생애에 비추어, 일획론의 한 획 그음은 붓끝의 움직임이라기보다 살을 에일 듯한 날카로운 칼끝으로 다가온다. 석도는 그러면서도 단순히 시대적 갈등이나 개인적 아픔에 머물지 않았다. 자신의 시대를 겪으며 쌓은 체험을 사상적으로 승화시켜 편향되지 않은 이론을 폈다. 다시 말해서 '일획론'을 어느 시대 누구에게나 공감하는 보편타당의 예술론을 체계화해낸 것이다.

석도가 활동한 청나라 초기의 화단은 크게 복고적 모방과 혁신을 각각 내세운 정통파(正統派)와 개성파 — 혹은 혁신파라고도 한다 — 의 두 유파가 대립해 있었다. 정통파에는 '사왕오운(四王吳惲)'[4]이 있었고, 개성파 화가들로는 석도와 주답(朱耷)[5]을 비롯하여 양주에서 살면서 활동한 8명의 괴짜 화가 양주팔괴(楊州八怪)[6]가 있

---

4) 왕시민(王時敏), 왕원기(王原祁), 왕휘(王翬), 왕감(王鑑) 등 왕씨 4명에 오력(吳歷)과 운격(惲格) 2명을 가리키는 말이다.

5) 주답(1626~1705)은 호가 팔대산인(八大山人)이며 명나라 왕실의 후예였다. 명나라가 망하자 강남을 유랑하며 기이한 행동과 그림으로 일생을 살다간 문인화가이다. 간결한 수묵 필치로 물고기 그림, 화조화와 산수화를 즐겨 그렸다. 팔대산인 그림의 텅 빈 화면구성과 새나 물고기의 천진스러운 표정은 나라 잃은 슬픔을 연상시키는 것으로 평가된다.

6) 18세기 양주지방에서 활동한 화가들 가운데 전통을 깨고 개성이 강한 화가를 일컬으며 양주 8가(八家)라고도 한다. 왕사신(汪士愼), 이선(李鱓), 황신(黃愼), 김농(金農), 정섭(鄭燮), 나빙(羅聘), 화암(華嵒), 고상(高翔) 등을 꼽는데, 여기엔 고봉한(高鳳翰), 이방응(李方膺), 민정(閔貞), 고기패(高其佩) 등을 포함시키기도 한다. 이들 가운데 나빙과 같은 화가는 조선 후기 연경을 다녀온 북학파 박제가나 이덕무 등과 직접 교우하기도 했다.

허유(許維)가 그린 「방석도산수도(倣石濤山水圖)」

었다. 옛 전통을 중시하여 옛 화풍을 모방하는 의고주의(擬古主義)에 빠진 정통파에 대응해서 출현한 것이 개성파였다. 이들은 기존의 정형을 부수고 광기어린 행동과 독특한 화법으로 그림을 그려 괴상하다는 '괴(怪)'를 강조했다.

개성파가 당대 문예의 중심이었음은 '지금과 나'를 강조한 점에서 찾을 수 있다. 전통을 벗어나고자 하는 개성파의 혁신적인 주장은 예술의 본질이기도 하려니와, 정통파보다 근대성 또는 근대 예술의 이념에 가깝기 때문이다. 그리고 이 개성파 예술론과 회화의 경향은 우리 조선 후기 화단에 영향을 미치기도 하였다.

팔대산인(八大山人)의 그림 「팔팔조도(八八鳥圖)」

　석도 그림을 모방하여 그린 사례로 소치 허련의 「방석도산수도(倣石濤山水圖)」(호암미술관 소장)가 전한다. 이 산수도에는 "소치가 석도의 그림을 임모(臨摸)하였으나 석도와 또 다른 화격을 이룬 가작이다"라는 스승인 추사 김정희의 화평(畵評)이 딸려 있다. 소치의 이 산수도는 김정희의 칭찬처럼 석도 화풍이라기보다 마른 붓질로 깔끔하게 그려 김정희 취향의 문인화풍을 보여준다.
　황산의 풍경을 비롯해서 양자강 하류의 강남 산수를 주로 그렸던 석도의 그림은 웅장한 형상들이 가득하고 엷은 먹인 담묵(淡墨)과 맑은 색으로 우려낸 담채(淡彩)의 신선한 맛이 일품이다. 하지만 거대하면서 감각적인 석도 그림에서는 막상 그가 주장한 일획론이 피부에 와 닿지 않는다. 오히려 동시대의 선배 화가인 팔대산인의 새나 물고기, 나무그림에서 석도의 일획론을 연상케 하는 간결하고 빠른 필묵법을 찾아볼 수 있어 흥미롭다.

주답은 자신의 호 '팔대산인(八大山人)'을 두 글자씩 합쳐서 '통곡 한다'는 뜻의 '哭之' 혹은 '웃는다'는 '笑之'라고 싸인하기도 하고 물고기나 새 그림에서 눈을 일부러 퀭한 모양으로 그림으로써 나라 잃은 한족의 심성과 시대 감정을 투영한 것으로 평가된다. 아무튼 명나라 황실의 후예로 승려 생활, 강남 지방의 유랑 등 비슷한 삶의 흔적을 남긴 두 화가는 청나라 초기 화단의 쌍벽이다. 회화 예술론에는 석도가 있고, 아무래도 그림에서는 석도가 팔대산인에게 앞자리를 양보해야 할 것이다.

지금의 예술론으로도 손색없어

석도는 수묵 모필로 그림에 대한 순간의 흥취나 생각, 곧 정신성을 붓끝에 실어 내야 하는 동아시아 회화의 기법적 특징을 일획론으로 압축했다. 화가라면 누구나 그림을 그릴 때, 첫 붓에 온 신경을 쓰고 한 붓, 한 붓에 영혼을 실어 낸다는 생각을 갖지 않은 이가 없을 터이다. 이처럼 화가의 일상이고 보편적인 일에서 일획론의 이론화를 시도했다는 것이 석도의 남다른 점이다. 그런 탓에 '태고무법'으로 시작하는 석도의 화론을 한껏 칭송하게 한다.

또한 그 '일획'의 의미를 무법에서 유법으로, 무위(無爲)에서 유위(有爲)로, 변화없는 무화(無化)에서 반응이 시작하는 응화(應化)로, 그리고 혼돈에서 창조의 개벽으로 전환케 하는 포인트로 잡았다. 그런데 석도는 일획에 의한 화법(畵法)의 탄생을 없음에서 있음으로 변화한 것이라기보다는 없음(無)과 있음(有)의 통합으로 여겼고, 인위적이거나 억지로 되는 일이 아님을 강조했다. 화가가 붓끝에 마음을 실어 생명을 불어넣는 이 과정을 스스로의 타고남, 곧 무위자연(無爲自然)에 빗대었다는 점을 통해서 석도가 지향하는 예술철학을 엿볼 수 있다.

 이러한 석도의 화론은 중국의 역대 주요 화론, 곧 남북조시대 고개지(顧愷之)의 "그리고자 하는 형상에다 정신을 쏟아낸다"는 '이형사신(以形寫神)'과 사혁(謝赫)의 "대상의 생생한 표현으로 얻어진다"는 '기운생동(氣韻生動)', 북송(北宋) 때 형호(荊浩)의 대상을 쏙 빼닮게 그리는 '형사(形似)'와 대상에서 받은 느낌을 우선시하여 마음으로 그린다는 '사의(寫意)'의 조화, 명나라 때 서권기(書卷氣)·문자향(文字香)[7]을 강조한 동기창(董其昌)의 '남종북종화론(南宗北宗畵論)' 등에 이은 것이다. 석도는 이들을 유불선(儒佛仙)의 전통 사상과 통합하여 '일획론'이라는 중국의 으뜸 화론을 완성하였다고 볼 수 있겠다. 마치 공자(孔子)가 "내 도(道)는 하나

---

7) 문인화가들이 독서를 중시하는 자신들의 학문과 격조가 높음을 강조한 것으로, 화원들과 구분하고자 하는 의도가 담겨 있다. 우리나라에서는 추사 김정희의 예술론으로 문자향과 서권기를 꼽는다. 주 3) 참조.

로 통한다"고 설파했듯이 말이다.

　석도의 화론은 지금도 그의 후예인 현대 중국 화가들은 물론이려니와, 한국과 일본에서도 최고의 화론으로 인기를 누리고 있다. 뿐만 아니라 미국이나 유럽에서도 일찍부터 석도 화론에 관심을 쏟는 학자와 화가들이 적지 않았다. 불가의 선(禪)이나 노장의 도(道)와 관련하여 석도의 '일획론'이 서구의 예술가나 지식인들을 그 만큼 매료시킨 결과이다. 특히 최근 유럽에 부는 속도감 넘치는 단순한 필치의 선화(禪畵)[8] 풍의 회화가 유행하고 있음에 비추어 볼 때, 일획론은 지금의 회화 경향에 대한 예술론으로도 손색이 없음을 알 수 있다. 세계미술사에서 석도와 석도 화론의 위상을 다시 재음미하게 하는 대목이다.

---

8) 선종화(禪宗畵)의 준말로 불교의 선종에서 파생된 그림을 말한다. 선종이 갑작스런 깨달음, 곧 돈오론(頓悟論)에 의미를 부여하는 것처럼 선종화도 단숨에 형상을 그린 수묵화를 이른다. 선종의 승려화가들은 달마, 한산과 습득 등을 즐겨 그렸으며 우리나라에서는 조선시대 김명국이 그린 「달마도」(국립중앙박물관 소장)가 유명하다. 간결하고 빠른 필치로 그리는 선종화의 감필법(減筆法)은 석도의 일획론과도 무관하지 않다. 현대 유럽이나 서구 미술계에도 그 영향을 미쳐 'Zen Painting'이라 불린다.

더 생각해볼 문제들

1. 화가, 가능한대로 수묵 화가를 만나 본다.

   "왜 그림을 그리는가"부터 "무엇을 어떻게 그리는가"까지 화가들의 예술관과 창작 방법을 들어 보며 석도의 화론과 비교해 본다.

2. 화가의 그림 그리는 과정을 살펴본다.

   화가가 대상을 미세하게 관찰하고 한 획, 한 획 혼을 실어 작업하는 모습은 세상을 어떻게 바라보고 표현해야 할지 눈 뜨게 해 줄 것이다.

추천할 만한 텍스트

『석도 화론』, 김종태 옮김, 일지사, 1981.
『석도 화론 – 스타오 그림이야기』, 도올 김용옥 지음, 통나무, 1992.

이태호(李泰浩)

명지대학교 인문대학 미술사학과 교수 및 박물관장.

홍익대학교 미술대학 회화과와 동 대학교 대학원 미학·미술사학과 졸업하고, 국립중앙박물관·국립광주박물관 학예연구사, 전남대학교 교수와 박물관장 등을 역임했다. 현재 문화재청 문화재위원이다.
한국 미술사 가운데 한국 회화사를 중점적으로 연구하고 있으며 저서로는 『우리시대 우리미술』(1991), 『조선 후기 회화의 사실정신』(1996), 『미술로 본 한국의 에로티시즘』(1997), 『조선후기 그림의 기와 세』(2005) 등이 있다.

IV 영혼의 각성과 순례

01 『반야심경(般若心經)』
02 용수, 『중론(中論)』
03 혜능, 『육조단경(六祖壇經)』
04 현장, 『대당서역기(大唐西域記)』

…깨닫는 것도 없고, 그리하여 얻는 것도 없으니,
요컨대 모든 것은 이미 이루어져 있다. 이 진실을 알게 될 때
마음 속의 장애물이 사라지고, 너는 내적 혼란과 존재의 오랜 불안으로부터
자유로와진다. 그때 세상은 자아의 투사로서가 아니라 본래의 맨 얼굴로
화장기 없이 드러날 것이니, 보디스바하, 너는 비로소 인류를 옭죄고 있던
개인적 집단적 환상의 그물로부터 벗어난다.
그곳이 구원 — 구경열반(究竟涅槃) — 이다.

『반야심경』의 저자

반야 계통의 문헌은, 기원전 100년에서 기원후 600년 사이에 걸쳐 인도에서 이루어진, 38개의 서로 다른 책으로 구성되어 있다. 중국, 일본, 티베트, 몽고의 불교도들은 30세대에 걸친 판단으로 이 가운데서 둘 —『금강경』과 『반야심경』[1] — 을 골라냈다. 성스러운 중에도 가장 성스러운 문헌인 둘 다 아마 기원후 4세기쯤에 성립된 듯하다.『금강경』은 산스크리트어로 Vajra cchedika Prajnaparamita, 즉 '벼락처럼 자르는 지혜의 완성'으로 알려져 있고,『반야심경』은 지혜를 완성하기 위한 핵심·심장·정수를 정식화하려는 시도로, 티베트의 라마사원에서 일본의 선방에까지 힘써 연구되고 있다.
—콘즈(서양의 불교학자)

01

그리고, 불교는 없다
『반야심경(般若心經)』

한형조 | 한국학중앙연구원 철학과 교수

색즉시공의 현대 물리학적 해석

『반야심경(般若心經)』은 어디에나 있다. 고즈넉한 산사이든 번잡한 도심이든, 『반야심경』은 장엄하고 유장하게 울린다. 그것은 아주 짧고 강렬하며 반복적이어서 귀를 그냥 스쳐 지나가는 법이 없다.

---

1) 『반야심경』은 『금강경』과 더불어 대승의 핵심경전으로서 지금도 사찰의 예배와 독송 시간에 언제나 들을 수 있다. 두 경전의 성립시기는 기원후 4세기 무렵으로 비슷하고, 알리고자 하는 취지 또한 같은데, 그런데 결정적으로 문체며 스타일이 매우 다르다.
『금강경』이 산문적이고 예언적인데 비해 『반야심경』은 압축적이고 조직적이다. 한 자도 뺄 수 없이 촘촘해서, 씹기가 아주 딱딱하다. 『금강경』은 공(空)이란 중심을 쓰지 않고, 산조 스타일로 '의미'를 흩어내고 있는데 비해, 『반야심경』은 공(空)과 색(色)의 두 대립항의 변증으로 대승의 핵심사상을 요약정리하고 있다.

독송이 시작되고 나서 곧 우리는 예의 그 신비한 어구와 맞닥뜨린다.

사리자(舍利子), 색불이공(色不異空), 공불이색(空不異色), 색즉시공(色卽是空), 공즉시색(空卽是色), 수상행식(受想行識), 역부여시(亦復如是)…

나는 오랫동안 색(色)과 공(空)의 병치와 반복으로 이어가는 이 암호같은 구절의 의미가 궁금했다. 그런데 누구 하나, 속 시원히 풀어주는 사람이 없었다. 더욱 모를 한문 주석을 들이대거나, 자기식의 해석을 독단으로 주장하는 사람은 많았지만… . 그나마 한적(漢籍)들은 먼지에 덮여갔고 화두가 불교의 중심에 서면서, 이 뜻을 알려는 의지 또한 희미하게 시들해져 간 듯해 안타깝다.

그러던 차, '색즉시공'이 급기야 섹스 코메디 영화의 제목으로까지 등장했다. 제작자는 틀림없이, 이 말을 "섹스(色)는 허망(空)하다"로 패러디해서 읽었을 것이다. 영화 안에는 동물적 섹스를 넘어 진정한 사랑을 갈구하는 젊은이들의 몸짓이 코믹하게 그려지고 있었다. 영화를 보고 나온 사람들은 묻는다. "그런데, 원래는 그게 무슨 뜻이었더라…?"

최근에 이 구절의 의미는 상식으로는 알 수 없고, 아원자세계에 대한 현대물리학의 성과만이 해결할 수 있다는 사람들이 나왔다. 이 경향은 광범위하게 수용되고 있어, 특별한 주의가 필요하다. 그들은 이렇게 설명한다.

불교가 현대 물리학이 발견한 사물의 실상을 수천 년 전에 이미 깨우쳤다. 그들은 사물의 최소 단위인 원자 내부가, 단단히 채워져 있지 않고, 빈방처럼 허공이라는 것을 알았다. 원자 내부는 빈 방 안에 떠도는 먼지들의 신비한 인력에 의해 고체처럼 견고해 보일 뿐이다! 그렇다. 색(色), 즉 '물질'로 보이는 것들은 실제로는 '비어있다(空).' 붓다는 이 소식을 오랜 수행을 통해 깨달았던 것이다.

드디어 천고의 비밀이 풀렸는가? 그들은 물질(色)과 비물질(空) 사이의 경계가 모호하다는 것, 이것이 바로 『반야심경』이 알리고자 한 세계의 비밀이라고 전한다. 그들에 따르면 『반야심경』의 명구, "舍利子 色不異空 空不異色 色卽是空 空卽是色"은 이렇게 해석된다.

> 물질은 비물질이고, 비물질은 곧 물질이다. 물질은 비물질과 다르지 않고, 비물질은 물질과 다르지 않다.

나는 이 해석이 근본적으로 길을 잘못 들었다고 생각한다. 기원전의 붓다들이 거대한 실험 장비들을 동원해야 볼 수 있는 아원자 세계를 통찰했을 리도 없고, 무엇보다 불교는 물리적 대상을 다루는 과학이 아니라, 심리적 현실에 대한 통찰과 조언이라고 생각하기 때문이다.

그도 저도 아니라면, 그럼 이 수수께끼처럼 뒤채는 색(色)과 공(空)의 변증은 대체 우리에게 무슨 소식을 알리고자 하는가.

태조 이성계와 무학 사이에 오간 농담

태조 이성계와 왕사 무학 사이에 있었던 일이라고 한다. 딱딱한 신하들과의 격식과 공식사무에 지루해 하던 절대권력자 이성계가 친구인 무학대사에게 이를테면 '야자타임'을 제안했다.

"대사, 우리끼린데 너무 딱딱하게 하지 말고, 오늘은 농이나 한 번 합시다."

"좋지요."

"누구부터 할까요?"

"전하부터 하시지요."

"그러지요. 그럼 나부터 시작합니다. 대사의 상판은 꼭 돼지처럼 생겼소이다."

"그런가요? 전하의 용안은 부처님 같으십니다."

농담을 하자는데, 무학이 정색으로 자신을 찬양하자, 이성계는 눈살을 찌푸렸다.

"어허, 대사. 농담하는 시간이라니깐."

"전하, 부처님 눈에는 부처님만 보이고, 돼지 눈에는 돼지만 보이는 법이옵니다."

이성계는 이 한 방에 껄껄 웃고 말았다고 한다. 이것은 그러나 농담이 아니고, 인간의 근본 진실을 보여주고 있는 진담 중의 진담이다.

역시 우리가 보는 세상은 자기의 그림자일 뿐이다. 만해 한용운은 「님의 침묵」 서문에서 이렇게 읊었다. "너에게도 님이 있느냐. 있다면 님이 아니라 너의 그림자니라" 우리가 보는 세계는 내 안의 욕망과 관심이 투영(project)된 '이미지〔相〕'일 뿐이다.

그런데 문제는 사람들이 이 사실을 모른다는 데 있다. 늘 그놈의 '무지〔無明〕'가 탈이다. 우리 모두는 정도의 차이는 있지만, 자기가 보는 세상이 객관적이라고 착각하며 산다. 그래서 언제나 "너는 틀렸고, 내가 옳다"고 우긴다.

『반야심경』이 가르치고자 하는 것

인간이 사는 세상은, 이렇게 서로 다른 자아의 이해관계가 충돌하는 마당이며, 그들이 만든 그림자로서의 이미지들이 뒤섞여 어지러운 혼돈이다.

불교는 이들 서로 다른 자아의 이해관계를 계산으로 조정하거나, 엇갈리는 세계상의 충돌을 토론으로 표준화하려 하지 않는다. 불교의 해법은 근본적이고 래디칼하다. "인류는 수천만년동안 내려온 그 오랜 습성을 고쳐야 한다." 그 핵심은 '자아의 편파적 활동'을 제어하고, 나아가 '이미지로서의 세계'를 깨부수는 데 있다.

그렇지만 그게 어디 쉽겠는가. 자기 욕망의 추동력은 강력하고, 자기 방어의 메카니즘 또한 은밀해서, 웬만해서는 이 폭풍을 거스를 수 없다. 뿐인가? 그 활동은 거의 무의식적으로 작동하기에, 스스로에게는 감지조차 되지 않는다.

불교의 독특한 '지혜〔般若〕'는 이 메카니즘을 선명히 이해하는 것에 다름 아니다. "이해가 곧 해방이다." 현대 심리학에서처럼 불교는 은폐된 심리적 동기와 무의식적 활동을 투명하게 바라보기 시작하면서, 오랜 윤회의 질곡을 벗어나 그리도 그리던 해방을 얻는다고 가르친다. "색즉시공 공즉시색"이란 그 진실을 깨달은 자의 탄성, 혹은 눈물이다.

『반야심경』의 첫머리는 이렇게 시작한다.

관자재보살(觀自在菩薩) 행심반야바라밀다시(行深般若波羅蜜多時)
조견오온개공(照見五蘊皆空) 도일체고액(度一切苦厄).

대강 초벌로 번역하면 이렇다. "관자재보살이 깊은 반야바라밀다를 행하실 제, 오온(五蘊)이 모두 공(空)함을 통찰하시고, 일체의 고통과 재난으로부터 벗어나셨다."

관자재보살은 이름 그대로, "이제는 자유롭게〔自在〕사물을 볼〔觀〕수 있게 된" 사람을 뜻한다. 자유롭게 보기는 정말 어렵다. 그것은 물질을 투과하여, 혹은 장소의 제약을 넘어 사물을 볼 수 있는 신통력을 의미하는 것이 아니라, 자신의 감옥으로부터 벗어나 사물을 볼 수 있게 되었음을 뜻한다.

자아의 중력으로 휘어진 세계

다시 말하지만, 세계의 그림은 자아들의 중력에 의해 휘어져 있다. 심하면 거친 유리에 비친 영상처럼 뒤틀어져 있기도 하고, 또는 깨진 유리조각에 비친 풍경처럼 손쓸 수 없이 뒤죽박죽이기도 하다.

색(色)이란 바로 그렇게 '자아의 투영으로서 드러난 세계'를 가리킨다. 공(空)이란, 그 이미지와 환상으로서의 세계가 주관적 편견과 이해관계의 산물이라는 뜻이다. 그것은 실재하지 않는다. 즉,

"색은 곧 공"이다.

　이 주관성을 떠나기는 정말이지 쉽지 않다. 평생 한번도 이 질곡으로부터 벗어나 본 적이 없는 사람이 대부분이다. 우리네 인생이 그렇게 흘러가고 있다는 것을 자각하고 사는 사람도 많지 않다. 그러나 불교의 가르침대로, 이 사태를 자각하고 나면, 그는 변하기 시작한다. 그것도 근본적으로….

　자신의 존재가 세계를 오염시키고 있다는 자각에 미안해하고, 그것을 순화시켜가는 것이 불교의 길이다. 그 훈련이 깊어가면서, 그리고 마침내 오랜 무의식적 습성까지 정화되기 시작하면서 세계는 전혀 다른 모습으로 드러나기 시작한다. 찐득한 욕망의 세계는 사물의 투명한 연계로 나타나기 시작하고, 마침내 자아에 의한 오염과 굴절이 전혀 없는, 인류의 집단적 환상과 편견으로부터 해방된 진정한 세계, 있는 그대로 즉, 진여(眞如)의 세계가 나타난다.

　이 세계를 『반야심경』은 공즉시색이라고 불렀다. '자아의 흔적을 지운〔空〕 눈에 드러난 세계〔色〕'는 어떤 모습일까.

평등(平等), 혹은 뜰 앞의 잣나무

그 여여(如如)한 세계는 바로 코앞에 역력히 있기에 누구나 볼 수 있다. 그렇지만 이 세계만큼 아득히 먼 것도 없다. 왜냐 하면 우리는 무시이래의 무명(無明), 즉 자기관심의 색안경을 벗어던지기가 거의 불가능하기 때문이다. 이 딜레마가 불교 전체를 수놓고 있는 역설의 진원지이다. 불도(佛道)는 너무 쉬우면서도, 또 너무나 어렵다. 조고각하(照顧脚下), 발뒤꿈치 한번 돌리면 환하게 열리는 소식이지만, 그러나 억겁을 뼈를 깎고 피를 태워도 여전히 아득한 이 소식을 어찌 하오리까.

자아의 점착을 떠나 자유롭게 바로 본 세계는 어떤 모습일까. 선가의 비유를 빌리면 '뜰 앞의 잣나무'는 과연 어떤 얼굴로 우리에게 드러날까.

불교는 그때 세계는 우선, 수많은 계기들이 서로 얽혀 흘러가는 도도한 강, 혹은 춤추는 군무로 드러날 것이라고 말한다. 그것을 연기(緣起)라는 이름으로 부른다. 사물들이 서로 연기되어 있다는 것은 사물들 사이에, 그것을 구성하는 요소들 사이에 경계가 없다는 것을 함축하고 있다. 여기서 우리는 하나의 사건을 구성하는 하나의 '원인' 혹은 '자성(自性)'을 우리는 분리할 수 없다. 모든 것은 서로 연속되어 있고, 또한 동시에 총체적이다.

하나의 요소[法]는 다른 요소와 인연(因緣)에 의해 모여 잠정적 사태[行]를 형성했다가, 찰나에 멸하면서 이어진다. 그리하여 우주는 찰나에 멸하는 법들의 연기적 과정(proscess)으로 이루어져 있다. 그것은 "거기 그렇게 흘러간다." 이 우주적 과정의 인식에서 다음과 같은 중대한 귀결이 도출된다. "우리는 그들 법(法) 사이의 가치의 우열을 매길 수 없다!"

불교는 이것을 '평등(平等)'이라는 말로 특칭화했다. 평등은 지금은 기회 균등이나 부의 공정한 배분 등과 연관된 말이지만, 본시 이 말은 불교가 사물들의 절대적 무차별을 나타내기 위해 썼던 말이다. 장자는 이 말을 "학의 다리 긴 대로, 참새다리 짧은 대로"라는 경구로 표현하고 있다.

불교는 말한다. "세상은 평등하다." 거기에는 높고 낮음이 없을 뿐만 아니라, 길고 짧음도 없고, 좋아하고 싫어함도 없으며, 명예도 좌절도 없다. 한 걸음 더 나아가, 수긍하기 쉽지 않겠지만, 삶도 죽음도 없다. 생사(生死), 즉 삶과 죽음의 '구분'은, 삶을 좋아하고 죽음을 꺼리는 인간의 자아가 작동한 것이고, 그것은 세계에 대한 부당한 간섭이기 때문이다.

선사들은 그래서 "여기 생사(生死)는 없다"고 말하길 즐겨 했다. 이 귀결에 고개를 끄덕일 수 있겠는가.

그리고, 불교는 없다

『반야심경』은 이 자리를 노래한다. 색즉시공이라, "인간이 손대고 덧붙인 모든 흔적은 허망하다. 삶과 죽음조차도 그렇다. 삶도 죽음도 없는 판에, 불교는 어디 있겠으며, 사성제(四聖諦) 12연기(緣起)며, 오온(五蘊) 육식(六識)이며, 연기법이며 화엄의 이치인들 어디 있겠는가."

무슨 그런 불경스런 망발이 있느냐고? 『반야심경』의 끝자락이 바로 그 섬뜩 아득한 소식을 전해 주고 있다.

> 사리자야, 우리는 사물과 세계를 두고, 태어난다거나 사라진다고 말할 수 없다. 그곳은 깨끗하다거나 더럽다는 인간적 흔적을 덧붙일 수도 없고, 늘어난다거나 줄어든다는 세속적 득실도 운위할 수 없다. 자아의 개입이 근원적으로 차단되어 있는 것이기에, 거기 사람과 자연은 구분되지 않으며, 주체와 대상 또한 분리될 수 없고, 바라

보는 시선과 거기 잡히는 풍경도 둘이 아니다. 어디 그뿐인가. 인간에게는 원초적 무지가 있다는 것도 생뚱맞고, 그것을 제거해야 한다는 권유도 쓸데 없다. 늙고 죽음의 개념도 없으니, 그 늙고 죽음을 초월할 수도 없지 않은가. 생로병사가 도무지 없는 판에, 붓다가 초월과 해방의 방법으로 가르친 네 가지 성스러운 진리 또한 뜬금없는 소리이다. 기억하라. 요컨대 깨달음이란 것도 농담이니, 더구나 그것을 통해 무엇인가를 얻을 것이라는 기대는 더더욱 황당하다는 것을...[2)]

이것이 불교의 최종적 가르침이다. 『반야심경』은 삶에 대한 집착은 물론, 그것을 넘어서고자 불교에 의지하려는 모든 인간적 시도까지를 거절하고 있다. 그래서 말한다. "불교는 없다!"

그런데, 그것이 끝이 아니다. 불교는 허무주의가 아니다. 상대주의도 아니다. 불교는 바로 그렇게 모든 희망과 기대를 버릴 때, 그때 비로소 진정한 해방, 어느 것에도 제약되지 않은 절대적 자유와 영원의 구원을 얻는다고 말한다.

『반야심경』의 피날레는 이 '때 아닌 축복'을 나지막히, 그러나 힘 있게 전해주고 있다.

---

2) 舍利子 是諸法空相 不生不滅 不垢不淨 不增不減 是故 空中無色 無受想行識 無眼耳鼻舌身意 無色聲香味觸法 無眼界 乃至 無意識界 無無明 亦無無明盡 乃至 無老死 亦無老死盡 無苦集滅道 無智亦無得.

… 깨닫는 것도 없고, 그리하여 얻는 것도 없으니, 요컨대 모든 것은 이미 이루어져 있다. 이 진실을 알게 될 때, 마음 속의 장애물이 사라지고, 너는 내적 혼란과 존재의 오랜 불안으로부터 자유로와진다. 그 때 세상은 자아의 투사로서가 아니라 본래의 맨 얼굴로 화장기 없이 드러날 것이니, 보디스바하, 너는 비로소 인류를 옭죄고 있던 개인적 집단적 환상의 그물로부터 벗어난다. 그곳이 구원[究竟涅槃]이다.

더 생각해볼 문제들

1. 불교는 지금, 아무것도 '판단' 하지 말라고 가르치고 있나요? 세상에는 궁극적으로 아무런 '구분' 이 없다면서 말입니다.

   이 대목이 불교의 딜레마입니다. 행동을 선택해야 하는 한, 우리는 시시각각 판단의 시험대 위에 섭니다. 불교는 다만 그것을 오랜 이기적 습성에 따라 하지 말라고, 그 관성에 끌려다니며 살지 말라고 가르치고 있는 것입니다.

2. 공(空)은 그런 점에서 비이기적 삶의 태도를 가리킨다고 할 수 있겠습니다. 그 원리를 받아들인 사람은 그럼 현실에서 어떤 삶을 살아가게 되나요?

   불교는 공(空)을 '지혜'로 삼고 … 그런데 여기서 한 걸음 더 나가야 한다고 가르칩니다. 그 지혜가 다른 사람을 위해 요익(饒益)되게 쓰이지 않는다면, 그거야말로 이기적 습성을 버리지 못한 증거라고 봅니다. 그래서 자비와 공정성 등의 '네 가지 무한한 마음〔無量心〕'을 선포합니다.

3. 불교가 지극히 개인적 은둔적 가르침이지만, 그렇게 볼 경우 사회적 정의 및 공적 윤리와 결합된다고 볼 수 있겠는데요?

   그렇습니다. 그 대승의 정신을 표상하고 있는 사람이 바로 보살(菩薩)입니다. 다만 실제의 삶이 늘 원리를 구현하고 있지 않다는 데 문제가 있습니다만….

추천할 만한 텍스트

『틱낫한 스님의 반야심경』, 틱낫한 지음, 강옥구 옮김, 장경각, 1998.
『아는 것으로부터의 자유』, 크리슈나무르티 지음, 정현종 옮김, 물병자리, 2002.
『한글세대를 위한 불교』, 콘즈 지음, 한형조 옮김, 세계사, 1990.

한형조(韓亨祚)

한국학중앙연구원 교수.
아시아의 전통과 새 휴머니티의 지평을 탐색하고 있다. 쓴 책으로, 조선 유학의 범형 이동을 다룬 『주희에서 정약용으로』(1996), 선(禪)의 이념과 역사, 방법을 해설한 『무문관, 혹은 너는 누구냐』(1999), 동아시아 제자백가의 초대 혹은 입문서인 『왜 동양철학인가』(2000)가 있다.

소멸하지도 않고 발생하지도 않으며,
단멸(斷滅)하지도 않고 상주(常住)하지도 않으며,
다의(多義)도 아니고 일의(一義)도 아니며, 오지도 않고 가지도 않는,
희론(戱論)이 적멸한 상서로운 연기(緣起)를 설해 주시고
설법자 가운데 최상이신 등각자(等覺者) 그 분께 경배드립니다.

용수 (150?~250?)

남인도에서 살았던 사람으로 원래 이름은 나가르주나(Nāgārjuna)다. 'nāga'는 용(龍)이고 'arjuna'는 나무의 일종이기에 중국에서 용수(龍樹)라고 불렀다. 『반야경』, 『화엄경』 등 대승 경전의 사상을 간결하게 잘 정리해서 대승불교의 기초를 놓았다. 이른바 중관학파라 불리는 대승불교의 한 학파에서는 용수의 작품들을 해석하고 용수가 말하는 연기(緣起)와 공(空)과 중(中)의 의미를 심화하면서 세를 확장해나갔다. 고구려의 승랑(僧朗)을 비조로 삼는 중국의 중관학파인 삼론종(三論宗)에서도 용수의 『중론』, 『십이문론(十二門論)』, 그의 제자 성천의 『백론(百論)』에 의거해서 중국식의 중관학을 전개해나갔다. 『중론』을 용수의 대표 저서라 할 수 있지만 이것 외에도 『회쟁론』, 『공칠십론』, 『육십송여리론』, 『보행왕정론』, 『대지도론』 등과 같은 저서가 전해져 온다.

02

마음의 평화 얻기
용수(龍樹)의 『중론(中論)』

박인성 | 동국대학교 불교학과 교수

용수와 『중론』

용수(龍樹)의 저서인 『중론(中論)』은 구마라집(鳩摩羅什, 344~413) — 인도어로는 Kumārajīva — 이 한역한 인도의 논서로, 청목(青目, 4세기경) — 인도어로는 Piṅgalanetra — 의 주석서 『중론』에 담겨 오기에 '중론'이란 이름으로 널리 알려 있지만, '중송(中頌)' 또는 '중론송(中論頌)'이라고 부르기도 한다.[1]

---

1) 이 글에서는 용수의 『중론』과 구마라집이 한역한 청목의 『중론』을 구분하기 위해 청목의 것을 '중론소'라 부르고 용수의 것은 그대로 '중론'이라 부르기로 한다. 그리고 '중론'이라 할 때는 'Mādhyamaka-śāstra'의 번역이고 '중송'이라 할 때는 'Mādhyamaka-kārika'의 번역이다.

용수는 불교 철학사에서도 그렇지만 인도 철학사에서도 아주 중요한 인물이다. 그는 대승불교가 등장하기 이전의 불교, 이른바 소승불교라 알려져 있는 아비달마불교를 비판한 것은 물론, 인도 철학사에 등장하는 상키야 학파, 와이쉐쉬까 학파, 니야야 학파, 미망사 학파를 비판하기도 했다. 그렇기 때문에 당대와 후대에 다른 학파들한테서 혹독하게 비판을 받기도 했다.

용수의 제자인 성천(聖天)은 스승의 비판 정신을 물려받아『사백론(四百論)』이라는 저서를 남겼다. 용수의 사상은 그의 대표적 저서인『중론』에서 가장 잘 찾아볼 수 있지만, 스승을 이어받고 스승을 넘어선 성천의 저서에서도 찾아볼 수 있다. 이처럼 용수의 사상이 잘 담겨 있는『중론』과『사백론』을 보고 후대의 불교 철학자들이 주석서[2]들을 남겼는데, 이러한 용수의『중론』과 성천의『사백론』에 대한 주석서들은 모두 고대 인도어인 산스끄리뜨어로 되어 있으며, 나중에는 이 책들은 티베트어와 한문으로도 번역되어 전해져 내려오고 있다.

『중론』은 어떤 책인가?

『중론』은 27장으로 구성되어 있다.[3] 장의 이름을 보면 그 장에서

---

[2] 『중론』의 주석서로는 청목의『중론소』이외에도 불호(佛護)의『근본중론소』, 청변(淸辨)의『반야등론석』, 월칭(月稱)의『쁘라산나빠다』, 안혜(安慧)의『대승중관석론』같은 것들이 있다. 그리고 성천의『사백론』에 대한 주석서는 월칭과 호법(護法)이 작성했는데, 특히 호법의『사백론』주석서인『대승광백론석론』은 파사현정(破邪顯正)의 정신이 잘 드러나 있는 아주 훌륭한 철학서이다.

다루는 논제를 알 수 있다. 즉, 연(緣), 근(根), 온(蘊), 계(界), 유위(有爲), 고(苦), 업(業), 제(諦) 등의 용어가 등장한다. 모두 다 긴 설명을 요하는 불교 또는 인도 철학의 개념들이다. 이처럼 어려운 개념들이 나오긴 하지만, 『중론』은 그것을 설명하거나 새롭게 정의하려고 하지 않는다. 그저 주제를 드러내기 위한 수단으로 사용할 뿐이다. 논제는 달라도 주제는 거의 같다고 말할 수 있는데, 주제는 논서의 서두에 놓이는 귀경게(歸敬偈)에 잘 나타나 있다. 귀경게란 부처님을 기리는 노래다.

소멸하지도 않고 발생하지도 않으며, 단멸(斷滅)하지도 않고 상주(常住)하지도 않으며,
다의(多義)도 아니고 일의(一義)도 아니며, 오지도 않고 가지도 않는,
희론(戱論)이 적멸한 상서로운 연기(緣起)를 설해 주시고
설법자 가운데 최상이신 등각자(等覺者) 그 분께 경배드립니다.

---

3) 『중론』 27장의 구성은 다음과 같다.
제1장 연(緣)을 관찰함, 제2장 감과 옴을 관찰함, 제3장 눈을 비롯한 근(根)을 관찰함, 제4장 온(蘊)을 관찰함, 제5장 계(界)를 관찰함, 제6장 탐욕과 탐욕을 내는 이를 관찰함, 제7장 유위(有爲)를 관찰함, 제8장 행위와 행위자를 관찰함, 제9장 선행하는 존재를 관찰함, 제10장 불과 장작을 관찰함, 제11장 전후의 궁극을 관찰함, 제12장 고(苦)를 관찰함, 제13장 행(行)을 관찰함, 제14장 결합을 관찰함, 제15장 자성(自性)을 관찰함, 제16장 계박과 해탈을 관찰함, 제17장 업과 과보를 관찰함, 제18장 나를 관찰함, 제19장 시간을 관찰함, 제20장 화합을 관찰함, 제21장 생성과 괴멸을 관찰함, 제22장 여래를 관찰함, 제23장 전도를 관찰함, 제24장 성스러운 진리(聖諦)를 관찰함, 제25장 열반을 관찰함, 제26장 12분지를 관찰함, 제27장 견해를 관찰함.

연기(緣起)를 보여주는 앞의 두 행은 이른바 팔부(八不)이다. 팔부란 여덟 가지의 부정을 의미한다. 한역본대로 한다면 불생(不生), 불멸(不滅), 불상(不常), 부단(不斷), 불일(不一), 불이(不異), 불래(不來), 불출(不出)이다. 이 여덟 가지의 부정은 두 가지의 부정, 곧 '있음'과 '없음'에 대한 부정으로 귀결된다. 그러므로 『중론』의 모든 장은 있음과 없음에 대한 부정을 담고 있다. 있음과 없음에 대한 부정은 흔히 "있지도 않고 없지도 않다"는 문장으로 말해지곤 한다. 모든 부정은 여덟 가지의 부정으로 귀결되고, 이 여덟 가지의 부정은 다시 두 가지의 부정, 곧 있음과 없음에 대한 부정으로 귀결되는 것이다. 그리고 있음과 없음에 대한 부정은 다시 있음에 대한 부정으로 귀결된다. 따라서 있음의 의미를 알면 그렇게 어렵지 않게 여덟 가지의 부정을 이해할 수 있다.

불교의 개념이 들어가 있지 않아 읽기에 덜 부담스러운 제2장 「감과 옴을 관찰함」에서 송(頌)을 뽑아내 우선 간단히 이해해 보도록 하자. 제2장은 한역본에서 「관거래품(觀去來品)」이라 하는 것으로 『중론』을 거론할 때 제일 먼저 사람들의 마음에 떠오르는 장이다. 다음은 '감'과 '가는 이'에 대한 같음과 다름을 부정하는 제19송과 제20송이다.

만약 감이, 곧 가는 이라면
행위자와 행위가 일체가 되는 오류가 따르네.

또 만약 가는 이와 감과 다르다고 분별한다면

가는 이 없이 감이 있을 것이고, 감 없이 가는 이가 있을 것이네.

가는 행위와 가는 사람이 같다는 것도, 다르다는 것도 성립하지 않는다는 주장이다. 귀경게의 "다의(多義)도 아니고 일의(一義)도 아니다"를, 가는 '행위'와 가는 '사람'에 적용했다고 볼 수 있다. "같지도 않고 다르지도 않다"는 표현은 『중론』의 모든 장에서 만나볼 수 있는 표현이다. "가는 행위와 가는 사람이 같다", "가는 행위와 가는 사람이 다르다"는 집착은 "가는 행위가 있다", "가는 사람이 있다"는 집착에서 나온 것이기 때문에 성립하지 않는다는 것이다. 그러므로 『중론』을 이해하자면 '있다'의 의미를 무엇보다 먼저 깊게 이해해야 한다. 『중론』에서 '있다'는 '있다는 집착'이다. 이 있다는 집착은 모든 번뇌들의 밑에 흐르는 분별이다. 이 '있다'를 쉽게 이해할 수 있도록 아래에서 여러 가지 쉬운 예를 들어 설명해 보겠다.

무자성(無自性)인 중(中)

『중론』은 말 그대로 중(中)[4]을 논하는 철학서다. 불교에서는 성자가 아닌 보통사람을 범부(凡夫)라 부르는데, 이 범부들은 '있다'는 집착과 '없다'는 집착에 매여 괴롭게 살아가고 있다. 이 있다는 집착과 없다는 집착이라는 양 극단[5]을 보고 끊으면 중(中)이 나타난

---

[4] '중'(中)은 '한가운데'란 뜻의 산스끄리뜨어 'madhya'의 한역이다. 중(中)은 무자성(無自性), 공성(空性), 연기(緣起)로 이해될 수 있다. 아래에서 보게 될 것이다.

다. 『중론』의 27장은 각각의 논제를 통해서 있다는 집착과 없다는 집착을 보여주면서 이 집착들을 끊을 수 있도록 이끌어주고 있는 것이다.

그런데 중(中)이 나타난다는 것은 무슨 뜻인가? 먼저, 있다는 집착과 없다는 집착이 무엇인지 알아야 한다. 있다는 집착과 없다는 집착을 알아 간다는 것은 위빠사나(vipassanā) ― 한역어로는 '관찰(觀察)'인데 줄여서 '관(觀)'이라 하기도 한다 ― 를 한다는 것인데 이 점에서 『중론』은 훌륭한 위빠사나 지침서이기도 하다.

있다는 집착과 없다는 집착이 무엇인지 알 수 있도록 예를 들어 설명하겠다. 우리 가까이 있는 것은 알아보기 쉬워야 하는데, 사실 가까이에 있는 것은 가까이에 있기 때문에 알아보기가 그다지 쉽지 않을 수도 있다. 가까이에 있는 것을 알아보려면 마음을 한 군데에 집중해서 고요하게 해야 하기 때문이다. 마음을 한 군데에 집중해서 고요하게 하는 것을 '사마타'[6]라 한다. 이렇게 사마타가 되어야 마음의 흐름 속에 일어났다 사라지는 것들을 그때그때 잘 관찰할 수 있다. 다시 말해 위빠사나를 할 수 있는 것이다. 또 사마타와 위빠사나에 능하게 되면 모든 번뇌들을 끊을 수 있다.

남자는 여자를 탐하고 여자는 남자를 탐한다. 왜? 남자는 여자를 분별하고 여자는 남자를 분별하기 때문이다. 여자에 대한 남자의

---

5) '극단'은 '변두리', '가장자리'란 뜻의 한역어, 즉 한자 '邊'을 번역한 말이다. 범부들은 있음이란 변두리와 없음이란 변두리에 매여 있기에 한가운데[中]로 들어갈 수 없다.

6) 빨리어로서 한자로는 '지(止)'로 표기한다.

탐욕과, 남자에 대한 여자의 탐욕의 바탕에는 이러한 분별이 깔려 있다. 남자가 여자를 탐하는 경우를 살펴보도록 하자. 어떤 남자가 어떤 여자를 탐할 때 그 남자는 그 여자가 여자이기에 탐한다. 그 남자의 마음에 나타난 그 여자는 그 남자 속에 이미 들어 있는 여자 일반에 대한 탐욕이 만들어낸 여자다. 만들어낸다는 것은 분별한다는 의미이며, 그 남자는 자기 마음에 나타난 여자를, 다시 말해 자기가 분별한 여자를 객관적으로 존재한다고 생각한다. 여기서 객관적으로 존재한다고 하는 것은 자기의 마음과 무관하게 존재한다는 것을 의미한다. 그 여자의 모습은 그 남자가 그린 모습에 불과한데도 그 남자는 자기가 그린 대로 그 여자의 모습이 영원히 변치 않고 존재하리라 생각한다. 한 여자한테 빠진 남자를 상상해 보라.

그 남자가 만들어낸 그 여자의 모습인데도 이를 객관적으로 존재한다고 생각한다면 이것은 '있다는 집착'이다. '있다는 집착'은, 그 여자의 모습은 그 남자가 만들어낸 것임을 알 때 끊어진다. 객관적으로 존재하는 그 여자의 모습은 '없다'. 그러나 객관적으로 존재하는 그 여자의 모습이 없다는 말을 듣고서 그 여자의 모습이 아주 없다고 생각한다면 이것은 '없다는 집착'이다. 없다는 집착 또한 그 여자의 모습이 그 남자가 만들어낸 것임을 알 때 끊어진다. 그 남자가 만들어낸 그 여자의 모습은 '있다'. 모든 집착에 대한 근원에는 이처럼 있음에 대한 집착과 없음에 대한 집착이 있다. 있음에 대한 집착과 없음에 대한 집착은 자성(自性)에 대한 집착이라 말할 수 있다. 이렇게 자성에 대한 집착을 타파하면 중(中)이 나타난다. 따라서 중(中)은 무자성(無自性)의 다른 표현이고 공성(空性)의 다른 표현이다.

공성(空性), 담 허물기

담 허물기의 '담'은 직설법(直說法)이자 비유법(比喩法)이다. 직설인 담은 말 그대로 집과 집 사이의 담이다. 비유인 담은 삶과 죽음 사이의 담, 남자와 여자 사이의 담, 외국인 노동자의 우리 사이의 담, 북한과 남한 사이의 담 등 이루 헤아릴 수 없이 많다. 이루 헤아릴 수 없이 많은 이유는, 범부들한테는 모든 것이 다 자성(自性)[7]이기 때문이다. 범부들은 있다는 집착과 없다는 집착, 곧 분별(分別)[8]에서 헤어나오지 못하기 때문이다.

첫째, 직설인 담에 대해 이야기해 보자. 대구에서 집집마다 담을 허물고 그 자리와 울타리 안의 뜰에 나무를 심었더니 도시의 공기가 맑아지고 시원해졌다는 말을 들은 적이 있다. 그 대구를 본받아 서울의 일부 지역에서도 담 허물기를 했거나 하려고 한다는 말도 들었다. 안이 들여다보이지 않게 높은 담을 쌓은 사람이 그 담을 스스로 허문다는 것은 참 실행하기 어려운 일일 것이다. 담을 허물면

---

7) 산스끄리뜨어 'svabhāva'의 한역이다. 'sva'는 '자기', 'bhāva'는 '이다'는 뜻의 동사 'bhū'의 명사로서 '임'을 의미하니 '자기임'으로 번역할 수 있겠다. 이의 반대말은 'parabhāva'(타성)이다. 『중론』에서 자성과 타성은 서로 배척하는 말이다. 왜냐하면 자성은 자성대로, 타성은 타성대로 동일성을 계속 유지하며 서로 교류하지 않기 때문이다.

8) 산스끄리뜨어 'vikalpa'의 한역이다. '갈라봄'이라고 번역할 수 있겠다. '있음'과 '없음'은 이미 서로 의존해서 일어난 것인데 이를 알지 못하고 있음을 있음으로만, 없음을 없음으로만 본다는 뜻이다.

안이 들여다보이기 때문이다. 높은 담을 쌓을 것을 생각하면서 지은 집이기에 담을 허물면 더욱 그 안쪽이 드러나게 된다. 갑작스럽게 안쪽이 몽땅 드러나게 되니 두렵고 불안한 일이 아닐 수 없다. 그런데도 먼저 담을 허무는 사람이 있다. 비록 한꺼번에 자신이 노출될지라도 남과 소통하면서 함께 사는 삶이 더 소중하다는 느끼기 때문이리라. 모두 담을 헐어 모두 서로 소통하면서 언제가 이런 드러남에 맞는 집을 지을 것을, 마을을 만들 것을 상상하면서 그들은 집을 허문다.

전통 가옥의 담은 돌을 쌓아 만든 담이거나 나뭇가지들을 엮어 만든 담이다. 낮은 돌담은 그 옆을 지나가는 사람들한테 집의 내부를 일부 열어놓는다. 더 안쪽을 보고 싶은 사람들은 발돋움을 해서 들여다 볼 수 있다. 나뭇가지로 지은 담은 지나가는 사람이 안을 들여다볼 수 있도록 살짝 틈을 만들어놓는다. 안쪽을 더 보고 싶으면 나뭇가지 사이를 헤쳐 눈여겨볼 수 있다. 그러나 이렇게 최대한 안쪽을 들여다볼 수 있다 해도 다 들여다 볼 수는 없다. 안을 바깥으로 드러내면서 동시에 안을 바깥으로부터 감추게 하는 담이 있기 때문이다. 안과 밖을 나누면서도 안과 밖을 연결해주는 고리, 그렇게 해서 안이 밖이게 하고 밖이 안이게 하는 것, 그렇게 해서 안은 안대로 숨으면서 드러나게 하고 밖은 밖대로 드러나면서 숨게 하는 것, 그것이 우리의 담이다. 그리고 그런 담들 사이로 난 길이 우리의 길이다. 나를 한껏 감추듯 뽐내면서 담 너머로 나를 보여줄 수 있는 자라야 담 사이로 난 길을 남과 함께 거닐 수 있다.

집을 둘러싸고 있는 닫힌 공간이 터지면 그 집은 다른 사람의 눈

길을 받게 된다. 높은 담장을 치리라 상상하면서 만든 집이라면 담장을 허물 경우 주위에 갑자기 노출돼 은근히 감추어야 할 것이 많아진다. 노출되었으니 이제 은폐해야 한다. 이렇게 해서 새로운 집이 생겨나고 새로운 마을이 생겨날 것이다. 이러한 점에서 담 허물기는 파사현정(破邪顯正)[9]과 같다. 파사(破邪)는 곧 현정(顯正)이다. 그러나 파사는 곧 현정의 시작이기도 하다. 현정의 완성을 위해 파사하는 것이다. 파사하면서 현정하니 현정은 이념이기도 하다.

둘째, 삶과 죽음 사이의 비유적인 담을 이야기해 보자. 삶도 없고 죽음도 없는 열반…, 이런 말을 들어 본 적이 있을 것이다. 삶이 이렇게 있고 죽음이 이렇게 있는데, 삶도 없고 죽음도 없다고 하니 의아스럽게 생각될 수도 있다. 죽음을 두려워하는 삶, 죽음을 싫어하는 삶이라면 그 삶은 죽음을 거부하는 삶일 것이고 영원한 삶을 꿈꾸는 삶일 것이다.

왜 죽음을 두려워할까? 죽음은 두려운 것일까? 아직 체험하지 않은 죽음을 왜 우리는 벌써 두려워하는 것일까? 죽은 자는 우리에게 죽음이 어떠하다고 전달해 줄 수 없다. 죽은 자는 산 자들 속에 있지 않기 때문이다. 죽음을 체험하고 다시 돌아온 사람들이 있다. 다시 삶으로 돌아왔기 때문에 그들이 체험한 죽음을 죽음으로 단정할 수는 없겠지만 보통 사람과는 다른 체험을 했기에 그들의 말을 들어보면 죽음은 우리가 흔히 그렇게 생각하듯이 두려운 것만은 아

---

9) '파사'(破邪)는 그릇된 견해를 파한다는 뜻이고 '현정'(顯正)은 바른 견해를 드러낸다는 뜻이다. 현정하기 위해 파사할 때 이미 파사에 현정이 드러나 있다고 한다.

난 것처럼 여겨진다. 그런데도 우리는 죽음을 두려워한다. 죽음이란 도대체 무엇인지 알 수 없어 두려워한다. 그럴 수 있겠다. 그만큼 삶에 익숙해 있기 때문이다. 그렇다면 죽음의 두려움은 죽음에서 오는 것이 아니라 삶에서 오는 것이다. 삶에 대한 애착이 죽음을 두려워하게 만드는 것이다.

아무리 괴로운 삶을 살더라도 우리는 삶에 대한 애착을 버리지 않는다. 너무 괴롭기에 삶을 버리는 사람이 있긴 하지만, 사실 그들은 자신의 괴로운 삶이, 스스로가 애착하거나 바라는 삶이 아니기 때문에 죽음을 선택한 것에 불과하다. 괴로운데도 삶에 대한 애착을 버리지 않을 때 이를 "삶이 있다"고 말한다. 이렇게 삶이 있을 때 이 삶에 맞서 "죽음이 있다"고 말한다. 그러나 생각해 보면 죽음이 한 점 들어 있지 않은 순수한 삶은 있지 않다. 모든 삶에는 이미 죽음이 들어와 있다. 이미 들어와 있는 죽음을 받아들이는 삶, 이때 "삶이 없다"고 말한다.

이렇게 보면 삶도 없고 죽음도 없는 열반은 삶을 부정하거나 죽음을 부정하는 것이 아님을 알 수 있다. 오히려 생사윤회하는 삶의 이면이 해탈하는 삶이다. 삶이되 생사윤회하는 삶이 아니라 생사윤회[10]에서 해탈하는 삶이다. 이런 점에서 보면 분명 "삶은 있다". 즉, "삶이 없다"고 말할 때는 생사윤회하는 삶이 없다고 말하는 것이요, "삶이 있다"고 할 때는 생사윤회에서 해탈하는 삶이 있다는

---

10) 삶과 죽음을 끊임없이 반복하는 과정을 말한다.

것이다. '있다'와 '없다'가 전혀 다른 뜻으로 둔갑하고 있다는 것을 알 수 있다. 그래서 『중론』「관열반품」에서 "윤회는 열반과 어떤 차이도 있지 않네. 열반은 윤회와 어떤 차이도 있지 않네" 하고 노래하는 것이다.

또 다음은 북쪽과 남쪽 사이의 담을 예로 들어 보자. "북쪽은 무조건 나쁜 사람들이 사는 곳이요, 남쪽은 무조건 좋은 사람이 사는 곳"이라고들 한다. 이는 북쪽은 북쪽의 자성이 있고 남쪽은 남쪽의 자성이 있다는 이분법이다. 이렇게 북쪽과 남쪽 사이에 높은 담을 쳐놓는다. 북쪽이 나쁜 사람이 사는 곳이라면, 나쁜 사람이 사는 곳으로 만든 나라에 북쪽 자체는 물론 남쪽도 들어 있을 것이다. 그 유명한 '악(惡)의 축'이란 말을 들어보았을 것이다. 북쪽은 그런 악의 축에 끼는 나라이다. 그렇게 말하는 사람들은 자신이 선하다고 생각하는 사람들이다. 그런 사람들은 자신 속에 있는 악을 보려 하지 않지 않고 남 속에 있는 악을 확대해서 남을 악으로 규정하길 일삼는다. 조금도 악이 끼어들지 않는 선(善)이 어디 있겠으며 조금도 선이 끼어들지 않은 악이 어디에 있겠는가?

정말 어려운 건 자신 안에 있는 악을 보는 일이다. 불교에서 자신 안에 있는 선과 악을 명료하고 분명하게 보는 일을 위빠사나〔觀〕라 한다. 위빠사나란 사마타〔止〕의 위빠사나이다. 그렇다면 자신 안에 있는 악을 관(觀)하려 하는 자는 마음을 한 곳에 집중해서 고요하게 하는 사마타의 힘을 길러야 한다. 남의 악을 일삼아 지적하려 들지 말고 고요히 홀로 앉아 자신의 마음에 일어나고 사라지는 것들을 일어나면 일어나는 대로 사라지면 사라지는 대로 그때그때 관하는 힘을 길러야 한다.

 또 다음은 외국인 노동자와 우리 사이의 담을 예로 들어 보자. 외국인 노동자들이 북쪽의 노동자들처럼 우리의 부족한 노동력을 보충해주는 고마운 사람들이라는 것은 굳이 말하지 않아도 잘 알 것이다. 그들이 한 때 크레파스의 살색 크레용의 이름을 바꿔 달라고 시위한 적이 있다. 살색은 오로지 우리나라 사람들의 살의 색이다. 살색이라는 자성. 그러나 살색은 사실 검정색도 있다. 살색을 그렇게 우리나라 사람들의 살색으로 정해놓으면 다른 민족, 다른 나라 사람들의 살색은 살색이 아니라고 하며 배척하게 된다. 이것은 '있다'는 집착이다.

 그밖에도 여성과 남성 사이의 담이 있다. 남성은 오로지 남성이고 여성은 오로지 여성일까? 30대 후반부터 남성에게는 여성 호르몬이 더 많이 분비되기 시작하고 여성에게는 남성호르몬이 더 많이 분비되기 시작한다고 한다. 애초에 남성에게 남성 호르몬만 있는 것도 아니지만 이 무렵부터 남성은 여성적인 징후를 점점 띠어 가게 된다고 한다. 남성인 내 몸속에 흐르고 있는 여성성을 보듬을 때 남성인 나를 더 잘 이해하게 되고 여성인 타인을 더 잘 이해하게 되는 것은 아닐까? 또 애초에 몸은 남성인데도 여성성이 보통의 남성보다 풍부한 사람이라면 상대하는 이성이 남성일 수도 있을 것이고 반대의 경우도 마찬가지다. 적은 수의 외국인 노동자라 해서 무시할 수 없듯이 적은 수의 동성애자라 해서 무시할 수는 없는 것이다. 내 몸 속에 애초에 적으나마 여성성이 흐르고 있는 한, 말이다.

 삶과 죽음, 남쪽과 북쪽, 외국인 노동자와 우리, 여성과 남성 이런 분별들은 어디서 오기에 이런 분별들에 사로잡혀 우리는 욕망에 젖거나 증오하거나 원한을 품는 것일까? 이런 분별들이나 이런 집착들의 근원은 나에 대한 집착, 곧 아집(我執)이다. 그리고 나에 대한 집착은 있음에 대한 집착의 또 다른 얼굴이다. 있음에 대한 집착을 보는 즉시 우리는 열반으로 들어가게 된다. 있음에 대한 집착을 끊는 즉시 우리는 더 깊은 열반으로 들어가게 된다.[11] 있음에 대한 집착에 사로잡혀 탐하고 증오한다면 우리는 생사윤회의 흐름을 타는 것이다. 이를 순류(順流)[12]라고 한다. 그러나 생사윤회를 보고 끊는 순간 우리는 생사윤회의 흐름에 역행하게 된다. 이를 역류(逆流)[13]라고 한다. 순류하는 삶과 역류하는 삶은 따로 있는 것이 아니다. 순류하는 삶 즉 역류하는 삶이다. 이를 번뇌, 즉 열반이라 했던가?[14]

아름다운 노래, "가는 사람은 가지 않네.
가지 않는 사람은 가지 않네"
『중론』에 들어갈 준비가 되었으니 이제 『중론』에서 한 장을 골라 그

---

[11] 산스끄리뜨어 'nirvāṇa'(닐바나)의 음역어다. 번뇌가 소멸해서 마음이 평화로운 상태를 말한다. 'nirvana'로 영어에 삽입되어 있을 정도로 유명한 말이다.

[12] 산스끄리뜨어 'anusrota'의 의역어다. 생사윤회의 흐름을 타 계속해서 괴로움을 겪는다는 뜻이다.

[13] 산스끄리뜨어 'pratisrota'의 의역어다. 생사윤회의 흐름에서 벗어나 즐거움을 얻는다는 뜻이다.

[14] 삶은 윤회하는 과정이기도 하지만 해탈하는 과정이기도 하다. 윤회와 해탈은 동전의 양면과 같다.

맛을 보아야 하겠다. 『중론』은 27장 모두 감미롭지만 그 중에서도 제2장인 「감과 옴을 관찰하는 장」이 더욱 감미롭다. 용수는 여기서 '가는 행위', '가는 사람', '갈 곳'이 없다는 것을 논증하고 있다. 25편의 송(頌) 중에서 '가는 행위의 없음', '가는 사람의 없음', '가는 행위와 가는 사람은 같지도 않고 다르지도 않음'을 노래하는 송 넷만 살펴보겠다.

먼저 게송1의 '가는 행위의 없음'이다.

이미 간 곳을 가지 않네. 아직 가지 않은 곳을 가지 않네.
이미 간 곳과 아직 가지 않은 곳을 떠나 지금 가고 있는 곳을 가지 않네.

이 송을 『중론』의 주석서들에서 다음과 같이 풀이하고 있다. 이미 간 곳에는 가는 행위가 없다. 이미 간 곳은 말 그대로 가는 행위가 이미 실현된 곳이기 때문에 가는 행위가 없다. 아직 가지 않은 곳은 말 그대로 가는 행위가 아직 실현되지 않았기 때문에 가는 행위가 없다. 그렇다면 지금 가고 있는 곳에 가는 행위가 있어야 할 것이다. 하지만 지금 가고 있는 곳에도 가는 행위가 없다. 왜냐하면 지금 가고 있는 곳이란 이미 간 곳과 아직 가지 않은 곳을 떠나서는 생각할 수 없기 때문이다. 이미 간 곳에도 가는 행위가 없고 아직 가지 않은 곳에도 가는 행위가 없기 때문에 지금 가고 있는 곳에도 가는 행위가 없다. 그러므로 과거, 미래, 현재의 어느 장소에도 가는 행위가 없다.

이 송과 주석을 이해한다면 『중론』의 모든 송들을 이해할 수 있다고 해도 지나친 말이 아닐 것이다. 『중론』은 장마다 각각 다른 논제를 언급하고는 있지만 설명은 하지 않는다. 가령 온(蘊), 계(界), 업(業), 열반(涅槃), 사제(四諦) 같은 부처님의 말씀을 언급하곤 있지만 이를 설명하고 있진 않다. 부처님의 말씀은 용수가 등장하기 이전 여러 소승의 학파들에서 경쟁하듯 주석했었다. 용수는 이 여러 학파들이, 부처님이 아(我)[15]가 있다는 것을 파하려고 법(法)[16]들을 설했다는 것을 알았으면서도, 아(我)가 있다는 것을 파하려다 되레 법이 있다는 것을 주장하게 되었다고 보았다. 그러나 부처님의 진의는 아(我)의 있음을 파하는 데만 있는 것이 아니라 나아가 법(法)의 있음을 파하는 데도 있다. 그래서 용수는 『중론』의 각 장에서 법이 있지 않다는 것을 보여주려 할 뿐, 이 법들을 정의하지는 않는다. 법이 있지 않다는 것만 안다면, 이 학파들의 법에 대한 정의가 쓸모없는 것은 아니라고 생각한 것 같다.

가는 행위가 있다고 집착하는 사람은 이 가는 행위가 이미 간 곳에 있거나 아직 가지 않은 곳에 있거나 지금 가고 있는 곳에 있다고 집착한다. 좀더 단순하게 표현한다면 과거, 미래, 현재 어느 때의 한 시점에 가는 행위가 있다고 생각한다. 그러나 과거, 미래, 현재 어느 때에도 가는 행위는 있지 않다. 과거, 미래, 현재는 이미 서로 의존하고 있는 것이기 때문에 이 중의 어느 하나를 떼어내어 거기

---

[15] 영원하고 불변하며 동일한 '나'를 가리킨다.
[16] 5온, 12처, 18계 같은 사물이나 사태를 이해하기 위한 개념들이다.

에 있다고 집착하면 안 된다는 것이다.

　이미 간 곳은, 지나간 과거의 장소이므로 가는 행위가 있지 않고, 아직 가지 않은 곳은 아직 오지 않은 미래의 장소이므로 가는 행위가 있지 않다고 할 수 있다. 그러나 지금 가고 있는 곳은, 이미 지나간 곳도 아니고 아직 오지 않은 곳도 아닌, 바로 지금의 장소이므로 이 지금의 장소에는 가는 행위가 있지 않겠나 하는 의문에서 용수는 송5에서 이렇게 답한다.

> 지금 가고 있는 곳을 간다고 한다면 두 가지의 가는 행위가 있다는 오류가 따르네.
> 그 지금 가고 있는 곳을 있게 하는 가는 행위와, 또 그것에 있는 가는 행위라는.

　'간다'는 것은 지금 가고 있는 곳을 간다는 것이다. '간다'에는 이미 '지금'과 '곳'이 들어 있다. 그런데 만약 지금 가고 있는 곳을 간다고 한다면 '지금 가고 있는 곳'의 가는 행위와, '간다'의 가는 행위가 있게 되어 두 가는 행위가 있게 되고, 두 가는 행위가 있게 되어 두 가는 사람이 있게 된다. 애초에는 한 사람이 갔는데 이제 두 사람이 가게 되어 오류가 된다. 지금 가고 있는 곳과 가는 행위가 분리되지 않듯이 가는 사람과 가는 행위 또한 분리되지 않기 때문이다.

　다음은 '가는 사람의 없음'이다. 이는 송8에서 분명히 드러난다.

> 가는 사람은 가지 않네. 가지 않는 사람은 가지 않네.

가는 사람과 가지 않는 사람 이외의 어떤 제3자가 있어 가겠는가?

가는 사람은 가지 않는다. 만약 가는 사람이 간다면, 바로 앞에서 이 비슷한 경우를 보았듯이 두 가지의 가는 행위가 있게 된다. '가는 사람'의 행위와 '간다'의 행위이다. 가는 사람은 늘 가는 사람이기 때문에 가지 않을 때가 없다. 그러나 가지 않는 사람은 늘 가지 않는 사람이기 때문에 갈 때가 없다. 가는 사람과 가지 않는 사람 이외의 어떤 제3자가 있다면 이 사람이 갈 수도 있겠지만 이런 사람은 없다. 가는 사람은 늘 가는 사람이고 가지 않는 사람은 늘 가지 않는 사람이기에 배중률(排中律)[17]에 의거해서 이 이외의 제3자는 있을 수 없다.

다음은 '가는 행위와 가는 사람의 같지도 않고 다르지도 않음'이다. 게송21은 이 점을 잘 보여주고 있다.

> 그 둘의 성립이 일체(一體)로도 별체(別體)로도
> 있지 않을 때 도대체 어떻게 그 둘의 성립이 있겠는가?

이렇기 때문에 가는 사람과 가는 행위는 둘이 아니다. 그렇다고 하나인 것도 아니다. 가는 사람이 가는 행위라면 행위자와 행위가 구분되지 않는다. 다시 말해 가는 사람이 가는 행위가 되고 가는 행

---

[17] 동일률, 모순율과 함께 형식논리학의 원리 중의 하나로서 중간을 배제한다는 원리이다.

위가 가는 사람이 된다. 가는 사람이 가는 행위가 아니라면 가는 행위의 가는 사람을 어떻게 가는 사람이라 하겠는가? 이건 또 무엇을 의미하는 것일까?

가령, 가는 사람은 갈 때의 사람이고 먹는 사람은 먹을 때의 사람이고, 자는 사람은 잘 때의 사람이다. 가는 행위, 먹는 행위, 자는 행위 이전에 사람이 먼저 있어서 이 사람이 가거나 먹거나, 자거나 하는 것이 아니다. 가거나 먹거나, 자거나 하기 이전에 사람이 있다면 이 사람은 어떤 사람일까? 아무 행위도 하지 않는 사람은 도대체 어떤 사람일까? 이렇게 어떻게 해도 그려볼 수 없는, 아무 내용이 없는 공허한 사람을 먼저 두고 이 사람이 가거나 먹거나, 자거나 하는 행위로 그때그때 채워진다고 한다면 어떻게 이런 일이 가능할까?

공허한 동일한 사람은 사실 어떤 내용도 거부하는 사람이다. 동일한 사람을 그대로 동일하게 유지하려면, 그 동일함 이외의 다른 내용이 들어오면 안 된다. 가거나 먹거나, 자거나 하는 다른 행위로 채워진다면 이 동일한 사람은 더 이상 동일한 사람이 아니어서 애초의 그 동일한 사람과는 완전히 다른 사람이 된다. 이렇게 완전히 다른 사람이 된다면 동일한 사람이 그때그때 다른 내용으로 채워진다고 말해서는 안 된다.

연기(緣起), 보이지 않는 것의 우렁찬 소리

나는 20년 전에 천안으로 내려와 지금도 천안에 살고 있으며 얼마 전에는 그곳에서도 더 외곽으로 이사를 했다. 그동안 터미널에 가까운 시내에 살다 보니 분주하게 살지 않아도 늘 분주한 듯했다. 같은 아파트 같은 동에 사는 사람들도 서로 말을 주고받지 않았고 늘 얼굴이 굳어 있었으며 퉁명스럽기조차 했다. 하지만 새로 이사한 곳의 사람들은 한적한 주변에 어울리게 사람들도 여유가 있고 다정하다. 산이 있고 나무들이 있고 숲 사이로 난 길이 있다. 이 산, 나무들, 숲 사이로 난 길이 그렇듯 사람들도 편안하다.

이곳 사람들의 따뜻한 눈길과 목소리는 그저 나온 것이 아니다. 산, 나무들, 숲, 숲길과 어울려 나오는 것이다. 저곳 사람들의 굳은 얼굴은 터미널에 모였다 흩어지는 도로들의 혼탁한 공기, 소음에서 나오는 것이다. 따뜻한 눈길이 있기까지의 과정들과 굳은 얼굴이 있기까지의 과정, 나는 그것을 연기(緣起)[18]라 부르겠다. 그렇고 보면 누구나 이 연기를 알고 있는지 모른다. "주변 환경이 좋기 때문에 사람들의 표정도 밝은 거야." 사람들은 밝은 표정에서 밝은 표정이 있기까지의 주변 환경의 과정을 읽어낸다. 사람들은 연기를 알고 있다.

자, 이제 나의 마음으로 돌려보자. 연기의 연기다움은 마음의 흐름에 있으니까. 이 글을 쓰는 지금, 저 바깥의 논에서 개구리 울음소리가 들린다. 들려오는 개구리 울음소리. 우리는 여기에만 시선이 가 있다. 마음의 흐름의 결과인 개구리 울음소리를 마음의 흐름이란 과정에서 떼어놓는다. 개구리 울음소리라 표현하기까지의 내

---

18) 인연생기(因緣生起)의 준말로 '의존해서 일어남'을 의미한다.

마음의 흐름, 거기에는 귀의 흐름도 있다. 어두워 갈수록 내 귀가 저 개구리 울음소리를 더 짙게 들을 수 있도록 점점 뒤로 물러앉는 내 눈의 흐름도 있다. 이따금 들려오는 차 지나가는 소리, 개짖는 소리의 흐름도 있고 개구리 울음소리에 대한 추억도 있다. 말의 흐름이 있고 다양한 몸 상태의 흐름 등등이 있다. 개구리 울음소리가 이렇게 전면에 부각될 수 있는 것은, 이 모든 것이 같이 흐르면서 배면으로 덜 물러나기도 하고 더 물러나기도 하기 때문이다. 이 많은 다양한 것들의 흐름을 떼어놓는다면 개구리 울음소리를 들을 수 없다. 개구리 울음소리는 홀로 일어나는 것이 아니다. 연기(緣起)란 이처럼 끝모를 깊이와 넓이를 갖고 있는 마음의 흐름에서 솟아 오르는 것이 아닐까?

내 마음 속에서 일어난 슬픔을 보고 나는 슬픔이라고 말했다. 슬픔의 인식, 슬픔의 말이 슬픔 자체를 다 인식하고 다 표현할 수 있을까? 그런데도 우리는 슬픔의 인식과 슬픔의 말이 슬픔을 인식하고 슬픔을 표현할 수 있다고 집착한다. 슬픔이란 말이 의미하는 대로 슬픔이 있다고 집착한다. 슬픔은 말로 표현되는 슬픔 이외에 다른 것들이 녹아들어 있다. 말로 표현되는 슬픔 이외의 다른 것들 중에는 다른 슬픔이 있기까지 하다. 슬픔 자체는 우리의 인식이 다다를 수 없고 우리의 말이 다다를 수 없기에 슬픔은 때로 기쁨이기도 하며, 때로는 괴로움이기도 하고 때로 아름다움이기도 한 것이다. 슬픔 자체는 슬픔이란 이름으로 이루 헤아릴 수 없는 많은 것들을 창출해낼 수 있는 힘이다. 슬픔 자체를 표현하고자 하는 이루 헤아릴 수 없이 많은 비유들을 생각해 보라. 이러한 비유들은 슬픔 자체가 슬픔의 인식과 슬픔의 말로 접근할 수 없다는 것을 반증한다. 슬픔 자체, 곧 연기한 슬픔은 인식할 수 없고 말로 표현할 수 없다.

더 생각해볼 문제들

1. 왜 나의 마음을 보기 어려운가?

    탐하고 증오하고 무지하기 때문이다.

2. 어떻게 해야 남을 진정으로 사랑하게 되나?

    번뇌를 끊어 마음의 평화를 얻을 때이다.

3. 『중론』은, 예를 들어 민족의 분단과 통일 같은 역사적이고 사회적인 문제를 해결할 수 있도록 도와주는가?

    도와준다. 근원적인 문제를 해결해 준다. 그러나 그때그때의 구체적인 문제를 해결해 줄 수 있는 것은 아니다. 『중론』은 과학과 철학의 도움을 받아 구체적인 관점을 얻고, 과학과 철학은 『중론』의 도움을 받아 관점을 심화·확장할 수 있다.

추천할 만한 텍스트

『중론—산스끄리뜨본·티베트본·(한역본)』, 나가르주나(龍樹) 지음, 박인성 옮김, 주민출판사, 2001.
『중론』, 용수보살 지음, 청목 주석, 구마라집 한역, 김성철 역주, 경서원, 1993.
『나가르주나 – '중론'의 산스끄리뜨 원본(번역과 주석)』, 깔루빠하나 지음, 박인성 옮김, 장경각, 1994.
『중관학연구 – 나갈쥬나의 중론송에 대한 강의』, 쟈끄 메, 김형희 옮김, 경서원, 2000.
『쁘라산나빠다 – 나가르주나「중론」에 대한 주석』, 짠드라끼르띠 지음, 박인성 옮김, 민음사, 1996.

박인성(朴仁成)

동국대학교 불교학과 교수.
연세대학교 영어영문학과를 졸업하고 동 대학교 국어국문학과 대학원 및 동국대학교 불교학과 대학원을 졸업했다.

지성이 벌떡 일어나 절을 올리며 말했다.

"저는 옥천사에서 왔습니다.
신수(神秀) 스님 밑에서 안개 속을 헤매다가, 오늘 스님의 법문을 듣고
제 마음의 비밀을 엿보았습니다. 저를 이끌어 주십시오."

혜능(慧能)이 말했다.

"신수가 보냈다니, 너는 필시 스파이로구나."

"사실을 숨겼을 때야 스파이겠지만, 털어놓았으니 이젠 아닙니다."

혜능이 고개를 끄덕였다.

"그렇다. '번뇌가 곧 깨달음'이라는 이치도 그와 같다."

『돈황본 육조단경』과 선(禪)의 정통 시비

7세기 중엽, 신비주의에 경도한 측천무후는 불교를 파격적으로 옹호했다. 이 흐름을 타고 5조(祖) 홍인의 제자들이 대거 중앙으로 진출했다. 이 시기에 지어진 『전법보기(傳法寶紀)』나 『능가사자기(楞伽師資記)』에서 신수는 거의 신비한 위광을 가진 인물로 등장한다. 그런데 이 움직임에 제동을 거는 사람이 있었다. 732년 낙양 개운사(開雲寺)의 공개토론회에서 신회(神會, 670~762)는, "선의 정통은 남방의 혜능에게 있다. 북종은 선의 방계일 뿐이다"고 외쳤다. 그 증거로 그는 혜능의 처소인 조계(曹溪)에 현존하는 가사(옷)를 들먹였다. 신회의 활약으로 북종은 역사의 무대 뒤로 사라져 버렸다. 이후 선의 역사는 우리가 잘 아는 대로, 혜능의 남종이 주도해 나가게 된다. 현행본 『육조단경』은 이와 같은 파란을 거치면서 편집되고 유통되었다. 이 책이 아예 신회와 그 계열에서 정략적으로 만든 것이라고 추측하는 사람도 있다.

03

"어디서 찾고 있느냐, 네가 곧 부처이다"
혜능(慧能)의
『육조단경(六祖壇經)』

한형조 | 한국학중앙연구원 철학과 교수

왜 선(禪)인가

선(禪)은 이를테면 불교의 사춘기적 각성에 해당한다. 어느 여중생의 시처럼, "밥먹고 학교 가라는 엄마의 말이 지겨워질 때쯤 사춘기가" 찾아오듯이, 불교가 오랜 세월 온축해온 팔만대장경의 가르침이 갑갑해질 때쯤, 선이 태동되었다. 선은 정통 불교에서 보면 문제아들의 반란에 해당한다. 그들은 불립문자(不立文字)라 하여 교과서를 내 팽개치고, 직지인심(直旨人心)을 내세워 학교를 떠나 삶의 현장과 대면하겠다는 파천황을 선언했다. 고의적인 기행과 우상파괴, 의미를 따라잡기 힘든 '선문답'이 그들의 트레이드 마크가 된 것은 그러므로 우연이 아니다.

선의 시조가 '달마'임은 다들 들어 알고 있을 것이나, 그에 대해서는 알려진 바가 별로 없다. 6세기 무렵, 남방에서 갈대를 타고 중국 해안에 닿았다는 그의 정체는 빈약한 정보와 분분한 이설에 덮여 있다.

선의 실질적 창시자는 누가 뭐래도 7세기에 활약한 6조 혜능(慧能)이라 해야 한다. 그가 쓴 『육조단경(六祖壇經)』은 중국뿐만 아니라 한국의 선맥에서 정통의 자리를 오랫동안 굳건히 지키고 있다.

그러던 20세기 초 돈황(敦煌)의 동굴에서 풍부한 자료가 새로 발견되었다. 이 안에는 선종사의 정설을 뒤집을 다양한 문서들도 함께 있었다. 그것을 통해 우리는 6조 혜능의 선종사적 지위가 자연스런 계승이 아니라, 당시 수도를 장악하고 있던 신수(神秀) 세력과의 노선투쟁을 통해 얻은 전리품이라는 것을 알 수 있게 되었다. 중국의 근대 철학자 후쓰(胡適)는 이 발굴로 하여 선의 역사를 다시 써야 한다고 기염을 토했지만, 그러나 나는 이 종파적 투쟁이 『육조단경』의 가치를 훼손하는 것은 아니라는 스즈키의 해석에 동의한다.

어린 오랑캐 소년

『육조단경』은 6조 혜능이 창도한 선의 기본 정신을 담고 있다. 책의 전반부는 특이하게도 그의 행적과 이력을 길고 상세하게 적어놓았다. 그런데, 그 안에 선의 정신이 '이미' 다 들어있다.

혜능은 638년, 지금의 광동(廣東) 지방인 영남(嶺南)에서 태어났다. 속성은 노(盧)씨이다. 어느날 장작을 배달하고 나서는데, 문득 경을 읽는 소리가 들렸다. 그 소리에 혜능의 마음이 문득 환해졌다. 물어 보았더니 『금강경(金剛經)』이라 한다.

그는 불법을 배우기로 작정하고, 노모와 작별한 다음, 한 달이 넘는 긴 여행 끝에 황매산에 이르렀다.

5조 홍인은 대뜸 이렇게 물었다. "영남이라면 오랑캐 아니냐. 그런데 어찌 부처가 되겠다고 나서는가?"

지금의 광동(廣東)에 해당하는 영남은 중국문명의 중심지인 중원에서 보면 미개한 오랑캐 지역이었다. 이에 대해 혜능은 이렇게 응수했다.

"사람이야 남과 북이 갈리겠지만 불성에야 무슨 차이가 있겠습니까."

5조는 다시 한번 놀랐다. 이 젊은이와 좀더 이야기를 나누고 싶었지만 둘러앉은 사람들을 의식해서 물러가라고 손짓했다. 혜능은 담당 고참의 지시로 절 뒤의 방앗간에서 장작을 패고 절구를 찧었다.

이 당시의 혜능에 대해 당의 시인 왕유(王維)는 「육조혜능선사비명」에서 이렇게 적고 있다.

> 온갖 계층의 사람들이 모이고 학도들이 마당을 메운 가운데서 혜능은 묵묵히 5조의 강의를 들었다. 그는 한번도 자기의견을 말한 적이 없었다. 평소의 생활은 극히 고매한 무아의 경지였다. 자기의 깨달음에 만족하지 않고, 누더기옷을 걸치고 언제나 수행삼매로 정진했다.

신수(神秀)의 노래: 마음은 밝은 거울

그 후 어느날, 5조는 제자들을 한자리에 불러 모아놓고 이렇게 말했다.

나는 너희들에게 늘 생사(生死)가 중대하다고 일렀다. 그런데도 하루 종일 밥만 축내고 복만 바랄 뿐, 삶의 근원적 문제에 대해서는 깊이 고민하지 않는 것 같다. 자신의 본성을 꿰뚫지 못하고는 구원은 없다! 너희들은 이제 각자 돌아가서 자신의 본성을 간파하고, 그것을 확인하는 게송 하나씩을 지어내라. 만약 진정한 깨달음을 얻은 자가 나타나면 6대 조사로 삼아 대대로 전해진 가사를 물려주마. 한시가 급하니 꾸물대지 말고 어서 가라. 머뭇거릴 시간이 없다. 제대로 된 그릇이라면 내가 하는 말을 당장 알아들었을 것이다. 그런 사람은 칼을 휘두르며 적진에 뛰어드는 절박한 순간에도 자신의 본성과 대면한다.

당시 50 중반의 나이로 대중들을 이끌고 있던 신수는 심각한 고민에 빠졌다. 그는 아직 자신의 본성에 대한 분명한 자각에 이르지 못했던 것이다. 5조의 처소를 서성거리다가 다시 물러나오곤 하기를 나흘째, 열세 번을 주저한 끝에 그는 게송 하나를 적어 복도 벽에 붙여놓았다.

몸은 깨달음의 나무
마음은 밝은 거울의 받침대
늘 깨끗이 털고 닦아서
먼지가 달라붙지 않도록 해야지.[1]

새벽에 일어난 5조는 이 시를 보고 실망을 금치 못했지만, 신수의 체면을 생각해서 내색하지 않았다. "『금강경』은 무릇 모든 존재하는 것은 허망하다고 했다. 이 게송을 지침으로 수행하면 3악도(惡途)를 면할 수 있을 것이다."

거울에는 받침대가 없다
혜능도 벽에 붙은 이 시를 보았다. 그는 신수가 선의 핵심을 장악하지 못한 것을 알고, 그 옆에 자신의 시를 받아적게 했다. 선을 말할 때면 언제나 회자되는 유명한 게송이다.

> 깨달음은 본시 나무가 아니고
> 밝은 거울에는 받침대가 없다.
> 본래 아무것도 없거니
> 어디에 먼지가 앉을 것이랴.

이 시를 보고 대중이 모두 놀랐다. 5조는 당황하여 지팡이로 땅바닥을 세 번 쿵쿵 쳤다. 혜능은 그것이 야반 3경에 자신을 찾아오라는 신호임을 알아챘다.

밤의 정적 속에서 5조는 불빛이 새 나가지 않게 창문을 천으로 덮어놓고 『금강경』을 설하기 시작했다. "본심(本心)을 터득하지 못하면 배움은 아무 쓸모가 없다. 본성과 만날 때 너는 곧 대장부요,

---

1) 身是菩提樹, 心如明鏡臺
   時時勤拂拭, 莫使惹塵埃

천상천하의 스승이요, 바로 부처이다."
　5조는 서랍에 고이 모신 가사와 바릿때를 건네 주었다. "너를 6대의 조사로 삼는다. 스스로를 지키고 널리 중생을 건져 법의 등불이 끊어지지 않도록 하라."

박해와 은둔의 세월을 지나
5조는 사람 사이의 일을 우려했다. 5백이 넘는 대중들은 모두 고참이며 나이도 많은 신수를 따르고 의지하고 있었다. 그런데 이제 겨우 스물이 넘은 애송이에게, 입문한 지 아직 채 1년도 안되었고, 불경 하나 제대로 읽을 줄 모르는 오랑캐 야만인에게 후계를 넘겨줄 때 닥칠 파장은 예측할 수 없는 것이었다.
　5조는 혜능을 고향으로 내려보낼 생각을 굳혔다.
　"잘 가거라. 곧바로 남쪽으로 내려가 5년간 머리카락을 보이지 마라."
　그 후 혜능의 종적은 문득 사라진다. 혜능의 은둔은 그후 15년간 계속되었다. 때가 되었다고 생각한 그는 산속을 나와 조계(曹溪)에서 신도들과 함께 보림사(寶林寺)를 지었다. 713년 세상을 떠날 때까지 36년동안 혜능은 이 자리에서 가르침을 폈고, 수많은 선의 기라성들을 길러냈다.
　여기까지가 『육조단경』 전반부에 실린 혜능의 전기이다.

---

2) 菩提本無樹, 明鏡亦非臺
　　本來無一物, 何處惹塵埃

신수와 혜능, 혹은 점교(漸敎)와 돈교(頓敎)

『육조단경』은 편집부터 독특한 구성을 취하고 있다. 이전까지 해오던 스콜라적 경문주석이 아니라 구도의 여정과 삶의 진실을 대중강연 형식으로 풀고 있다.

그는 변방의 오랑캐인데다가 일정한 교육을 받은 바도 없었다고 한다. 이것이 선의 정신에 대한 '상징'이 되었다. "경전에 대한 지식도 없이 일정한 교육을 받지 않고도 불교의 비밀을 깨달을 수 있다!"

여기가 신수의 정신과 혜능의 정신 사이를 갈라놓았다. 선의 역사는 이것을 북종(北宗)과 남종(南宗) 혹은 점교(漸敎)와 돈교(頓敎)로 구분한다.

신수의 점교는 계율과 선정을 통해 자신을 끊임없이 정화시켜 가라고 권한다. 이는 『법구경(法句經)』에 나오는 불교의 가르침, 즉 "여러 악한 업을 짓지 말고 뭇 착한 일을 해 나가라. 스스로 마음을 맑게 가라앉힐지니, 이것이 부처의 가르침이니라"와 같은 정신을 표명하고 있다. 신수는 이 길을 철저히 밀고나가 신비한 위광을 얻고, 이윽고 측천무후의 심복과 귀의를 얻기까지 했다.

『육조단경』의 정신, "네가 곧 부처이다."
그러나 혜능은 전혀 달리 말한다. "네 자신이 곧 부처이다!"

그동안의 불교는 저쪽 언덕에 거룩한 부처들이 있고, 이편 언덕에서 한심한 내가 그분들을 경배하고, 그분들을 닮기 위해 길고 고된 수련을 해 나가는 것으로 설정되었다. 육조의 선은 이 점교(漸敎)의 발상을 일거에 쓸어버렸다. "다시 기억해라. 네가 곧 부처이다. 너를 하찮게 보는 사람들의 혀에 속지 마라."

이 돈교(頓敎)의 선언으로 하여 그동안 불교를 구성하고 있던 수많은 코드들이 혹은 버려지고, 혹은 전혀 다른 얼굴로 재편되었다. 그것을 다음과 같이 개략할 수 있다.

자성불(自性佛)이라, "나 자신이 부처이므로," 이제 팔만대장경의 가르침들은 더 이상 유효하지 않다. 불립문자(不立文字) 교외별전(敎外別傳), 즉 "정보에 의지하지 않는, 경전 밖의 진실"이 선의 표어가 되었다. 문제는 이 진실에 어떻게 접근하느냐이다.

전통적 경전과 수행법들을 버렸으니, 선은 새로운 독자적 방법을 개발해야 했다. 그것이 선의 얼굴과 트레이드 마크가 될 것이었다. 육조 혜능은 그러나, 전통 전체를 내버리기보다, 그 오래된 부대에 단순화 직절화의 새 술을 담는 쪽을 방법을 택했다. 그것은 나중 선의 파격과 파천황에 비추어보면 오히려 온건한 것이었다고 할 수 있다.

그는 전통적 불교의 교학과 수련법들을 '마음의 즉각적 파지' 하나로 귀착시켰다. 몇 가지 예를 들어본다.

① 경전의 문자에 끌려 다니지 말고, 핵심적 취지를 캐치하는 것이 중요하다. 그는 평생 『법화경(法華經)』을 읽어왔다는 어느 학승을 향해, "그 근본 취지를 깨닫는 것이 중요하다. 그렇지 않으면 『법화경』을 굴리는 것이 아니라, 그것에 굴림당하게 된다"고 경고했다.

그는 경전에 빠져 허우적거리는 것과, 그 취지를 장악하는 것이 소승과 대승을 가르는 지표라고 생각한다.

② 소승과 대승에 대해 우리는 많은 얘기를 들어왔다. 그러나 혜능은 이를 새로운 각도에서 해석한다. 혜능의 새로운 교판(教判)에 따르면, "소승(小乘)은 아직 문자의 숲에서 헤매는 사람이고, 중승(中乘)은 문자의 취지를 대강 캐치한 사람, 그리고 대승(大乘)은 바로 그 자각에 따라 사는 사람을 가리킨다. 그럼 최상승(最上乘)은… 그는 바로 그런 노력조차 필요없는 사람을 가리킨다."

③ 불교적 수련법에 대해서도 혜능의 생각은 파격적이다. 그는 "마음은 거울이 아니므로, 어디 손댈 데가 없고, 손을 대려고 해서도 안된다"고 생각한다.

그는 삼학(三學)이라 하여 주어진 계율을 지키고, 특정한 명상에 몰입하며, 불교식 지혜를 터득해 나가는 것이 올바른 길이 아니라고 생각했다. 맨 처음 인용문에서 보듯이, 그는 삼학 또한 "마음에 아무런 내적·외적 갈등이 없는 것, 자신의 불성이 아무런 장애 없이 스스로의 빛과 활동을 해 나가도록 하는 것"으로 파격적으로 재정의한다.

『육조단경』은 기존 불교에 대한 파격적 재정의로 채워져 있다고 해도 과언이 아니다. 여기서 그것을 일일이 거론할 수는 없지만, 하나 더 예를 들어보자.

④ 그는 좌선(坐禪)이라는 전통적 수행법도 앉아서 호흡을 가다듬고, 명상에 빠져드는 특정한 작법(作法)이 아니라, "자기 마음이 아무런 외적 유혹에 이끌리지 않고, 본래의 빛을 차단하지 않도록 하는 각성의 길"이라고 돈교적으로 변용해서 해석해 나간다.

그는 이렇게 마음의 자기 각성을 유지하는 것이 불교의 길이라고 믿는다. 그밖에 다른 어떤 외적인 장치도 인정하지 않는다. 그는 불교가 오랫동안 그린 꿈인 서방(西方)의 정토(淨土)나 극락도 실재하는 나라가 아니라, 마음의 각성이 주는 안락함으로 해석했다. "서방 정토는 없다. 그것은 지금 여기, 당신들의 마음 안에 있다" 놀라는 무리들에게 그는 "어디, 한번 보여주랴"라고 농을 할 정도였다.

육조 이후의 선

육조 혜능으로 하여 불교는 완전히 새로운 면모를 갖게 되었다. 그가 창도한 돈교의 정신은 일체의 외적 권위와 전통적 규율을 떠나, 새로운 창조를 열어갈 동력이 되었다.

육조 이후의 선은 이 강령을 바탕으로, 그동안 하찮고 불완전한 것으로 여겼던 자기 자신과 일상적 삶을 적극적으로 긍정하는 쪽으로 나아갔다. "신비하구나, 내가 장작을 패고 물을 지고 나르다니…"

자아의 극단적 고양은 자연스럽게, 기존의 전통 전체를 격하하고, 급기야 창시자의 신성까지 모독하는 파천황을 연출하게 된다. 예를 들면 단하(丹霞天然, 739~824)는 법당의 목불을 쪼개 캠프파이어를 해 버렸다. 이 정도는 약과에 속한다. 임제(臨濟義玄, ?~867)는 "부처를 만나면 부처를 죽이라"고 권했고, 운문(雲門文偃, 864~949)은 "붓다가 태어나서 일곱 걸음을 걸으며, 천상천하 유아독존이라고 했다는데, 내가 그 자리에 있었다면, 몽둥이로 때려잡아 굶주린 개에게 던져주었을 것을…" 하고 외쳤다.

그러나 이 우상파괴적 정신은 양날의 칼이었다. 전통과 접맥되지 않고 파격과 기행에 의존하면서, 선의 생명력은 오히려 쇠퇴하고 고갈되어갔다. 경전과 문자에 의지하지 않고, 공동체의 규율을 떠나서, 순전히 자기 확신에만 의존하는 길은 위태롭고 취약하다. 이 약점은 일반적으로 입문(initiation)에 의존하는 신비주의의 역사가 공통적으로 보여주고 있는 바이다.

선은 8세기를 지나, 쇠락의 시기로 들어섰고, 이 상황을 타개하기 위해 다양한 노력이 행해졌다. 선의 정신에 어울리지 않게, 선의 역사를 적은 책들이 나오기 시작했고, 선의 정당성을 변명하기 위해 새로운 계보까지 쓰여졌다. 그에 의하면 달마는 인도의 법통을 28대째 이은 사람으로 등록되었고, 6조 혜능이 선종사의 법통(?)으로 정착되었다.

이와 더불어 선은 자신들의 독창적 방법을 제도화할 필요를 느꼈고, 그 결과 스승과 제자 사이에 오간 법담을, 깨달음을 위한 명상의 도구로 삼는 간화(看話)가 유행하기 시작했다.

더 생각해볼 문제들

1. 그럼 선은 불교 전통의 계승자입니까, 아니면 우상파괴자입니까?

   형식은 파괴했으되, 정신은 계승했다고 할 수 있습니다. 이 창조적 혁신으로 비로소 중국을 위시한 '동아시아의 불교'가 있게 되었습니다.

2. 혜능 이래 돈교가 선의 정통이 되었는데, 이 가르침이 지금도 여전히 호소력을 갖고 있다고 보십니까?

   돈교는 인간이 하찮은 존재가 아니라, '그 자체로' 무한히 존엄한 존재임을 일깨워줍니다. 근대의 소외와 니힐리즘의 극복에 이 가르침이 근본적으로 기여할 것입니다.

3. 외람되지만, 선불교의 대표적 폐단 혹은 위험성 하나를 든다면 어떤 것이 있을까요?

   선의 개인주의는 외부에 실재하는 사회적 제도와 규율, 시스템 그리고 지식의 의미와 가치를 소홀히 하기 쉽습니다. 또 목표가 너무 높고 방법이 준엄해서 추상과 경직으로 흐를 위험이 있습니다.

추천할 만한 텍스트

『돈황본 육조단경』, 성철 지음, 장경각, 1987.
『육조단경』, 정병조 역해, 한국불교연구원, 1998.
『육조단경연구』, 필립 얌폴스키, 연암 종서 옮김, 경서원, 1992.

한형조(韓亨祚)

한국학중앙연구원 교수.
아시아의 전통과 새 휴머니티의 지평을 탐색하고 있다. 쓴 책으로, 조선 유학의 범형 이동을 다룬 『주희에서 정약용으로』(1996), 선(禪)의 이념과 역사, 방법을 해설한 『무문관, 혹은 너는 누구냐』(1999), 동아시아 제자백가의 초대 혹은 입문서인 『왜 동양철학인가』(2000)가 있다.

바미얀국은 동서 2천여 리이며 남북 3백여 리로 설산 안에 있으며
사람들은 산이나 골짜기를 이용하여 지세(地勢)에 따라 살고 있다.
나라의 대도성은 절벽에 의지하여 골짜기에 걸쳐 있는데 길이는 6~7리이며,
북쪽은 바위산을 배경으로 하고 있다. 콩과 보리는 있으나 꽃과 과일은 없다.
목축하기에 좋아서 양과 말이 많으며 기후는 매우 춥고 풍속은 거칠다.
가죽이나 모포를 입는 자가 많은 것도 그런 것에 잘 어울린다.
문자, 교화, 화폐의 용법은 토하라국과 같다. 언어는 조금 다르지만 생김새는 같다.
신앙심이 두터운 것은 이웃나라보다도 더 심하다.
위로는 삼보(三寶)에서 아래로는 백신(百神)에 이르기까지
진심을 다하지 않음이 없고 마음을 다해서 공경한다. 상인이 왕래하는 데에도
천신(天神)은 조짐을 보여 재앙을 나타내거나 복덕을 구하게 한다.

현장 (602~664)

당나라의 승려로 속성(俗姓)은 진(陳)이며 13세에 출가했다. 629년에는 인도로 구법여행을 떠나 645년 장안으로 돌아왔으며 귀국한 뒤에는 역경에 몰두하여 18년 9개월 동안 7,000부, 1,338권의 불경을 번역했다. 평생 쉬지 않고 매달 6권씩 번역한 셈이다. 그의 전기로는 『대당대자은사삼장법사전(大唐大慈恩寺三藏法師傳)』(10권)이 있고, 그의 인도여행을 기록한 『대당서역기(大唐西域記)』(12권)는 당나라 태종의 부탁을 받고 제자 변기(辯機)가 찬술한 것이다.

04

중세 중앙아시아·인도의 생생한 기록
현장(玄奘)의
『대당서역기(大唐西域記)』

김호동 | 서울대학교 동양사학과 교수

『서유기』의 모태

『대당서역기』의 '저자' 현장(玄奘)은 일반인들에게는 소설『서유기』에 등장하는 '삼장법사'(三藏法師)의 모델로 더 널리 알려져 있다. 7세기 당나라의 불승 현장이 인도를 다녀온 뒤, 그의 여행담을 토대로 씌어진『대당서역기』는 후대의 많은 사람들에게 '서역(西域)'이라는 미지의 세계에 대한 상상과 영감을 불러 일으켰고 그를 주인공으로 하는 허다한 민간 설화를 탄생시키게 되었다.

결국 이러한 가공의 스토리들을 그럴듯하게 엮어서 만든 것이『서유기』다. 그것은 마치 현장의 구법여행이라는 하나의 기초 위에, 문학적 상상력을 동원하여 현실과 허구를 재료로 엮어서 만든 거대한 구조물과 같은 것이다. 예를 들어 현장이 통과했던 중앙아

화염산(火焰山) 풍경

시아의 투르판 지역에는 수직으로 파인 수많은 주름들로 이루어진 붉은 색 산줄기가 있는데, 현지 주민들은 이를 '붉은 산'이라는 뜻의 '키질 탁'이라고 하며 중국 사람들은 화염산(火焰山)이라 부른다. 멀리서 보면 정말로 화염이 이글거리며 타오르는 느낌을 준다. 『서유기』에는 이 산의 화염으로 인하여 주민들이 엄청난 고통을 받을 뿐 아니라 삼장 일행의 서역행도 난관에 부딪치게 되어 그곳에 사는 나찰녀(羅刹女)가 갖고 있는 파초선(芭蕉扇)으로 불을 껐다는 이야기가 소개되어 있다. 지금 화염산을 방문하는 사람들은 그 중턱에 삼장 일행의 조각상을 만나볼 수 있을 것이다.

이처럼 현장은 후대에 가서 민간 설화와 대중 소설의 주인공으로 바뀌어 버리고 말았지만, 그의 『대당서역기』는 온갖 고난을 극복하고 자신의 목적을 성취한 중세의 구도자가 남긴 위대한 기록이자 인류의 고전이라는 점에 대해서 의문을 제기할 사람은 아무도 없을 것이다. 그러면 현장은 무엇 때문에 인도로 갔으며 『대당서역기』에는 어떠한 내용이 적혀 있는 것인가?

현장의 인도여행과 역경사업

현장이 인도로 불경을 구하기 위해 당나라의 수도 장안을 출발한 해는 629년인데, 이 시기는 태종 이세민(李世民)이 '현무문(玄武門)의 변(變)'을 일으켜 형제들을 살해하고 등극한 직후였다. 태종은 쿠데타나 다름없이 황제가 된 인물로 자신의 즉위를 둘러싼 잡음을 없애기 위해 강력한 대외팽창 정책을 취했으며, 그 일차 목표는 북방 최대의 위협이었던 돌궐(突厥)과의 대결이었다. 태종은 돌궐에 대한 총공세를 감행하기 위해서 국경 지역에 비상령을 선포하고 통행을 엄격하게 금지하였다.

   마침 그때 약관 28세에 불과했던 현장은 불교 경전들에 나오는 중요한 개념들을 이해하기 위하여 각지의 스승들을 찾아다니며 물어보았으나 만족할 만한 해답을 얻지 못하고 있었다. 그래서 그는 인도에 가 완벽한 형태의 원전을 구해서 그 심오한 진리를 터득해야겠다는 결심을 세웠다. 그는 몇 명의 동료들과 함께 출국을 요청했으나 정부는 이를 허락하지 않았고 결국 다른 사람들은 의기소침하여 모두 인도행을 포기하고 말았다.

   그러나 현장은 여기서 물러나지 않았다. 그는 국법을 어기고 장안을 몰래 빠져 나가 고비사막과 기련산맥 사이로 뻗쳐있는 '하서

회랑', 즉 중국 서부에 위치한 감숙성에서 신강 지역에 이르는 좁은 통로를 따라 서역으로 향했다. 서역의 관문에 해당되는 투르판 지역에는 당시 국문태(麴文泰)라는 한인(漢人)이 다스리는 고창(高昌) 왕국이 있었다. 이미 현장의 명성을 익히 듣고 있던 그는 현장에게 인도로 가는 것을 포기하고 그곳에 남아 불법을 가르쳐 줄 것을 요청했다. 그러나 국법까지 어기고 고국을 떠난 그가 그런 요구를 받아들일 리 없었다. 그는 단식까지 불사하면서 뜻을 굽히지 않았고, 결국 국왕은 현장에게 인도에서 돌아오는 길에 반드시 다시 들러 3년간 그곳에 머물겠다는 약조를 받아낸 뒤에야 비로소 그의 출발을 허락해 주었다. 아울러 그는 현장의 여행을 돕기 위해 4명의 사미승과 법복 30벌, 황금 100량과 은전 3만과 비단 500필을 제공하고, 당시 그 지역 전체를 호령하던 돌궐의 군주에게 전달하는 소개장까지 써주었다.

고창을 출발한 현장은 타클라마칸 사막의 북변을 따라 서쪽으로 가다가 천산산맥을 가로질러 서북쪽으로 방향을 튼 뒤, 628년에는 탈라스에 이르러 다시 서남쪽으로 돌아내려 오면서 타쉬켄트를 거쳐 아프가니스탄으로 들어갔다. 이렇게 해서 천신만고 끝에 인도에 도착한 현장은 그 후 18년동안 인도의 북부·동부·남부·서부 등을 두루 다니면서 각지의 불적(佛跡)을 탐방하고 고승들을 만나 토론을 벌인 뒤 귀로에 올랐던 것이다. 그는 인도를 여행하는 동안 특히 중북부에 위치한 마가다국의 나란다 사원에 오랫동안 체류하면서 『유가사지론(瑜伽師地論)』을 비롯하여 대승(大乘)과 소승(小乘) 계열의 많은 경전들을 공부하여 종래 불분명했던 내용들을 명확하게 깨우치게 되었다.

  이렇게 해서 여행의 본래 목적을 달성한 그는 귀로에 올라 644년에는 현재 신강성 서남단에 위치한 호탄에 도착하였다. 거기서 그는 태종에게 자신의 귀국을 알리는 상표(上表)를 올렸고, 태종은 비록 그가 국법을 어기고 탈출했으나, "가능하면 신속하게 돌아와서 짐(朕)을 만나도록 하라!"는 답신을 보냈다. 그는 인도에서부터 갖고 온 수많은 불경의 원전들을 챙겨서 일정을 재촉하여 장안으로 들어갔고, 645년 음력 정월에는 황제의 성대한 환영을 받으며 마침내 긴 여정을 끝냈던 것이다. 그러나 수년 전 그가 고창국왕과 했던 약속을 잊어버린 것은 아니었다. 그가 고창을 들르지 않고 곧바로 장안으로 온 까닭은 현장이 그곳을 떠난 직후 태종의 서역 원정이 시작되어 멸망하고 말았기 때문이었다.

  장안에 도착한 직후, 태종은 현장을 불러 접견하는 자리에서 평소 중앙아시아나 인도 등지에 관해 궁금하게 생각하던 것들에 대해서 질문했는데, 현장은 정확하고도 요령 있는 대답을 해주었다. 그가 외국의 사정에 깊은 지식이 있는 것에 놀란 태종은 환속하여 자신을 보좌하면서 국정에 임해 주기를 청했다. 그러나 이는 현장으로서는 도저히 받아들일 수 없는 제안이었다. 현장의 강고한 의지를 확인한 태종은 그에게 서역 여행을 통해서 얻은 풍부한 지식을 정리하여 글로 남겨줄 것을 부탁했다. 이렇게 해서 그로부터 1년 뒤인 646년에 완성한 기록이 모두 12권으로 이루어진 『대당서역기』인 것이다.

  그 후 현장은 인도 불전들을 한문으로 번역하는 작업에 몰두했다. 그는 인도에서 습득한 원어에 대한 탁월한 지식과 경전에 대한 정확한 이해를 바탕으로, 664년 장안 교외에 있는 옥화궁(玉華宮)에서 타계할 때까지 18년에 걸쳐 모두 1,338권에 이르는 방대한 분량의 불경을 번역했던 것이다. 이를 통산하면 평생 동안 닷새에 한 권씩 계속해서 번역을 한 셈이 된다. 불교의 경전이 한문으로 번역되기 시작한 것은 후한 시대부터인데, 그때는 한문에 능숙하지 못한 서역의 승려들이 경전의 번역 사업을 담당했기 때문에 개념이나 문장의 정확한 전달에는 많은 한계가 있었다.

그러다가 5세기 초에 서역 출신의 고승 쿠마라지바(鳩摩羅什)[1]가 73부 384권에 이르는 대승 계열의 경전들을 번역함으로써 역경의 역사에 새로운 획을 그었다. 이렇게 볼 때 현장의 번역은 그 분량만으로 보아도 쿠마라지바가 했던 것의 3배를 넘는 방대한 것이었다. 불교가 중국에 전래된 후 700년 동안 185명에 의해 번역된 불경 총 5,048권 가운데 1/4을 점하는 분량이다. 또한 중국인의 손으로 이루어졌기 때문에 그만큼 개념과 의미의 전달이 정치해져서, 이후 현장의 번역본은 모든 불경의 규범으로 자리 잡게 되었다. 국법을 어기면서까지 인도행을 추진했고 귀국한 뒤에도 태종의 강권을 뿌리친 채 밤낮을 가리지 않고 촌음을 아껴가면서 역경에 매진한 필생의 성취였던 것이다.

---

1) 쿠마라지바(344~413)는 중앙아시아의 쿠차(庫車) 출신으로 중국에 와서 수많은 불경들을 한문으로 번역하여 중국 불교 사상 획기적인 업적을 남긴 인물이다.

6~7세기 서역과 인도에 대한 자료의 보고(寶庫)

흔히 현장이 『대당서역기』의 저자로 알려져 있으나 책의 마지막에 실린 「찬(讚)」을 보면 현장의 제자인 변기(辯機)가 스승의 지시에 따라 그의 여행 기록을 참고로 하면서 찬술한 것임을 분명히 알 수 있다. 따라서 책의 내용도 대체로 현장이 다녀온 루트를 따라서 전개되고 있다. 중앙아시아에서 아프가니스탄을 거쳐 인도의 여러 곳을 시계방향에 따라 서술하다가 마지막으로 중국의 타림분지 남쪽의 도시들에 대한 묘사로 끝난다. 그러나 책에 기재된 지역들이라고 해서 모두 현장이 직접 답파한 곳은 아니었다. 때로는 그가 직접 가보지 못할 곳일지라도 전문(傳聞)으로 듣고 그 내용을 기록한 경우도 있기 때문이다. 이러한 경우 혼란을 피하기 위해서 찬자는 "…에 가면〔行〕"이라는 표현은 현장이 직접 답방한 곳을, "…에 이르면〔至〕"이라는 표현은 전문으로 들은 곳을 적는 경우에 사용하였다.

『대당서역기』는 6~7세기 중앙아시아와 인도 각지의 민족·풍습·종교 및 정치·경제적 상황을 세밀하게 기록한 자료의 보고이다. 모두 12권으로 구성되어 있으며 서술의 순서는 그가 여행했던 지역을 따라서 이루어지고 있다. 이 책에는 거의 140개에 가까운 '국(國)'(실제로는 도시)에 관해서 그 중심이 되는 도시의 특징, 주민들의 모습, 언어와 문자, 사원과 승려들의 숫자, 대승과 소승의 분포, 불교와 관련된 성스러운 유적지 및 그곳에 얽힌 역사적 사건과 일화 등이 차례로 서술되어 있다. 아무리 간략해도 지리적 설명과 풍속의 특징은 빼놓지 않는다. 예를 들어 오늘날 우즈벡공화국에 위치한 부하라(Bukhara) — 포갈국(捕喝國) — 에 대해서 다음과 같이 기록하고 있다. "부하라국은 주위가 1,600~1,700리에, 동서가 길고 남북이 좁다. 산물과 풍속은 사마르칸드와 같다. 이 나라에서 서쪽으로 400여리 가면 벌지국(伐地國)에 이른다."

이보다 조금 더 자세하게 절과 승려의 숫자가 덧붙여지기도 하며, 때로는 상당히 자세한 내용의 설화들이 소개되기도 한다. 이 같은 일화들 가운데에는 사실로 받아들이기 어려운 내용, 즉 전설이나 설화적 요소가 다분히 내포된 것들도 있지만, 많은 경우에는 다른 어느 기록에서도 찾아보기 힘든 내용이 정확하게 기재되어 있다. 특히 인도의 경우에는 당대의 문헌 기록이 거의 남아 있지 않아 그 역사를 재구성하는 데에 많은 어려움이 있는데, 그런 점에서 현장의 기록은 6~7세기 인도의 역사를 연구하는 데 있어서도 필수불가결한 사료로 평가받는다. 서구의 학자들이 일찍부터 『대당서역기』에 주목하여 자기들 언어로 번역하고 주석을 달고 또 여러 연구서들을 내놓은 것도 바로 이러한 이유 때문이다.

『대당서역기』는 당시 북인도의 통치자였던 계일왕(戒日王)에 관한 상세한 기술이 보여 주듯이 7세기 인도의 정치·사회·문화적 상황을 이해하는 데에도 도움이 되지만, 그 이전 시대의 사건들에 대해서도 더없이 귀중한 자료를 제공해 주고 있다. 예를 들어 석가모니의 생몰연대에 대해서는 지금도 여러 가지 주장이 엇갈리고 있는데 현장은 이에 관한 당시의 여러 전승들을 충실하게 기록해 놓았다. 뿐만 아니라 아직도 학계에 여러 가지의 이설(異說)이 분분한 카니시카 대왕[2]의 통치 연대에 대한 언급, 불교 역사상 유명한 몇 차례의 '결집(結集)'에 기록, 나아가 대승 불교의 유명한 고승들인

마명(馬鳴), 용수(龍樹), 무착(無著), 세친(世親) 등의 활동과 사상에 관해서도 귀중한 기록을 남기고 있다.

중세 불후의 여행기

물론 현장 이외에도 인도로 구법(求法) 순례를 떠난 승려들은 허다하게 많았다. 현재 우리가 그 숫자를 정확히 알 수는 없지만, 근세 중국의 유명한 학자인 양계초(梁啓超)에 따르면 4세기부터 8세기까지 천축국에 다녀온 승려들 가운데 후대에 이름이 전해지는 사람만 해도 169명에 달한다고 한다. 당나라의 승려 의정(義淨)이 691년에 저술한 『대당서역구법고승전(大唐西域求法高僧傳)』에는 641년부터 그가 저술할 때까지 약 50년 동안 인도로 구법 여행을 떠난 57명의 승려들 — 이 중에는 신라나 고구려의 승려들까지 포함 — 의 간략한 전기가 기록되어 있다. 이들 중에는 자신의 여행을 기록으로 남긴 이들도 적지 않았을 것이나 그 대부분은 현재 전해지지 않는다.

지금 우리에게 전해지고 있는 대표적인 구법 여행기로는 5세기 법현(法顯)의 『불국기(佛國記)』, 6세기 혜생(惠生)의 『송운행기(宋雲行記)』를 필두로, 7세기에 들어와 현장의 『대당서역기』 이외에 의정(義淨)의 『남해기귀내법전(南海寄歸內法傳)』이 있고, 8세기에는 혜초(慧超)의 『왕오천축국전(往五天竺國傳)』과 오공(悟空)의 『오공

---

2) 쿠샨제국의 제3대 군주로 제국의 영토를 확대하고 불교를 적극적으로 보호한 인물이다.

입축기(悟空入竺記)』등이 있다. 이 가운데에서 특히 신라승 혜초는 우리들에게도 잘 알려져 있으며, 그가 남긴 『왕오천축국전』의 잔본(殘本)이 20세기 초에 돈황의 한 석실에서 프랑스 학자 펠리오에 의해 우연히 발견되어 현재 프랑스 국립도서관에 보관되어 있다.

이러한 여행기들은 모두 그것이 씌어진 시대의 서역 사정을 보여주는 더없이 귀중한 자료임에는 의심의 여지가 없지만, 『대당서역기』는 그 분량이나 내용의 상세함에 있어서 타의 추종을 불허한다고 할 수 있다. 특히 현장은 당시 구법승들 중에서는 드물게 육로로 갔다가 육로로 귀환했기 때문에, 아시아의 내륙 지방에 대한 사정을 누구보다도 소상하게 전해주고 있다. 법현은 육로로 갔다가 해로로 돌아왔고, 혜초는 해로로 갔다가 육로로 돌아왔으며, 의정은 왕복 모두 해로를 택했었다. 해로에도 난파의 위험이 있는 것은 사실이지만 육로에 비해서는 비교적 시간적·육체적 소모가 덜했던 것이 사실이다. 현장이 사망한 뒤에 씌어진 그의 전기 『대자은사삼장법사전(大慈恩寺三藏法師傳)』에는 중앙아시아의 사막을 지날 때 겪은 고초를 다음과 같이 적고 있다.

> 막하연(莫賀延)이라는 사막에 도착했는데 길이가 800여 리(1리는 약 450m)이며, 옛날에는 모래 강, 즉 사하(沙河)라고 불렀다. 위에는 날아다니는 새도 없고 아래는 달리는 짐승도 보이지 않으며 물과 풀도 전혀 없었다. 이때는 나의 그림자만을 바라보며 오직 관음보살과 『반야심경』을 외웠다. … 백여 리를 가다가 길을 잃어 야마천(野馬泉)을 찾았지만 찾을 수 없었다. 푸대의 물을 따라 마시려고 했는데

『대당서역기(大唐西域記)』

그것이 무거워서 손을 놓쳐 엎어지고 말았으니, 천리 길에 필요한 것이 일순간에 텅 비어 버리고 말았다. 어디로 가야 할지를 몰라서 동쪽으로 발길을 돌려 제사봉(第四烽)으로 가려고 십여 리를 갔다. 그러다가 이런 생각이 들었다. "천축에 이르지 않으면 동쪽으로는 한걸음도 되돌아가지 않겠다고 발원(發願)했었는데 지금 어찌하여 돌아가는가? 차라리 서쪽으로 가다가 죽을지언정 어찌 동쪽으로 돌아가 살겠는가!" 이에 고삐를 돌려 관음보살을 되뇌이며 서북으로 전진했다.

『대당서역기』는 이처럼 현장의 초인적인 고난과 결단을 밑거름으로 해서 탄생한 위대한 작품인 것이다. 그의 글은 6~7세기 아시아의 많은 지역에 대한 소중한 역사적 자료일 뿐만 아니라, 불법에 뜻을 둔 수많은 동방의 승려들에게 경탄과 도전의 원천이 되었다.

또한 그 속에 담겨진 여러 지방의 다양한 민담과 설화는 일반 독서대중들에게도 다른 세계에 대한 상상을 자극하여 새로운 문학적 창작으로 인도하는 도화선이 되기도 했다.

중앙아시아를 거쳐 인도를 다녀온 현장의 장거(壯擧)와 그 결과물인 『대당서역기』는 근대에 들어온 뒤로도 그 강렬한 생명력을 잃지 않았다. 『대당서역기』에 기록된 유명한 불교 유적지들은 오늘날 대부분이 파괴되어 폐허가 되었거나 아니면 사막 속에 묻혀 사람들의 기억 속에서 영원히 사라져 버렸다. 하지만 20세기 초 영국의 위대한 탐험가이자 학자였던 오렐 스타인(Aurel Stein)은 『대당서역기』의 기록을 토대로 현장의 발자취를 따라가면서 이미 모래 아래로 사라져 버린 수많은 불사와 유물들을 다시 찾아낼 수 있었다. 지금도 현장의 길을 되밟으며 그 역사적 성취를 재음미해 보려는 사람들이 끊이지 않는다는 사실 역시 『대당서역기』가 지닌 고전으로서의 가치를 입증하고 있다.

더 생각해볼 문제들

1. 현장은 왜 인도로 가야만 했는가?

    불교가 처음 중국에 도입된 이후 인도나 중앙아시아 출신의 승려들에 의해 불경이 중국어로 번역되긴 했지만, 정확한 개념을 전달하는 데는 어려움이 많았다. 이로 인해 중요한 개념과 교리상의 문제에 혼란이 생겼기 때문에, 현장은 인도에 가서 현지어를 습득하여 정확한 이해를 얻고자 하였다. 그가 귀국한 뒤 당태종의 권유까지 뿌리치고 역경 활동에 전념한 것도 이 때문이었으며, 그의 번역으로 말미암아 중국 불교사에 있어 '신역(新譯) 시대'가

열리게 되었다.

2. 현장의 기록이 다른 구법승들의 기록과 다른 점은 무엇인가?

   현장은 인도를 다녀오면서 왕복의 루트를 모두 육로로 택했기 때문에 어느 누구보다도 아시아의 내륙 지방에 대한 자세한 정보를 입수할 수 있었다. 뿐만 아니라 각지의 지리적 위치, 풍습, 물산, 언어뿐만 아니라, 전래되는 민담과 역사까지도 상세하게 기록한 것은 다른 구법승들의 여행기에서는 찾아보기 힘들다. 따라서 6~7세기의 중앙아시아와 인도를 연구할 때 필수적인 자료가 되고 있다.

3. 『대당서역기』의 고전적 가치는 무엇인가?

   6~7세기 인도·중앙아시아 여러 지방을 직접 방문하여 자세하고 정확한 기록을 남겨 귀중한 역사자료가 되었을 뿐만 아니라, 각 지방에서 전해지는 민담과 설화까지도 세밀하게 기록하여 문학적 상상력을 자극하고 후일 『서유기』와 같은 문학 작품을 탄생시키는 계기를 만들었다.

추천할 만한 텍스트

『대당서역기』, 현장 지음, 권덕주 옮김, 우리출판사, 1983.

김호동(金浩東)

서울대학교 동양사학과 교수.
서울대학교 동양사학과를 졸업하고, 미국 하버드 대학교에서 박사 학위(내륙아시아 및 알타이학)를 취득하였다.
주요 논저로는 『근대 중앙아시아의 혁명과 좌절』(1989), 『황하에서 천산까지』(1999), 『유라시아 천년을 가다』(2002, 공저), 『동방기독교와 동서문명』(2002) 등이 있고 역서로는 『유목사회의 구조』(1990), 『칭기스칸』(1992), 『유라시아 유목제국사』(1998), 『마르코 폴로의 동방견문록』(2000), 『이슬람 1400년』(2001), 『부족지』(2002), 『칭기스칸기』(2003) 등이 있다.

동양의 고전을 읽는다 2 – 사상

지은이 | 강신주 외 14인

1판 1쇄 발행일 2006년 7월 18일
1판 5쇄 발행일 2012년 9월 3일

발행인 | 김학원
경영인 | 이상용
편집주간 | 위원석
편집장 | 정미영 최세정 황서현
기획 | 문성환 나희영 임은선 박민영 박상경 이현정 최윤영 조은화 전두현 정다이 이보람
디자인 | 김태형 유주현 구현석
마케팅 | 이한주 하석진 김창규 이선희
저자·독자 서비스 | 조다영 함주미(humanist@humanistbooks.com)
스캔·표지 출력 | 이희수 com.
조판 | 새일기획
용지 | 화인페이퍼
인쇄 | 청아문화사
제본 | 정민문화사

발행처 | (주)휴머니스트 출판그룹
출판등록 | 제313-2007-000007호(2007년 1월 5일)
주소 | (121-869) 서울시 마포구 연남동 564-40
전화 | 02-335-4422 팩스 | 02-334-3427
홈페이지 | www.humanistbooks.com

ⓒ 휴머니스트, 2006
ISBN 978-89-5862-112-6 03100

만든 사람들

문의 | 황서현(hsh@humanistbooks.com)
기획·편집 | 이재민
책임 기획 | 정재서(이화여대 교수) 한형조(한국학중앙연구원 교수)
책임 편집 | 박환일 송성희
표지·본문 디자인 | AGI 윤현이 이인영 신경숙
사진 구성에 도움 주신 분들 | 김태성(호서대 겸임교수)

◎ 이 책은 저작권법에 따라 보호받는 저작물이므로 무단전재와 무단복제를 금합니다.
 이 책의 전부 또는 일부를 이용하려면 반드시 저작권자와 (주)휴머니스트 출판그룹의 동의를 받아야 합니다.